日中交流の軌跡

崔淑芬 著

中国書店

まえがき

中日交流の歴史は、日本の歴史を振り返る上で非常に長く、日本の政治や文化に与えた影響は計り知れないほど大きなものがある。

中国と日本との交流は、長く深い。それらの事は、日本に於いて千字文、儒教思想、仏教の伝来等の影響が、現代の日本において脈々と息づいていることが、如実に物語る。これらの基となる人的交流は、徐福に始まり、遣隋・遣唐使に代表される両国の人間の往来が、現代に至るまで、途絶えることなく続いていることからも窺い知ることができよう。

著者は2004年8月、「来日著名人の足跡探訪」を上梓したが、中日の歴史の一ページを検証するために取材で訪れたほとんどの遺跡は、時と共に風化していたり、草木に埋没した状態になっていたものがあった。しかし、これらは貴重な文化財でもあり、これらの遺跡に関連して生きた人物に光を当てることは、重要な一テーマとなり得る。そこで、再度の追跡調査を行った。現場の調査をする前に、北京の中国科学研究院や上海・南京歴史档案館、日本においては国立国会図書館、東洋文庫、福岡県立図書館及び諸大学図書館や資料館等で資料に当たった。

現場の調査では、主に三つの地域に分け、南部は長崎、福岡を中心に鹿児島、佐賀、熊本を、中部は東京を中心に福井、横浜、神戸、名古屋、京都、奈良、和歌山新宮等、北部は仙台、函館である。人物については、古代の徐福を始め、孫文や蒋介石など近現代著名人及び二十世紀初頭の留学生達に至る足跡であった。一方、中国において、弘法大師の諡号で知られる奈良・平安時代の僧である空海、奈良時代に第八次遣唐使の留学生として渡唐し、中日双方に大きな足跡を残した阿倍仲麻呂、更には孫文の支援者でもあった宮崎滔天や梅屋庄吉など、新たに中国や日本で見聞したことについても資料や旧跡現場を調査した。

今回の出版に当たっては、前著に取り上げられた人物や事物について、それまでの研究調査の結果を踏まえながら、追加取材によって得た情報を基に適宜修正を加えるとともに、新たに中国や日本で見聞したことについて検証した。また、筆者はそれ迄の研究調査を基に、追加取材によって得た情報を基に適宜修正を加えると共に、中国や日本で見聞したことについても新たに検証した。

千余年に及ぶ中日交流の歴史の中では、一時的に両国の関係が悪化し、戦争に至る不幸な時代もあったが、中日交流と人々の友情は連綿として絶えず、停止することは無かった。中日交流の歴史の、もう一つの側面を探求することによって、諸領域に亘る今後の中日交流の洋々とした、新たな前途を願うのである。

末尾に代えてこの度の調査に当たり、中国や日本の数多くの大学や寺院、政府機関、図書館のご協力を頂いた。中国の政治家が留学した早稲田大学と法政大学の資料館や、大文豪・

魯迅が在籍した東北大学資料館、中国の文学者・郁達夫の資料を提供して頂いた名古屋大学資料室、また将軍・蔡鍔が亡くなった九州大学医学部には当時の診療記録を提供して頂いた。また、熱心にご協力くださった東北大学、早稲田大学、東京女子医大病院の方々、墓や碑文所在地の市・区役所文化財係、教育委員会、更には一面識も無いにもかかわらず熱心にご案内下さった民間の方々の厚篤なご協力を頂くことができた。歴史を通して中日交流の絆が両国を結びつけていることを、一層強く感じたことでした。ここに深甚の感謝の意を表しますとともに、本書の刊行を快諾して頂いた中国書店社長・川端幸夫氏に厚く御礼を申し上げます。

なお、出版に当たっては、その費用を筑紫女学園大学から支援して頂いたことを付記して置く。

２０１６年10月

著　者

目次

徐福　―東渡上陸地の謎

徐福という人物が実在していたか、まして、日本に来たことがあるかどうかもさまざまな謎が残っている。

この伝承は、『史記』秦始皇帝本紀二八年、秦始皇帝本紀三七年、淮南衡山列伝、封禅書、『漢書』伍被伝等に記載がある。

徐福は、斉国の琅邪郡（現・山東省臨沂市周辺）の出身。別名は徐芾。紀元前3世紀頃、中国の秦朝の方士、いわゆる方術に秀でた者である。

徐福東渡については、司馬遷の『史記・本紀第六秦始皇帝』、つまり、秦始皇本紀の二十八年（前二十九）の条によれば、「斉人徐福らは秦始皇に、海上に三神山蓬萊・方丈・瀛州があり、島には神仙が住み、神草があるため、童男童女を供に、不老不死の妙薬を求めに行きたい」と上疏した。

また、『史記・淮南衡山列伝』に「秦皇帝大説，遣振（振：幼童）男女三千人，資之五穀種種百工而行。徐福得平原廣澤，止王不來。」とある。

いわゆる、「秦始皇はそれを聞き大いに喜び、すぐに徐福を派遣、三千人の少年少女を連れ、不老不死の仙薬を求めさせた。五穀の種子と諸々(もろもろ)の技術者を携えてでかけた。徐福は、平野と湿地帯を得て、その地にとどまって王となり、戻らなかった。」とされている。

秦始皇は、姓は嬴(えい)、名は政、戦国秦の王、のち中国を統一した。皇帝というのは、中華民族の祖先と言われている「三皇五帝」から取った。即ち三皇は伏羲(ふっき)・神農・女媧或は燧人(すいじん)。もう一説は天皇氏(てんこう)・地皇氏・人皇氏という。五帝は黄帝・炎帝・堯・舜・顓頊(せんぎょく)等多説があるが、古伝説から「皇帝」という至高無上の地位名を作って、自ら始皇帝と名乗った。

万民と権力の頂点に立っている始皇帝にとっては、唯一手に入っていないものは「不老不死」という薬である。『史記・本紀十七秦始皇帝』の記載によれば、「当時、始皇帝は、中央集権支配を強化するため、幾度か全国を巡幸しながら、『不老不死』の薬を探した。困った策士達は方々を尋ねたあげく、今の山東省龍口市において、方士で名医の徐福に出会った。紀元前２１９年、始皇帝から命を受けた徐福は巨大な二層式の船を仕立て、東方海上の三神山である蓬萊・方丈・瀛州にあるという不老長寿の仙薬を求め、三千人の童男・童女を引き連れて船出した」、とある。

上述した『史記』は、中国前漢の武帝時代に司馬遷によって編纂された。「本紀」12巻、「表」10巻、「書」8巻、「世家」30巻、「列伝」70巻から成る紀伝体の歴史書である。中国二十四史の中で正史の第一に数えられる。単に歴史的価値だけではなく文学的価値も高く評価されている。古く日本でも漢学を志す者にとって、必読の書であったから、ここに徐福の日本渡来の記載があることは、日本に伝説が広がる上で、大きな役割を果たしたと言えよう。

出航地については、現在の山東省から浙江省にかけて諸説あるが、河北省秦皇島、浙江省寧波市が有力とされる。途中、現在の韓国済州道や朝鮮半島の西岸に立寄り、日本に辿り着いたとされる。

しかし、「一回目は失敗した徐福は『海神に会って、不老不死の薬も見たが、こちらのおみやげが少なかったので、神薬を求めることができなかった』と秦始皇を騙した。秦始皇はその話を信じて、更に数千人の童男童女と農業技術者を派遣した。その後、徐福が平原と広（こう）沢（たく）の地で王となり、秦始皇のところに戻らず」と記載されているが、「平原と広沢」はどういうところを指すのか、はっきりしていない。五代後周の古籍『義楚六帖』は次のように記してある。

「紀元927年、洛陽にいた日本人の弘順大師が次のように語った。日本は東海にあり、倭とも呼ばれ、富士山は蓬莱山という。秦の徐福が不老不死の薬を求めるために、日本にやって来て、蓬莱山の麓に住むようになった。その子孫の苗字は秦という」。

また、北宋の政治家・詩人・散文作家である欧陽修（おうようしゅう、字は永叔。号して酔翁、六一居士。1007～1072）の『日本刀歌』には

「其先徐福詐秦民,
採藥淹留丱童老；
百工五種與之居,
至今器玩皆精巧。

前朝貢獻屢往來，
士人往往工詞藻；
徐福行時書未焚，
逸書百篇今尚存。」

つまり、

「その昔徐福は秦の始皇帝に仙薬を取ると偽って、童男童女五百人余を率いて日本国に渡ったが、久しく滞留して皆年を取ってしまった。多くの工人や農民達がこれと共に残って、今に至るまで器物は皆精巧である。日本国は前朝である唐の時代には貢物を献じてきて屢行き来していた。日本の地位のある人達は往々にして詩や文章を作るのに巧みである。徐福が行ったときにはまだ焚書が行われていなかったので、中国では失われてしまった。」

この徐福の存在を示したのは徐福村の発見である。

1982年に、徐福の故郷、中国の江蘇省連雲港市贛楡(かんゆ)県金山鎮において徐福村の実在が発見された。贛楡県『贛楡県志』に徐福村と明記され、そして、徐福が元々名医だったので、秦始皇に、不老不死の薬を求めるため派遣され、帰国しないままになった。村の人々は彼を記念するため、「徐福廟」を造った。その中には東方を向いたりりしい徐福の座像がまつられている。これらの発見により、徐福は実在の人物として学術研究が行われた。日本では、1989年、佐賀で日中双方の学者によるシンポジウムが開かれ、にわかに研究熱が盛り上がった。

徐福ゆかりの地として、数々の伝承資料が残り、日本列島には、青森県から鹿児島県に至るまで、日本各地に徐福に関する伝承が残されている。中には、和歌山県新宮市、鹿児島県いちき串木野市、佐賀県佐賀市、山口県上関町、宮崎県延岡市、三重県熊野市波田須町、名古屋市熱田、富士山麓、丹後半島、山梨県富士吉田市、東京都八丈島など20ヵ所を超えている。このうち五大伝説地といえるのが新宮・佐賀・名古屋市熱田・富士山麓・丹後半島の各地である。筆者は和歌山県新宮市と山口県上関町及び佐賀県の金立山の三ヵ所を調査した。和歌山県新宮には徐福公園と徐福上陸之地の二ヵ所があった。

徐福公園（じょふくこうえん）は新宮駅から東にわずか100メートルの距離に位置し、和歌山県新宮市新宮7178番地にある。1994年（平成6年）の8月、徐福の墓を中心として、中国風の楼門を配して建設された。

▲「秦徐福之墓」

▶徐福公園

公園の裏には、徐福の墓と石碑がある。「秦徐福之墓」と刻まれた石碑は元文元年（1736）に、墓碑は二段の台座の上に建てられており、高さ1・4メートル、幅50センチの緑泥片岩である。

一方、墓の方は江戸時代に建てられ、墓に刻まれた「秦徐福之墓」の文字は、当時の藩主・徳川頼宣が儒臣の李梅渓に書かせたものである。新宮の古文書にも、元文元年（1736年）付で「楠藪へ秦徐福の石塔立」と記されている。また、墓の説明板には

「新宮市指定文化財（史跡）　徐福の墓碑」とある。その説明板には
「緑泥片岩の自然石に刻まれた『秦徐福之墓』は、初代紀州藩徳川頼宣が儒臣の李梅渓に書かせ建立を企てたもの。かたわらにある漢文の表彰碑は、天保5年（1834）藩命により仁井田好古が碑文をつくり、自ら筆を、とったものである。
昭和42年1月17日指定
平成5年12月
新宮市教育委員会」
と記されている。

公園境内の面積は201平方メートル、極彩色豊かな中国風楼門を入ると、優しく慈しみ深い表情を浮かべている徐福像が目に入った。現在一般に流布している徐福像は、ほとんどが「淮南衡山列伝」に基づいたものである。

徐福像は高さ1・9メートル、重量1・5トンの御影石で彫刻され、像の右側には不老の池、文字の通り「不老長寿」を得る泉がある。池の傍らには七本の天台烏薬（てんだいうやく）の木が植えられ、その根本から生命の水がしたたり落ちている。池の中には、徐福を取巻く七重臣にたとえた七匹の鯉が生命の水を受け、ゆっくりと泳ぎ、七重臣の塚を結んで北斗七星の形に石橋を渡し、石柱には七重臣が有している品性・人格の七つの徳、即ち和・仁・慈・勇・財・調・壮が刻まれている。阿須賀神社の蓬莱山の麓には「徐福の宮」があり、古くから徐福が祀られ

▶徐福石像（於　和歌山県新宮市）

◀「秦徐福上陸之地」記念碑

ていたようだ。
阿須賀神社の附近には、徐福の七人の重臣を葬った七塚があって、地名も塚町とよばれている。「秦徐福上陸之地」の記念碑（平成9年建立）は蓬莱山南東約１００メートルの風光明媚な熊野川畔に立っている。蓬莱山を目指した徐福が当地に第一歩を記した場所とされている。

新宮の伝説では、徐福一行は、この地で天台烏薬という霊木を発見したが、ここが気候温暖、更には土地の人々も穏やかであるためここに永住し、土地を拓き、農耕、漁法等の技術を伝えたと言われている。

筆者が新宮の町に入ると、店や旅館に徐福を名付けた看板があちこちにあり、まるで徐福の故郷に入ったようだ。

中国の政府要人から観光客まで、多くの人々が新宮を訪れ、２００１年9月、中国国家旅行局長何光暐一行五人が徐福墓の前で天台烏薬を記念植樹した。徐福の東渡の説は中日両国国民の友好の象徴である。中国にとっては、徐福は一国の大使として中日交流の先駆者であると言えるのである。新宮市の人々は徐福を記念するため、毎年8月8日、徐福花火大会が新宮川原で、また、9月1日には、境内において新宮市内の最後を飾る盆踊りが盛大に開催されている。

最近、新宮市と市観光協会は、増加している中国人観光客を案内するため、中国語板を初めて製作、英語板も5年ぶりに改訂し、徐福公園に貸し切りバスまでも配慮した。同市によ

▶徐福之宮

◀阿須賀神社

ると、平成27年4月から11月までに、訪れた中国人は７４７７人だったという。

山口県上関町には徐福に係わる墓や石碑はないが、徐福が求めた「コッコー」という不老不死の薬が瀬戸内海に浮かぶ「祝島」にあった（実物を「日本徐福会」の重村定夫氏から頂いた）。

また、数千人の参加者からなる徐福研究会が活躍している。この研究会の「日本徐福会会報」（１９９２年）に載っている重村定夫氏の「祝島よりのメッセージ」によると、「三浦湾の渓谷に僅かに野生しているコッコーが、秦の始皇帝が探し求めていた不老長寿の仙果である、と古代から伝承されており、徐福一行が仙果を探すときに、平らな石に刻みを入れ将棋を指したという岩が山中にあるとも伝えられています。昭和の初期、植物学者の牧野富太郎博士が来島の折、三浦湾の渓谷に野生している『コッコー』を見て、これは稀少な植物で学名『なしかずら』であることをご教示されました」と、万葉の島「祝島」の語り部は徐福の壮大な夢を伝え続けている。

徐福ゆかりの地として、青森県から鹿児島県に至るまで、日本各地に徐福に関する伝承が残されている。中でも、和歌山県新宮市、鹿児島県いちき串木野市、佐賀県佐賀市、宮崎県延岡市、三重県熊野市波田須町、山梨県富士吉田市、東京都八丈島などが有力とされる。

徐福という人物の存在、或は徐福が日本に来たかどうかにも関わらず、この中日の交流の原点に光をあて、時と共に徐福の

▶天台烏薬の説明板
▲徐福渡海図

話が語りつがれ、徐福が両国の長い歴史の交流の象徴として、更には中日友好の掛け橋として大きな反響を呼び起こしていることに感動した。この中日の絆が一層深くなるように今日の両国の国民は新たな夢を作り続けているのである。

2015年5月、航海学者らが古代中国と日本を舞台にした「徐福伝説」に科学的視点から検証する「佐賀・徐福国際シンポジウム」が24日、佐賀市のアバンセで開かれた。航海学や考古学、人類学の専門家たちにより、諸説ある徐福の上陸地などをめぐって持論が展開された。

▲訪問記念柱

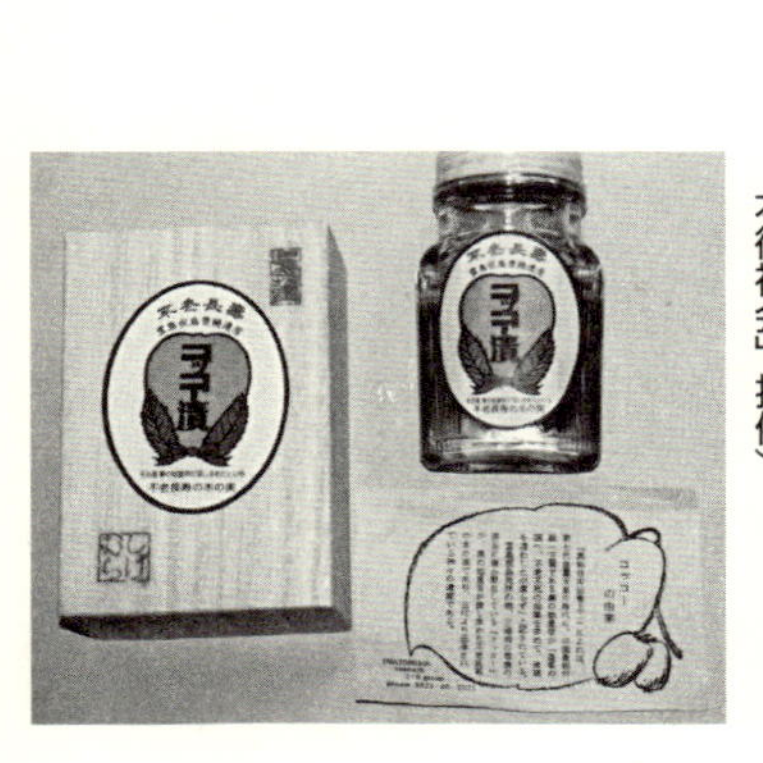

◀コッコー漬（山口県上関町「日本徐福会」提供）

I、〈参考資料・文献〉

（1）『二十五史』司馬遷『史記・淮南衡山列伝』上海古籍出版社　１９８７年

（2）『二十五史』司馬遷『史記・本紀秦始皇帝』上海古籍出版社　１９８７年

（3）羅其湘『東渡蓬莱第一人』燕山出版社　１９９３年

（4）『秦漢史』台源彩色印刷　１９７０年

（5）翦伯贊『秦漢史』北京大学出版　１９９１年

（6）楊希枚『先秦文化史論集』中国社会科学院　１９９５年

(7) 白寿彝主編『中国通史・秦漢時代』上海人民出版社　1999年
(8) 林剣鳴『秦漢社会文明』西北大学出版　1985年

Ⅱ、日本各地の徐福渡來地

(1) 青森県小泊村尾崎神社　熊野神社
(2) 秋田県男鹿市　赤神山
(3) 愛知県小坂井町菟足神社
(4) 山梨県富士吉田市徐福祠
(5) 山梨県山中湖村浅間神社
(6) 山梨県河口湖町
(7) 神奈川県藤沢市妙善寺
(8) 東京都八丈島
(9) 東京都青ヶ島
(10) 紀州熊野
(11) 和歌山新宮市
(12) 三重県熊野市波多須
(13) 尾張熱田
(14) 安芸厳島
(15) 山口県祝島
(16) 宮崎県延岡市住吉町の徐福岩
(17) 高知県須崎市佐川町

(18) 福岡県八女市
(19) 佐賀県金立神社
(20) 佐賀県諸富町浮盃・寺井津
(21) 佐賀県山内町黒髪山
(22) 佐賀県伊万里市波多津町
(23) 佐賀県富士町
(24) 佐賀県有明町
(25) 佐賀県武雄市　蓬莱山
(26) 熊本県熊本市
(27) 熊本県八代市
(28) 長崎県松浦市志山町
(29) 長崎県平戸市前津吉町
(30) 鹿児島県串木野市　冠岳
(31) 鹿児島県照島
(32) 鹿児島県秦波止徐福祠
(33) 鹿児島県島平浦
(34) 鹿児島県孫岳
(35) 鹿児島県紫尾山
(36) 鹿児島県頂峰院庭園
(37) 鹿児島県坊ノ津町

参考文献

奥野利雄『ロマンの人・徐福』大阪書籍
于錦鴻『徐福東渡の遺跡と伝説』
『新宮市史資料編』等より
前田豊『消された古代東ヤマト』彩流社

Ⅲ、中国における徐福遺跡

(1) 連雲港市　徐福廟
(2) 江蘇省贛楡県荻水海港　出航遺跡
(3) 江蘇省贛楡県馬站郷小王坊村　徐福船隊造船遺跡
(4) 黄県郷城鎮東村　徐福城故城遺跡
(5) 黄県徐福　故郷遺跡
(6) 黄県羊嵐郷黄営　古港遺跡と徐福ら出航遺跡
(7) 山東省龍口市城東郊　徐福船隊出航遺跡
(8) 山東省琅邪港　出航遺跡
(9) 済州島　徐福船隊補給遺跡
(10) 巨済島通過伝説

鑑真　―鹿児島の上陸記念地と伝教

1200年余り前、唐の高僧である鑑真大師が幾多の苦労のすえ、日本に渡って、仏教を広め、文化を伝えた。

隋・唐時代の文化の特徴は貴族的・国際的なものであった。隋朝の成立によって南北朝対立状態に終りを告げるとともに、従来の中央集権体制が更に強化された。そして日本との正式交通が始まった。唐朝に入ると、特に二代目の皇帝太宗李世民による「貞観の治」で、政治・経済・文化などが著しく発展した。その独特な歴史背景において、中日両国の交流は頂点に達した。交流の幅は広く、律令体制・学術（儒教・地理学・天文学・医薬学・印刷術など）から文学・宗教（仏教・道教など）までであり、往来人数も多かった。604年、日本側は小野妹子を始めとする遣隋使を派遣した。630年、日本は唐に対しては最初に犬上御田鍬らを派遣し、894年の遣唐使廃止まで、派遣は前後十二回に及んだ。この中から藤原清河・吉備真備など優秀な人物が輩出した。特に、在唐53年の阿部仲麻呂（都長安で没、享年七十三）と李白の友情は千古の絶唱の詩となって残されている。

一方、中国から日本に来た代表的な人物は、いうまでもなく、六回渡海を試み、十一年を

▶鑑真座像

◀復元遣唐使船模型

経て来日した鑑真和上であろう。鑑真の史跡を調査するため、奈良にある唐招提寺にも行ったが、鑑真が日本に上陸した第一歩の足跡となっている鹿児島坊津町の秋目浦のことをもっと知りたいと思い現地を訪問した。

鑑真（688年～763年6月25日）、俗姓は淳于、唐の揚州江陽県の出身である。十四歳の時父に随って揚州の大雲寺で出家し、智満禅師について沙彌となった。のち、菩薩戒、また、揚州で戒律を講じ名声があった。742年、第九次遣唐使船で唐を訪れていた留学僧・栄叡、普照から、聖武天皇の「伝戒の師」として、招きにより渡日を決意した。

当時、中国から日本への海上航路には、主に北路、南路と南島路という三つのルートがある。

北路は、山東半島登州から遼東半島南海岸より朝鮮半島西海岸沿いを経て、北九州対馬・壱岐を経て、筑紫の大津浦（現在の博多）へ至るルート。

南路は、東シナ海（中国では東海）を横断して五島列島に寄港するルート。

南島路は南路と同じく揚州或は余姚より出帆し、東シナ海を渡り、南西諸島を経由して薩摩の坊津（鹿児島県南さつま市）に上陸するルート。

鑑真の渡日は、『唐大和上東征伝』によれば、官憲による阻

▶鑑真大和上の渡日航路図（鹿児島県坊津町の秋目浦にて）
▲鑑真上陸記念碑

止や難破、暴風雨に遭って海南島にまで吹き流されたりするなど、惨憺（さんたん）たる苦心を重ね、ついには両眼を失明するなど、渡海に失敗すること五回であった。

７４３年、第一回目は栄叡、普照を海賊だと密告するものがあり失敗。その後も渡航を試みる。当時の渡日は困難を極め、密航の差し止めや、海上で嵐に遭遇して船は大破して漂流するなど、失敗は五回にも及んだ。次第に視力を失うこととなったが、なおかつ初志を捨てず、身命をかえりみず、渡日の目的を貫き通すのである。７５３年遣唐使の藤原清河（大使）大友古麻呂と吉備真備（副使）らの要請を受けたときは目が見えない状態であったが、それでも志を変えることなく六度目の渡航を行うことになった。渡航計画としては、第十回遣唐使の帰国に合わせ、鑑真和上他一行が密航。ついに７５３年11月16日に、長江沿岸の蘇州「黄泗浦」を出港、南島路を採り、東シナ海を南下、沖縄本島を経由して、12月20日に、この六回目の渡航に際して漸く薩摩・坊津付近の「秋妻屋浦（あきめやのうら）」、即ち今の鹿児島県坊津町（ぼうのつちょう）の秋目浦に上陸した。坊津町は古代から海上交通要衝の地として栄えていた。中世には島津家支配下にあり、中国（明）・琉球との貿易により栄え、伊勢の安濃津（あのつ）、博多の那の津と並び、日本の三津と称された。中国や南方諸国からの受け入れ口として貿易・宗教・文化などの伝来の歴史が数多く残されている町であり、古くから遣唐使船の寄港地であることから「入唐道」とも

▶記念館周辺
◀鑑真記念館標示板

呼ばれた。

渡航を決意して十一年がたち、漸く日本に到着する。この時、鑑真は66歳になっていた。上陸後、鑑真は転々とし、先ず、大宰府に立ち寄って、大阪に到着、日本の朝野は盛大な歓迎式を行った。翌年2月4日に奈良の都に到着し、天皇に伝法大法師の位が勅授され、東大寺の住職とし、戒律伝授の重任を委ねるとともに、日本全国の仏教実務を管理させた。759年には唐招提寺が建立され、鑑真は鑑真大和上と呼ばれ、日本の律宗の始祖となり、その教えによって日本の仏教は高められた。

鑑真大師は戒壇を立て、唐禅院を設け、僧侶・信徒を訓練、当時の仏教の誤りを正し、日本仏教の発展をはかり、「律宗之祖」と奉られた。また奈良で唐招提寺の建立を指導し、日本の建築、彫刻史上で、「唐招提寺派」を形成した。76歳までの10年間のうち5年を東大寺、残りの5年を唐招提寺で過ごし、天皇を始めとする多くの人々に仏教の戒律や薬学の知識などを伝えた。

その鑑真の偉大な功績を讃え、1992年に、日本上陸の第一歩を印した鹿児島坊津南さつま市坊津町で建立されたのが、この鑑真記念館である。また、地域における最大の年中行事として、毎年お盆過ぎの最初の日曜日に鑑真大和上まつりが行われ、更に毎年唐招提寺の長老を招いて法事を執り行い、先哲を

▶鑑真記念館
▲秋目浦から湾の眺め

偲んでいる。

　鑑真記念館では、鑑真座像の複製のほか、渡航の模様を伝える「東征伝絵巻」（奈良・唐招提寺蔵）の代表的場面の電照パネルや秋目上陸を再現したスライド、ジオラマ模型などが展示されている。

　記念館は南国の海に面しており、唐土の方向に沈む夕日も更に美しい。日本上陸の第一歩が記された秋目浦は、野間半島の付け根にあり、この周辺のリアス式海岸の雄大な自然に彩られた素晴らしい地形となっている。海側には、沖秋目島、ピロウ島を抱く秋目湾が広がり、山側には、亀の形に切り立った標高３８７ｍの亀ヶ丘がある。秋目浦はこれらに囲まれた海岸線に沿った集落地である。亀ヶ丘の裾の辺りの斜面には「鑑真記念館」が、はるか故郷の中国を眺めるように建てられている。鑑真の六回渡航のことを思うと感無量であった。もし鑑真が目の光を失っていなかったならば、初めての薩摩富士や秋目浦の景色の秀麗さは、どんな感動を彼に与えたことであろうか。

　来日した鑑真は日僧延慶（えんけい）の案内で大宰府に十八日間滞在した。その後、難波（現在の大阪）を経由し、奈良東大寺に着く。大仏殿前に戒壇（かいだん）を設け、天皇以下四百余人に菩薩戒を授けた。日本での授戒の初めである。また、正四位下吉備真備は天皇の詔を次のように伝えた。

「大和上遠く滄波を渉り、此国に来り投ず。誠に朕が意に副えり。喜慰たとうるなし。朕此東大寺を造るに十年を経り。戒壇を立て、戒律を伝授せんと欲す。この心ありて日夜に忘れず今、諸の大徳遠く来りて戒を伝えられる。冥に朕が心に契（かな）えり。今より以後、受戒伝律

▶「史跡　唐招提寺旧境内」碑

◀唐招提寺記念碑

のこと一に大和上に任ず」。この詔に朝廷の鑑真に対するひたすらな期待が余すところなく表現されている。

759年8月に伽藍は完成し、聖武・孝謙両上皇の勅願により来日した鑑真が新田部親王の旧宅を譲り受けて建立した寺であり、唐招提寺と定められた。奈良市五条町にある律宗の総本山となる。鑑真の開山であり、ここに戒壇を設け、律宗の根本道場とした。初めは唐律招提寺、唐寺、律寺などと称され、延喜式十五大寺、南都七大寺の一つに数えられた。759年「唐招提寺」の勅額が下賜されたが、その勅文には、「招提是諸寺本寺十方僧依所、日域七衆根本寺、故號唐招提寺」とあり、四方僧坊の義をとり、諸寺の根本とした。以後、天皇・皇后以下百官も皆ここで受戒し、帰依も厚かった。

寺は幽玄静寂で、建築構造は中国寺廟式である。鑑真は毎日そこで律を講じ、漢語を習熟した弟子には中国の文物制度も教えた。彼は古稀の高齢であり、その上失明していたが、戒律三部を刊行した。鑑真は日本で過ごした晩年の10年間の内、前述のように、前半5年間を東大寺唐禅院に住んだ後、759年、今の唐招提寺の地を与えられた。大僧都に任じ、後に大和上の尊称を贈られた鑑真は、763年5月6日、西に向かって結跏趺坐のまま仙逝、波乱の生涯を日本で閉じた。享年七十六であった。彼の遺志に従って、戒壇院に御影堂を建て記念とした。

▶南大門
▲講堂

唐招提寺は鑑真が晩年を過ごした寺であり、多くの文化遺産と広大な敷地を所有する。奈良時代建立の「金堂」や「講堂」が有名で、他にも「御影堂（みえいどう）」「鼓楼」「宝蔵」「経蔵」が国宝建造物に指定されている。１９９８年に古都奈良の文化財の一部として、ユネスコより世界遺産に登録された。

拝観の入り口としての南大門は、１９６０年に天平様式に従い再建されたもので、５間の中央に三つの扉をもち、切妻造りの建物、平城宮廷建築物の唯一の遺構として重要な価値があり、国宝に指定されている。中には金堂、講堂、その東西にはそれぞれ鼓楼と鐘楼がある。講堂の東方には南北に長い東室（ひがしむろ）、南側には礼堂（らいどう）がある。その他、境内西側には戒壇、北側には鑑真廟、御影堂、地蔵堂、本坊、本願殿、中興堂、東側には宝蔵（国宝）、経蔵（国宝）、新宝蔵、東塔跡などがある。

講堂は、平城宮の東朝集殿（ひがしちょうしゅうでん）を移築、鎌倉時代に改造したもの、天平時代の平城宮の面影をとどめる唯一の宮殿遺構建築物として非常に貴重な存在となっている。講堂の中には、本尊の弥勒如来座像を中心に、持国天と増長天が左右に配して安置されている。

戒壇（かいだん）は僧に資格を与える授戒の儀式を執り行う神聖な場所で、鎌倉時代に造られ、１９８０年に石段の上にインド・サンチーの古塔を模した宝塔が造られた。

頑丈な土塀で囲まれており、鑑真和上の座像が安置され、御影堂と称されている。今の御影堂の建物は１６４９年建築の寝殿造りである。またここには東山魁夷が十年がかりで完成した、鑑真の故郷、中国揚州と日本の風景を描いた障壁画がある。御影堂内部は、鑑真の命

▶宝蔵と経蔵

▶鐘楼

▶鑑真座像

日である6月6日に合わせた「開山忌」に毎年公開されてきた。

鐘楼は鼓楼と対をなす建造物で、四本柱のシンプルな構造、梵鐘は数少ない平安時代初期の作である。

経蔵、宝蔵は礼堂の東側に並び、鑑真が持参した仏舎利が祀られていたという重要な建物である。奈良時代校倉造りの典型的なものとして価値が高く、国宝に指定されている。

鑑真は日本の律宗の始祖と讃えられ、その偉大な功績は宗教だけではなく、産業・建築・医学・文化の興隆貢献にも及んでいる。古代における中日交流の黄金時代であった唐代において、鑑真が以後の中日の歴史に残した功績は一つの金字塔であるといえよう。

▲戒壇

▼御影堂の入口

▼「鑑真大和上御影堂」（奈良唐招提寺にて）

〈参考資料・文献〉

(1) 白寿彝主編『中国通史・隋唐時代』上海人民出版社　1999年
(2) 程杞国『中国僧人一涅槃之路』甘粛人民出版社　1997年
(3) 王東ほか『鑑真東渡』上海古籍出版社　1996年
(4) 忍性（鎌倉・極楽寺）『東征伝絵巻』中央公論社　1978年
(5) 淡海三船撰　蔵中進編『唐大和上東征伝』和泉書店　1979年
(6) 柳田国男『海上の道』筑波書房　1961年
(7) 星山晋也『唐招提寺』保育社（日本の古寺美術8）1987年
(8) 張宏儒ほか『中華人物史鑑』団結出版社　1997年
(9)『唐史論叢』韓国磐『隋唐五代史論集』生活・読書・新知三聯書店　1979年
(10) 史念海『唐史論叢』三秦出版社　1988年
(11)『週刊朝日百科　日本の国宝6号　唐招提寺』朝日新聞社　1997年
(12) 東野治之『鑑真』岩波新書　2009年

楊貴妃　―東渡の謎

「……
九重城闕煙塵生
千乗万騎西南行
翠華揺揺行復止
西出都門百余里
六軍不発奈何無
宛転蛾眉馬前死
花鈿委地無人収
翠翹金雀玉掻頭
君王掩面救不得
回看血涙相和流
……」

「……
九重の城闕は煙塵生じ、
千乗万騎西南に行く。
翠華揺揺として行きて復た止まり、
西の都門を出でてより百余里。
六軍発せず奈何ともする無く、
宛転たる蛾眉馬前に死す。
花鈿地に委てられ人の収むる無し、
翠翹金雀玉掻頭。
君王面を掩いて救い得ず
顧みて血涙相い和して流る、
……」

▶白居易「長恨歌」の碑（於　西安臨潼華清池）

これは中唐の詩人白居易が三十五歳のとき書いた有名な『長恨歌』の一節である。この長篇叙事詩は、「安史の乱」を背景とした唐の玄宗皇帝李隆基（685～762）と楊貴妃の愛情悲劇を語ったものである。千古絶唱の詩詞『長恨歌』は多くの人々に楊貴妃の死に対して嘆息と同情、そして想像を与えた。

楊貴妃（719年～756年）は、即ち楊太眞。唐代蒲州永楽（現山西永済）の出身、幼名は玉環という。蜀州の司戸参軍楊玄琰の四女として生まれた。父親が早死したため叔父に養育され成長した。天資は聡慧、音律に通じ、歌舞をよくし、玄宗の第十八皇子寿王李瑁の妃になった。ところが736年、玄宗は愛妃武恵妃がなくなったあと、玉環に会って、ほれ込み、道教の得度を受けて、名を太眞と改めさせた。玄宗の寵を受け、745年、二十七歳の太眞は貴妃に封じられた。楊貴妃は傾国の美貌の外に、印度舞曲から改編した「霓裳羽衣曲」のリズムに合わせながら舞うのが非常に得意であった。『長恨歌』に、「驪宮は高き処青雲に入り、仙楽は風に飄えりて、処処に聞こえ」と称される中、二人は7月7日「天に在りては願わくば比翼の鳥となり、地に在りては願わくば連理の枝と為らん」と長生殿で誓った。その天性の麗質は玄宗の心を掌中のものとし、楊貴妃の「後宮の佳人三千人、三千の寵愛一身にあり」の状態は十七年の長きに亘って続いた。姉妹・兄弟らも彼

▶玄宗皇帝と楊貴妃の踊り像

▲華清宮の跡地

女のお蔭で皆高い地位に昇り、従兄の楊国忠は一人（皇帝）の下、万民の上に立つ宰相になっており、姉妹はそれぞれ虢国夫人、秦国夫人の号を受け、毎月十万貫の化粧代をもらっている。楊系一族の繁栄を見て「遂に天下の親をして男を産むを重んぜず、女を産むを重んぜしむ」（不重生男重生女）と『長恨歌』は当時の社会現状を諷刺した。「一騎紅埃を見て、貴妃は微笑み、誰が茘枝を運んでいることを知るだろうか」。楊貴妃は南の新鮮な茘枝が大好物であった。永く北方にいる楊貴妃がなぜ千里遙遠の地の茘枝を好きになったのか。その謎を解くきっかけは、楊貴妃の傍にいた宦官高力士にあった。高力士の苗字はもともと馮という。名は元一、潘州（現広東茂名）の出身で、幼年の時宮殿に入れられ、高という苗字を賜わった。考古学者は陝西省渭南市保南郷山西村の高力士の墓から、意外なことを知った。彼の「墓志銘」によると、楊貴妃が好きな茘枝は高力士の故郷しか出来ない「白玉罌」という茘枝だったのである。おそらく、楊貴妃が茘枝を好む由来は、高力士からであると思われる。

また、644年、唐貞観十八年に湯泉宮が建てられ、747年に拡張、華清宮と改名した。唐の玄宗皇帝が楊貴妃を連れ冬を越すときに利用した温泉。華清池は西安から東へ約30キロメートル行った郊外の驪山のふもとにある有名な温泉池でもある。華清池の敷地面積は8万5560㎡あり、その敷地内に建

▶華清宮の彫刻絵（於　西安臨潼驪山麓の華清池）
◀楊貴妃の海棠の湯

物や庭園などが広がっている。華清池の入口には、玄宗皇帝と楊貴妃の華麗な踊りを舞うモニュメントがあり、しなやかな体躯や表情が素晴らしい。中にはいくつかの浴場の他、その中央に楊貴妃の像が建てられた、貴妃池と書いてある楊貴妃の専用温泉がある。華清池の様子を描いた華清宮の絵をみていると、当時の豪華絢爛な様子が想像できる。

７５５年、唐の中期、玄宗皇帝の晩年に、北方守備軍の将軍であった胡人の安禄山（あんろくざん）と史思明（ししめい）は十五万の兵を擁して、乱を起こし、自らを大燕皇帝と称し、即位年号を至徳（しとく）元年と称して長安に急迫して来た。６月13日、玄宗は楊貴妃ら一族を連れて、長安の都を脱出し蜀へ向って避難した。６月14日途中の興平市馬嵬坡（ばかいは）で近衛兵と指揮官の不満が募り、騒乱が起きた。兵士たちは「窮地に陥ったのは楊一族のせいである」として、陳玄礼率いる護衛兵により、楊貴妃の族兄、宰相の楊国忠（ようこくちゅう）が誅殺された。玄宗皇帝を武力で脅迫し、「国禍（こっか）」の原因とされる楊貴妃を縊死させた。楊貴妃の死は、三十八歳の時であった。

天旋地転迴龍馭
到此躊躇不能去
馬嵬坡下泥土中
不見玉顔空死処
君臣相顧尽沾衣
東望都門信馬帰

天旋（めぐ）り地転じて龍馭（りゅうぎょ）を迴（かえ）し、
此処に到りて躊躇（ちゅうちょ）して去る能わず、
馬嵬坡の下泥土の中
玉顔を見ずして空しく死せし処
君臣あい顧みてことごとく衣を沾（うるお）す
東のかた都門を望み馬に信（まか）せて帰る

▶楊貴妃の石像（於　華清池）

帰来池苑皆依旧
太液芙蓉未央柳
芙蓉如面柳如眉
対此如何不涙垂
……」

帰り来れば池苑(ちえん)みな旧に依る
太液(たいえき)の芙蓉(ふよう)、未央(びおう)の柳
芙蓉は顔の如く、柳は眉の如し
此に対(むか)いて如何(いかん)ぞ涙垂れざらん。
……」

玄宗は都に戻ると、池苑に面しては、楊貴妃のことを思い、涙ぐんだ目にはぼんやりと旧景が映っている。晩年の玄宗は寂しい日々を過ごしたのである。

楊貴妃の墓は陝西省西安市から西に約60キロメートルの興平市馬嵬坡にある。面積3000平方メートルの陵園で、白い壁に囲まれ、墓の全体は半球状のレンガで覆ったかまくら状になっている。高さ3メートル、周囲10メートル。墓は煉瓦を円形に積み重ねてある。前面に「楊貴妃之墓」という墓碑が建てられている。東西両側に石碑廊(せきひろう)があり、唐・宋以来の有名人が楊貴妃のことを書いた「詩碑」が三十八塊あるが、しかし、墓の中には、本人の遺骸は入っていない。「空塚(くうちょう)」或いは「物塚(ぶっちょう)」説の所以である。楊貴妃は馬嵬坡で本当に死んだのか、もし死んでいなかったら、どうやって危機を脱したのか、また、どこ

▶楊貴妃墓の表示石
▲楊貴妃墳墓（於　中国陝西興平県馬嵬坡）

に逃げたのか。中国においては、様々な謎が残され、数々の伝説も産み出された。

　一説は、楊貴妃は確かに馬嵬坡の佛堂で縊死した、というものである。

『旧唐書・楊貴妃伝』に「禁軍の将軍陳玄礼は楊国忠と息子を刺殺後、後患を絶つため、唐玄宗に禍国の元である楊貴妃に死を賜ることを求めた。玄宗はやむなく、遂に佛堂で縊死させる旨の指示を下した」と記載してある。また、『資治通鑑・唐記』は「太監高力士は唐玄宗の旨を受け、楊貴妃を佛堂で縊死させた」と述べている。

　一方、楊貴妃は縊死させられたのではなく、混乱した人ごみの中で殺されたという説もある。それについては、唐の「詩聖」と呼ばれている杜甫が、757年、『哀江頭』という詩の中で「明眸皓歯、何処にありや？　遊魂血汚、帰宿無し」と詠んでおり、杜牧の『華清宮三十韵』も「喧呼す馬嵬の血、零落す羽林の槍」と咏じた。その外に、温庭筠の『馬嵬驛』、李益の『過馬嵬』なども、楊貴妃が殺気立った兵士たちの中で殺されたと哀歌した。

　以上の二説は、いずれにしても楊貴妃が馬嵬坡で死んだことは共通しているが、縊死と刺殺に分かれている。

　ところが、楊貴妃は馬嵬坡で死んではいなかった、という説もある。その根拠としては、一つは、白居易の『長恨歌』、もう一つは、馬嵬坡の楊貴妃墓が「空塚」である点である。「空墓」の説は、後代の文人墨客、人々に多大な想像を与えたのである。

　最も多かったのは、馬嵬坡で楊貴妃の代わりに侍女が死んだという説で、楊貴妃は東渡して、日本にやって来たというストーリーである。南宮摶は『楊貴妃』という本の中でこう

▶楊貴妃の石像（於　馬嵬坡）

書いた。

「唐代、長安には沢山の外国使者がいた、特に日本の遣唐使が多かった。外交官の外に、留学生・僧侶・商人などもいた。安史の乱で唐玄宗らは長安から西の方に逃げた。同行者には日本の遣唐使もいた。途中、楊貴妃は楊国忠の遺族に会って（楊国忠と長男は既に馬嵬坡で刺殺された）、日本の遣唐使の協力で、海を渡って、日本に行った」と述べているのである。

日本でも、諸説が紛々としている。一つは、馬嵬坡で侍女が替え玉で死んだあと、本物の楊貴妃は船に乗って逃がれ、この船が上海付近から今の山口県大津郡油谷町久津に着いたというもの。ここ久津の地では、昔から、楊貴妃にまつわる伝説が語り継が出てきた。二尊院に残されている江戸時代の文献には、次のような言い伝えが記された。

同町の二尊院に残されている江戸時代の文書に基づいて、楊貴妃里には、「謎とロマンのただよう伝説　楊貴妃の墓」という楊貴妃の墓の由来の
「唐の玄宗皇帝の寵愛を身に受けた楊貴妃は、安禄山の乱に会って蜀へ逃避する途中、長安の郊外、馬嵬坡の仏堂で絞殺されたと史書には示されております。しかし、巷では楊貴妃は実際には死んでいないという噂もあったようで、有名な「長恨歌」の中にも日本への東航を想像させる表現があります。

『唐の天宝拾五年七月（七五六年）空艫舟に乗った楊貴妃は、唐渡口という所へ漂着。まもなく死去し給うたので里人相寄り当寺院に埋葬した。玄宗皇帝の思い切なるため楊貴妃の霊が彼地に往来したのか、幾夜か夢枕にたたれ、皇帝は楊貴妃の死を知った。愛情やるかたな

く追善のため、弥陀、釈迦の二尊像と拾三重の大宝塔を持たせ、家来の陳安を日本に遣わした。陳安は探したが、楊貴妃がいずれの地に漂着したか分からず、やむなく京都の清涼寺へ二尊仏を預けて帰国した。

後に漂着地が久津と分かったが、清涼寺では本朝無二の霊仏として評判が高かったため、手放すのが惜しくなった。 そこで全く同じ仏像を仏工の名手に作らせ、新旧の仏像一体ずつを清涼寺と当寺院で分けて安置することになった。

その後、楊貴妃の墓、侍女の碑を漸く建てることが出来た。』 以上が伝説の大要で、中央の五輪塔が楊貴妃の墓と言われるものです。」

と楊貴妃の漂着地、二尊像の由來を説明、また、「謎とロマンのただよう伝説 楊貴妃の墓」という説明板にも記されている。

そして、漂着地の久津の人々は楊貴妃のことを深く憐れみ、境内に埋葬した。それが楊貴妃の墓の由来ということである。

大津郡油谷町は、本州の最西端、山口県北西部に位置し、北長門海岸国定公園には、荒波が砕ける奇岩・断崖が続く雄大な景観が展開し、半島に抱かれるように位置する油谷湾は波穏やかな自然を有している。また、大陸に近く、古くからその影響を受けていたこの地には、楊貴妃伝説が生まれ語り継がれている。特殊な地理によって、伝説と史蹟が豊かな自然の中で交差するロマン溢れることになった。

もう一つの伝説は、楊貴妃は油谷町に渡來したが、すぐに死んではいなかった、というものである。「二尊院由來書・楊貴妃伝」によれば、馬嵬坡で殺されたのは別人の侍女であり、唐軍の統帥であった近衛隊司令官の陳玄礼はかねてから憧れていた楊貴妃を殺すにしのびず、絞め殺すことを命ぜられた高力士と謀り、侍女を身代りに立てたというものである。高力士が輿に乗せてきた楊貴妃の亡骸を検死するのも陳玄礼であったので、この替え玉作戦が成功した。そして楊貴妃は陳玄礼の腹心の部下に守られて間道を急ぎ南下、今の上海付近から東へ向けて出帆、海風に乗って、今の山口県向津具（むかつく）半島の唐渡口に漂着した。その後、安禄山軍を滅ぼして長安を回復した玄宗は、方士を向津具半島の久津に派遣して仏像二体（木造釈迦如來立像・木造阿弥陀如來立像）を楊貴妃に贈り、楊貴妃もまた、お返しに簪を玄宗に献じ、両者の心は通い合ったが、楊貴妃はそのまま帰国することなく、この地で天寿を全うして死んだというのである。楊貴妃が漂着したという伝説から、二尊院周辺は、大理石製の楊貴妃像や中国風のあずまやが立つ「楊貴妃の里」として整備されている。

筆者は山口県大津郡油谷町でその楊貴妃の墓と像を考察するため、この伝説のロマンが蘇る「楊貴妃の里」に行った。電車を「人丸」という駅で降り、バスで行こうと思ったが、本数が極めて少ない。駅前に何台かのタクシーが止まっている。聞いてみると、バスで行っても、戻るのが大変とのこと。やむなくタクシーでの往復にした。「人丸」駅から約40分、細い道に入って、曲ると、目の前に豁然（かつぜん）と開けた海湾にそって、何軒かの建物があった。

楊貴妃の墓は油谷町久津の二尊院という寺の敷地にある。中世や近世に、仏塔から発生した石造りの五輪（ごりん）の塔（とう）という形の墓である。これは、鎌倉時代末期の様式をふまえた秀作で、

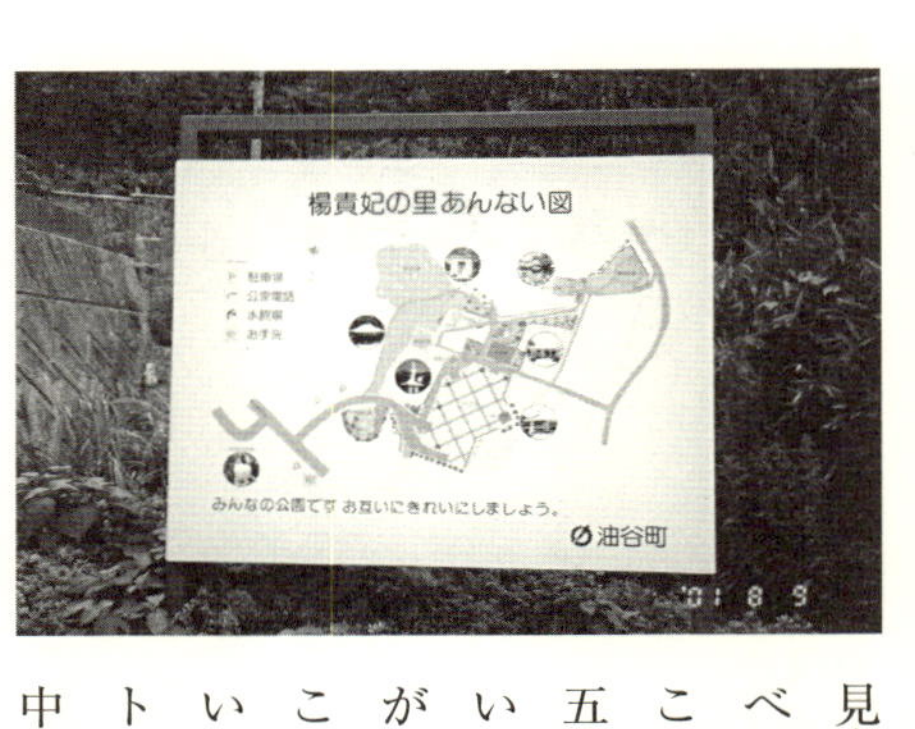

▲楊貴妃の里案内図

見事な調和美をみせている。五輪塔は仏教の用語で、宇宙のすべてを形成する五大元素「地・水・火・風・空」を指している。この世に生を受けた人が、人生を全うして死去すると、肉体は五元に還元し、魂は仏の浄土に行くという発想から造られたという。墓の周囲はすべて墓地で、そのほぼ中央に一段高く敷地が作られ、三層の塔を中心に数多くの石塔が集められている。この雑多の石塔群は、いつのころか各地から集められたものという。中央塔は総高1・53メートル、右の塔は1・14メートル、左の塔は1・06メートルである。楊貴妃墓の左側には中国風に建てられた赤色の貴妃亭閣がある。それは、懐かしい情緒が溢れている優美なものだった。

油谷湾を見下ろす高台の小さいお寺、二尊院の片隅のこぢんまりとした五輪塔の下に、もしかしたら、楊貴妃が眠っているのだ。輪石を積み重ねたもので、侍女と思われる石塔に守られ、唐の国の方角に向かって、油谷湾を見下ろす小高いところに建っている。住職の話によると、「はっきり言って、楊貴妃の墓だと実証するものは何もない。言い伝えでは、危うく難を逃れた楊貴妃が近くの唐渡口と言う所に流れ着いたが、間もなく世を去った。その話を聞き及んで哀れんだ里人が手厚く葬った」ということであった。

楊貴妃の墓について、パンフレットによれば、

◀楊貴妃の墓（於　山口県大津郡）

――時は、天平勝宝八年（七五六年）七月、唐の玄宗皇帝の愛妃楊貴妃が小舟に乗って向津具半島の唐渡口という入り江に漂着しました。

話によれば安禄山の乱により処刑されるところを、玄宗皇帝があまりに嘆き悲しむので、近衛隊長の陳元礼が心を打たれ仏堂で首を絞め殺したと見せかけ、実は部下に命じて空櫓舟を作り、これに一緒に侍女を乗せ、数日の食料を入れて逃がされた。」との事でした。しかし、まもなく亡くなったので、里人たちが寄り合い、当寺院の境内に埋葬したそうです。

一方、玄宗皇帝は楊貴妃への恋慕が断ち切れないでいましたが、楊貴妃の霊魂が長安まで往来し、幾夜も続けて夢に現れ「日本に漂着して生涯を閉じた。」と告げたので、愛情が溢れ出し、追善供養のため、唐朝でも秘蔵の霊仏、阿弥陀・釈迦の二尊像と十三重の大宝塔を届けるように命じました。使者として白馬将軍陳安が日本に渡海したものの、いずれの地に漂着したかも分からないので、京都のお寺にしばらく二尊仏を預けることにしました。すると、日本に二つと無い霊仏なので、大衆が一目拝もうと集まり、霊験あらたかなことから参る人も増えるうちに、楊貴妃の墓が当寺院にある事が明らかになり、朝廷より二尊仏を当寺院に移すよう勅命が出ましたが、京都のお寺も霊仏を長門国に送るのがあまりに心残りなので、朝廷に嘆願し、名仏師に命じて同じ二尊仏を彫刻し、阿弥陀・釈迦の一

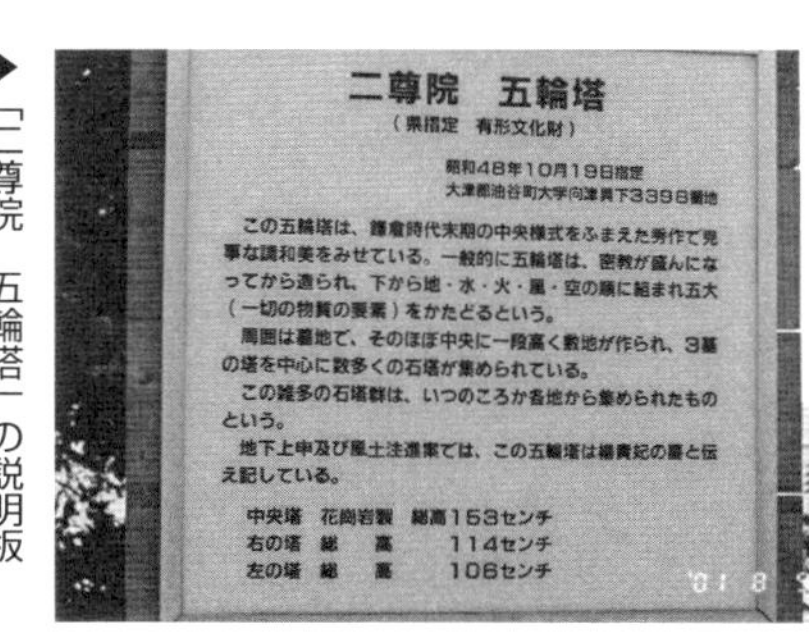

▶「二尊院　五輪塔」の説明板
◀中国風の休憩所

体ずつを分け合い、それぞれの寺院で安置する事になりました。

このときお墓も再建され中央にある大きな五輪塔が楊貴妃、その両脇にあるのが侍女のお墓と伝えられています。阿弥陀如来・釈迦如来を通称二尊仏（宝物館公開）と呼び本尊としたので、朝廷より『二尊院』という寺名を賜り、「皇城鎮護・天下泰平・国家安全・五穀豊穣の祈願怠慢なく修行すべし。」と勅命を受けたと伝えられ、いつともなく二尊院にお参りすると、女人を守護し、安産・子宝・縁結びのご利益があり美人になると信仰を集めています。

名称：楊貴妃の里（楊貴妃の墓：真言宗龍伏山二尊院）

場所：山口県長門市油谷向津具下3539――

園内には墓の他に、楊貴妃の像やミニ華清池、中国風あずまや、散策園路、桜の広場、休憩所などがあり、古代中国ロマンに満ちている。

目の前に聳え立っている楊貴妃の像は想像したものと違って、意外に非常に素晴らしい石像であった。おっとりしていて美しい楊貴妃石像は海に面して西の方、中国西安の方に向って建立されている。その憂いの表情は、歴史の悲哀を語っているようだ。純白の大理石で、高さは楊貴妃の没年齢三十八歳にあやかり3・8mの高さになっている。石像が大津郡油谷町「楊貴妃の里」のシンボルとなっている。この石像は、大津郡油谷町が「ふるさと創生事業」の一環として作ったものである。材料は中国の四川省成都産の大理石、中国では漢白玉（かんはくぎょく）ともいう。平成5年6月竣工。今の西安近郊馬嵬坡に立った像と同じく、中国の彫刻家の手で作られ、二尊院境内に立てられた。「楊貴妃像」の四字は中国大使館公使参事官である

▶楊貴妃の石像（於　山口県大津郡油谷町久津）

◀楊貴妃の里

章金樹が題した。平成5年、油谷町は五億円を投じて、「楊貴妃の里」を完成、中国産レンガを敷き詰めた広場に中国風の休憩地、楊貴妃桜の散策地などもある。交通が不便であることが原因かもしれないが、観光客が少ないそうだ。

一方、油谷町の楊貴妃の像や墓の他に、京都市東山三十六峰南端の月の輪山麓、泉涌寺(せんにゅうじ)にも楊貴妃観音堂がある。この聖観音は、玄宗皇帝が楊貴妃を偲んで彫らせたと伝えられる美しい仏像で、楊貴妃観音と呼ばれ、それを唐に留学した同寺の湛海宗師が、1255年帰国に際し懇請し持ち帰ったものという。泉涌寺は歴代天皇の御陵が営まれ、皇室の菩提寺として古くより御寺(みてら)と呼ばれている。楊貴妃観音のあることで更に有名になり、楊貴妃観音は

▼泉涌寺仏殿

▼観音堂

▼楊貴妃観音像（於　京都の東山総本山御寺泉涌寺）

既に国の重要文化財に指定されている。

　中国では、楊貴妃に対する評価はさまざまであるが、従来の伝統的な考え方からみれば、彼女の人生、運命に同情するより、「淫乱」「乱国の禍根」という厳しい目でみられている。中国の歴史において、従来、「女性は禍国のもとである」と言われる。例えば、夏は妹嬉で滅び、殷は妲己で滅亡、周亡は褒姒の所為によると、ほとんどの史書が定論をしている。また、中国では唯一の女皇帝だった唐の武則天については、彼女は690年、六十七歳の時「男尊女卑」の伝統的な封建制の障壁を突き破って、自ら皇帝になり、十四年にわたって唐に君臨したが、彼女は人材を重んじ、労役を減免し、少数民族を安定させ、経済を発展させるなどの一連の政策によって、次の時代唐の繁栄、いわゆる「開元の治」の基礎を定めた。晩年は淫奔な噂が広がって、やはり不純な評価が残った。今の西安から80キロメートル離れている西北部の乾県梁山に武則天と唐高宗合葬の墓がある。それぞれ立派な石碑があるが、武則天の石碑には何も刻まれていない、いわゆる「無字の碑」である。その理由は未だに謎になっている。多説の中に、女皇帝の「功徳碑」はほかの皇帝と同列に論じることができるかどうか。おそらく、武則天本人も心が痛み、空白の碑を残して、自分に対する評価は後世に任せるという意思を示しているのかも知れない。また、四大美人の一人に数えられる西施は春秋時代の越の洗濯女だったが、「会稽の恥」、「臥薪嘗胆」の成語で知られるように、越王勾践が宿敵の呉王夫差に、美女西施を送り込んで、夫差を連日連夜享楽の渕に誘い、その国力の疲弊を待って、越が一挙に呉を攻め滅ぼした歴史がある。一方、西漢の元帝は、匈奴と平和を保つため、呼韓邪単于の漢の女性との「婚姻」申し込みを受け入れ、絵姿では後宮で最も「醜女」とされていた王昭君（名は嬙、字が昭君）に白羽の矢を立てたが、王昭君が出立のあいさつに昇殿した時、元帝は初めて彼女の美しさを見て驚き、画工に騙された怒りと後悔が胸に一杯であった。しかし、「君子は約束を守らなければならない」として、仕方なく、悲痛な思いで彼女を匈奴に嫁がせた。その後、王昭君は一生塞外で生活した。結局、彼女は「狄夷和親」政策の犠牲となった。また、東漢の司徒王允は歌姫の貂蝉を利用して、「美人の計」により、政敵の董卓と呂布を亡ぼした。そして、楊貴妃もまた、この「禍国のもと」の汚名から脱することはできなかった。彼女達の人生と立場を振り返って深思すれば、政治の舞台において、彼女達は運命を自分で決めることは不可能で、結果としてはその時代の犠牲者に過ぎなかったといえよう。

これらの楊貴妃についての説は、殆ど白居易の『長恨歌』による想像、および正史と野史、伝説を混ぜて推理したものである。

また、日本では楊貴妃或いは楊家の後裔であると自称する人もいる。楊貴妃に関する資料や専門家の研究調査によると、中国の浙江省に三門湾の沙柳鎮渓頭楊村という村がある。清代の『石林楊氏宗譜』には「楊安雷、字は汝平、号は明州という男が、寧波に行く途中行方不明」と記載されている。この楊明州は実際、台風にあって、当時の琉球八重山に流れ着いた。そこで結婚して定住した。子供は三人、長男の春枝は日本の古竪系の祖先、次男の春榮は今の山口系の祖先と称している。中国では、苗字が同じ場合、よく「三百年前、同宗である」という。だが、楊貴妃系に関するかどうか、詳細な考察の必要があると思う。
一方、日中国交正常化三十周年を記念するため、２００2年8月21日から、東京から長崎まで、数ヵ所で崑曲「楊貴妃と阿倍仲麻呂」という歌舞劇の巡回公演が行なわれた。後援者は中国大使館・日本社団法人日中友好協会などである。この劇は、唐代の安史の乱を背景に、楊貴妃と阿倍仲麻呂の友誼を描き、彼女が死んだ悲劇を問い直そうとしたものである。その劇は遣唐使阿倍仲麻呂が楊貴妃及び楊氏一族を救い、日本に連れてきた経過を演じたものである。それを見て、以前に、中国の北方崑劇院と中国歌劇舞劇院が「貴妃東渡」という劇を上演したことを思い出した。初演は北京の保利(ほり)劇場で、日本人が四百枚の入場券を予約した。中には、日本の政治家、大手企業の社長が少なくなかった。

劇中の阿倍仲麻呂（698〜770）は奈良時代の遣唐留学生で、玄宗に仕え、従三品の官位、衛尉卿(えいい)に任じられ、朝衡(ちょうこう)（兆衡ともいう）と改名した。のちに、粛宗(しゅくそう)・代宗に仕え、鎮南都護になった。770年、長安（現西安）で客死した。在唐五十四年、李白・王維(おうい)らの文人と交わった。高い地位にいる遣唐使の阿倍仲麻呂は、もちろん楊貴妃に会う機会が十分にある。とにかく、この劇の上演によって、中国の伝統的な劇の、華々しさ、素晴らしさを表現しただけでなく、楊貴妃東渡の歴史的謎を一層呼びさまし、人々に幻想を楽しませる材料を提供したのである。

このような楊貴妃東渡に関することは、興味があるか、信じるか、それとも楊貴妃の冤死(えんし)に対する同情かに拘らず、楊貴妃と彼女の一族は唐王朝の最盛期から衰退に関わる人物として、歴史上大きな存在であることは事実である。「東渡説」もまた、中日交流の絆として、絶世の美女である楊貴妃が重要なポジションを占めていることは間違いない。

中国では、唐代の安史の乱の罪を楊貴妃に着せることは不公平だと歴代の人々が指摘した。清末の政治家林則徐は「……貴妃を棄て、罪を被せ、将士を治めたが、人びとはこれから男の子を生むのを重んじることに転じ」と言い、また、清末の詩人趙長令は「……禍は皇帝が起こしたが、なぜ、玉環に罪を被せるのか」と厳しく指摘している。

〈参考資料・文献〉

(1) 朱東潤『中国歴代文学作品選』上海人民出版社　1980年
(2) 井上靖『楊貴妃伝』中央公論社　1980年
(3) 飯塚朗『中国四千年の女たち』時事通信社1983年
(4)『中国古代史』中華書局出版社　1983年
(5) 南宮搏『楊貴妃』吉林人民出版社　1990年
(6) 上彊・村民『唐詩宋詞三百首』広西民族出版社　1996年
(7) 中西進ほか『人物伝』浙江人民出版社　1996年
(8) 黄濂『中国后妃陵墓』大連出版社　1999年
(9) 張宏儒ほか『中華人物史鑑』団結出版社　1997年
(10) 張海英ほか『中国歴史の謎』文匯出版社　2001年
(11)『隋唐五代墓誌匯編』天津古籍　1991年

空海　―ゆかりの地　西安の青龍寺

一、空海（弘法大師）ゆかりの寺―青龍寺

弘法大師・空海（７７４年～８３５年４月22日）は、平安初期の僧、弘法大師の諡号を９２１年、醍醐天皇より贈られた日本真言密教の開祖である。真言宗の開祖。讃岐国（香川県）多度郡の郡司、佐伯氏の三男として生まれ、幼名は佐伯 眞魚（さえきのまお）。15歳で桓武天皇の皇子伊予親王の家庭講師であった母方の叔父（舅）阿刀大足に就いて論語、孝経、史伝など漢籍を学んだ。７９２年、18歳で京の大学に入った。大学での専攻は「明経道」で、『毛詩』『尚書』『春秋左氏伝』などを学んだ。以上のように彼は漢文化に博学で、造詣も深く、多彩な知識を持っていた。仏教、詩、詞、サンスクリット、特に、書道の成果をあげた。彼は、王羲之の書風を基調に学書、入唐後、諸書道家の遺品を集め、顔真卿の書法をはじめ、梵字や飛白の法を学ぶ。その書法は縦横自在、多岐多彩、草聖と称されるようになり、嵯峨天皇・橘逸勢と共に三筆のひとりに数えられる。

一方では、24歳の時、７９７年12月1日の日付けで、『三教指帰』を著わした。

三教とは儒教・道教・仏教の三教である。空海は『三教指帰』の中で、この三教の優劣を

▶空海親筆（於　西安青龍寺）

◀弘法大師空海尊像

論じた。

全ての人を信の悟りへ向かわせる仏教の道をすすむことの大切さが記されている。儒家は人徳を積むことで、身を立て名を上げる。老子は、道教は人生の無常を説いて世を捨てて、無欲に天に生きることを説く。出家すれば、忠孝の道に背く事になる。しかし父母の育ててくれた恩は、山より高く海より深いということを信じ、仏教が最高の教えであることを主張して仏道に入る。

その出家宣言の書である『三教指帰』三巻の序に、

「遂にすなはち朝市の栄華念々に之を厭ひ厳藪の煙霞日夕に之を飢ぶ。軽肥流水を看ては電幻の嘆き忽ちに起り、支離懸鶉を見ては因果の哀しび休せず。目に触れて我を勧む、誰が能く風を係がむ」、「ここに一人の沙門（しゃもん）あり。余に虚空蔵門持（こくうぞうもんじ）の法を呈す云々」と記す。

更に、「人間とは何か、それを理解するためには自分はどのように生きる必要があるのか、大学の学問ではそれを知るための手がかりすら掴めない」と記した。

それ故、20歳から、求聞持法を実修するための旅に立ったのである。空海は生死を賭けて、厳しい大自然のなかで一人、神の存在を追求し、そしてその修業のなかで宇宙と一体化するというカタルシスを経験した。方々の寺をたずね、経を読み続けた。修験道で体得し仏教の経典も多く目にし、彼はこれを理論的・体系的に捉えようとする。７９３年、22歳の時、東大寺戒壇院（かいだんいん）で具足戒（ぐそくかい）という戒律を受け「空海」と改名したが、国の認める得度僧ではなく私度僧と呼ばれる立場であった。その後、久米寺（くめでら）（奈良県）の塔（とう）で『大日経（だいにちきょう）』と巡り会い、密教的宇宙観に魅かれて行くが、その経典は梵字（サンスクリット語）で書かれていて意味の通じない点が多く、これを唐で磨き、かつ自身の思惟を理論化・体系化することを課し、遣唐使、留学僧として唐に渡る決心をした。

ここでいう遣唐使については『旧唐書』や『新唐書』にも記されているとおり、倭国が唐に派遣した朝貢使のことをいう。中国では619年に隋が滅び、唐が建ったので、それまで派遣していた遣隋使に替えてこの名称となった。894年（寛平6）に菅原道真の建議により停止された。第一次遣唐使は、630年（舒明2）の犬上御田鍬の派遣によって始まった。遣唐使は200年以上にわたり、唐の文化や制度、そして仏教の日本への伝播に大いに貢献した。

804年、31歳の時、叔父の阿刀大足が仕えていた恒武天皇の第三皇子の取り計らいで、空海は遣唐使、留学僧として「唐」に渡る。このことについて、『性霊集』「福州の観察使に入京せんと請ふ啓」（『遍照発揮性霊集』ともいい、835年に弟子の真済により空海の詩文や書簡、上表文などを集め編集されたもの）によれば、「時に人に乏しきに逢ふて留学の末に簉れり」と書きとどめられている。その時、空海は東大寺から正式に出家得度し、同戒壇院で具足戒を受け、官度の比丘となった。留学僧として遣唐大使や橘逸勢らとともに第一船に乗り、長安に向かった。最澄は第2船であった。

当時、遣唐使船は4隻編成で船団を組んだので四船とも呼ばれた。1隻に大使・副使などの政府派遣の役人のほか、留学生や留学僧を含めて100～250人規模のものである。

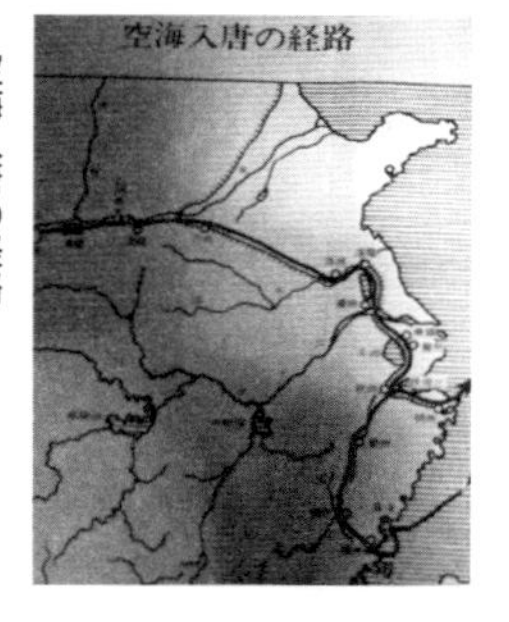

▶空海入唐の経路

北九州の博多津を起点として唐の長安に至るには、3種の経路があった。

一は、北路経路（630年～665年の航路）。北九州より、対馬を経由する場合もある。朝鮮半島南端を経て、遼東半島南海岸から山東半島の登州へ上陸して、青州、洛陽を経て長安に至る。

二は、南西諸島経路（702年～752年の航路）。北九州から南西諸島を経由して東シナ海を横断、南下して、揚州目がけて突っ切る。

三つは、南路経路（773年～838年の航路）。日本近海で対馬海流を横断、大陸の揚州を目指すルート。


空海の乗った第一船は、5月12日、難波津を出航、博多を経由し7月6日、肥前国松浦郡田浦から入唐の途についた。途中で嵐に遭って南へ流されてしまい、大きく航路を逸れ、8月10日、福州長渓県赤岸鎮に漂着。海賊の嫌疑をかけられ、疑いが晴れるまで約50日間待機させられる。このとき遣唐大使に代わり、空海が福州の長官へ嘆願書を代筆し、1月3日に長安入りを許された。その後、杭州や、蘇州・泗州・洛陽を経由、12月23日にやっと長安に辿り着いたのである。一方で最澄と、遣唐使印符を持つ副使の乗った第2船は、予定通り明州に辿り着き運河で長安の都に着いた。

▶青龍寺碑
▲青龍寺遺跡案内

この入唐船団の第3船、第4船は遭難し、唐にたどり着いたのは第1船と第2船のみであった。

青龍寺（せいりゅうじ・しょうりゅうじ）は、唐の都、長安の東南隅の鉄炉廟村にある仏教寺院、582年隋の文帝による創建であり、当初は霊感寺と呼ばれた。711年、青龍寺と改称された。766年より名僧不空の弟子、恵果らの密教僧らが住持するようになり、唐代の密教の中心的な寺院となった。恵果の俗姓は馬氏で、長安の東にある昭応の出身、真言八祖の第七祖である。彼は出家した後、不空に師事して金剛頂系の密教を、また善無畏の弟子玄超から大日系と蘇悉地系の密教を学んだ。当時、著名な「入唐八家」のうち、6名の僧侶がここで仏教を学んだ。

密教初期仏教から大乗仏教に変化する中で、インドの多様な文化や思想を取り込みながら発展し、開祖としての釈尊に帰依するとともに、大乗仏教の菩薩道を歩み、さらにヒンドゥー教の神々やマントラ・護摩などを取り入れるなど、多様な構造を有している。このように密教が多様性を持つ理由として、この世界のあらゆるものに価値を認めるという密教の包容性が、大きな意味を持っている。

三世紀から六世紀にかけても、シルクロード経由で中央アジアまたはインドの密教が中国に伝えられていた。

▶青龍寺入口

◀空海（右）・恵果（左）石彫像

空海は、12月23日に長安に着き、2月から寄宿先の西明寺に入り滞在した。最初に師事したのは、醴泉寺（れいせんじ）の印度僧般若三蔵であった。ここでは、密教を学ぶために、約43ヶ月近い時間を必須の梵語に磨きをかけた。空海はこの般若三蔵から梵語の経本や新訳経典を与えられている。

そして、5月になると空海は、密教の第七祖である青龍寺で、不空の弟子に当たる恵果を訪ね、以降約半年にわたって師事し、密教の奥義伝授を受けた。空海を後継者とし胎蔵界・金剛界の全てを伝え、金剛・胎蔵の両部の大経をはじめとする経典や密教秘宝を受けた。恵果の弟子呉慇は「今、日本の沙門空海ありて来りて、聖法を求めるに、両部の秘奥、壇儀、印契をもってす。漢梵たがうことなし。悉く受けることまさに寫瓶のごとし」と書き留めている。恵果和上は、金剛智・不空によりもたらされた「金剛頂経」系の密教と、善無畏によって訳された大日経や「胎蔵界」系の両部の大経を継承している第一人者として権威付けられていた。

この空海入唐により、密教を求めることについては、中国の元全国人民政治協商会議副主席、中国仏教会会長、また中国仏教界の第一人者 趙樸初（ちょうぼくしょ）（1907~2000）が次のように語っている。

「……日本の弘法大師空海はその心を釈門に帰するに臨む志

▲空海真言密教八祖誕生
▶青龍寺の中

として、もっぱら髻珠を体得することに思いを馳せた。十九歳で虚空蔵法を得、修持して験があった。二十歳で剃髪得度し、三論を始めとする大小乗の教えを学んだ。二十三歳、『大日経』を感得し、二十四歳で『三教指帰』を著した。三十一歳の時、遣唐使に随し、伝教大師最澄と共に入唐求法した。青龍寺で恵果阿闍梨に遇うことができ、恵果は一見して好機と判じ、壇を開いて両部の大法を余すところなく、全て伝えた。恵果は灌頂壇に臨んで、何度も『不思議なり』と讃嘆し、法燈を伝え継ぐ後継者がいることを喜んだ。……」

趙樸初は勲一等瑞宝章を受章した書道家である。1958年から中日友好協会副会長を務めた。1980年、鑑真和上像が中国に里帰りし、大明寺などで法要が行われた。その里帰りをはじめ、唐招提寺で日中間の仏教交流に努めた趙樸初の慰霊碑「趙樸初居士之碑」は御廟の東側に建てられ、和上廟の玉垣には、氏の詩文も刻まれている。

裏面には、碑の詳しい経緯が、

「協会会長であられた趙樸初先生が、93歳でご逝去されました。先生は、中国の仏教復興に努力されたほか、日中の仏教会の交流に尽力されました。そして、『日本・中国・韓国仏教徒は黄金の絆で結ばれている』という金言を残されました。また、1980年の鑑真和上像の里帰りにも努められました。」「回忌法要で、先生の御心を供養し、ご遺志を継承する象徴として、唐招提寺及び日中韓仏教交流協会が建てられました」と書かれている。

6月に、胎蔵界灌頂（たいぞうかいかんじょう）、7月に金剛界（こんごうかい）の灌頂を受けた。この胎蔵界・金剛界二界の灌頂により、両部（両界）の大日如来と結縁したのである。空海はこうしてインド伝来の正統密教の

▶恵果・空海絵

◀青龍寺の空海像（西安青龍寺にて）

ただ一人の後継者となり（真言密教第八世の法王）、阿闍梨位の資格を得た。その時空海32歳である。恵果は空海に会った当初から後継者として期待をかけ、空海に全てを授けた。恵果が、弟子２０００人の中で、胎蔵界と金剛界両部の秘法をことごとく伝授したのは、早逝した唐僧義明（ぎみょう）と日本僧空海の二人だけである。それによく応えた空海は、わずか1年足らずで、密教の正統を受け継いだ。密教の全てを受継いで伝法灌頂を受けた空海が、恵果阿闍梨に「早く日本へ帰って教えを広めよ、もって国家に奉り、天下に流布して蒼生の福を増せ」と言われ、空海は来唐の留学僧が20年滞在のところ2年余の短期で帰国したのである。

12月15日に恵果阿闍梨が60歳で入寂。空海は全弟子を代表して和尚を顕彰する碑文を起草した。

８０６年10月、空海は数多の仏教経典や書籍を携え、無事、博多津に帰着。時に空海は34歳であった。呉服町に東長寺を開基し、大宰府に滞在、個人の法要を引き受け、その法要のために密教図像を制作するなどしていた。

奈良の東大寺で日本密宗真言宗を開く。道場を開いて、密教を広め、日本留学僧の中でも数少ない仏学大師となり、「東密」の開祖となった。空海は、密教が深奥な教えのことから、文字ばかりではなく図像や仏像などを重視しており、多くの密教美術も伝えた。

８２８年、綜芸種智院（しゅげいしゅちいん）（現・種智院大学）を開設、庶民に教育の門戸を開く。８３５年4月22日、60歳の空海は高野山に入定、「生期、今いくばくならず、汝らよく住して慎んで仏法を守れ、われ永く山に帰らん」と遺言した。８５７年。大僧正位を授かる。９２１年、醍醐

▶青龍寺遺跡博物館

◀碑文説明板（西安青龍寺にて）

天皇より「弘法大師」の諡号が贈られ、真言宗では、宗祖空海を「大師」と崇敬し、その入定を死ではなく禅定に入っているものとしている。高野山奥の院御廟で空海は今も生き続けていると信じ、「南無大師遍照金剛」の称呼によって宗祖への崇敬を確認するのである。故郷である四国において彼が山岳修行時代に遍歴した霊跡は、四国八十八箇所に代表されるような霊場として残り、それ以降霊場巡りは幅広く大衆の信仰を集めている。

一方、中国では、空海が密教の伝授を受けた青龍寺は、唐末の戦乱により廃寺となったが、1973年に土台と殿堂が発掘され、西安人民政府が、青龍寺の遺址と伝承されてきた石仏寺周辺の発掘調査を行い、多数の唐代の遺物を発掘し、この地がいにしえの青龍寺であったことを確かめた。青龍寺は復興され、空海に因縁のある日本の四国4県と真言宗の門徒は、中国仏教協会及び西安市政府の協力の下に、1982年2月、青龍寺遺跡に、空海記念碑が建立された。記念碑のそばに建つ四つの大きな円形の石塔は、日本の四国4県を象徴している。

中国の陝西省と香川県の交流関係も、日本の高僧空海と長安との縁から結ばれた。

1982年に青龍寺遺跡に建立された空海記念碑は、高さ9・5mの大理石造りで正面に〝空海記念碑〟の5文字が刻まれており、東側には空海の経歴が、西側には記念碑建立の意義

◀空海記念碑

▶恵果・空海記念堂

が、北側には記念碑建設の経過がそれぞれ刻まれている。記念碑の4隅に円形の石燈がある。
また、1984年には、西安市の提唱により、空海崇拝者（日本）の協賛を得て、両国政府の支持の下、両国地方政府共同投資による、恵果と空海記念堂および青龍寺遺跡庭園が竣工した。日中双方が資金を出し合うとともに、中国側が土地を無償提供し、青龍寺の東塔院遺跡に「恵果・空海記念堂」が建てられたのである。

堂の中には空海と恵果の説法像が並べられている。青龍寺の入り口を入ってすぐ左側の壁に、空海の師匠である恵果や空海の像が彫られている。境内のなかほどより入り口を眺めると、庭園も広く、ゆったりとしたお寺である。奥の方には空海記念碑がある。見る人を圧倒するようなこの大理石造りの記念碑は3層になっていて、正面には「空海記念碑」の5文字が金文字で刻まれ、東側には空海の経歴が、西側には記念碑建立の意義が、北側には記念碑建設の経過がそれぞれ刻まれている。記念碑のそばに4つの大きな円形の石燈があるが、これは四国4県を象徴している。

記念碑の真正面に回廊に挟まれた展示室があり、空海の書とその関係文献などが展示されている。展示室は、元四国霊場会会長蓮生善隆により「四国八十八箇所の零番札所」と名付けられた。1986年には日本から桜の木1000株が送られた。この記念堂は、大雁塔の西側の石門の横木に線彫されている唐代の殿堂図と、寺院の本堂の構造を参考にして建立されたものである。そのため、唐代の寺院建築の風格に富んでいる。工事中に古青龍寺の門址、塔址、殿堂の遺跡から出土した唐の蓮花模様の煉瓦、瓦當、鴟尾破片、鍍金小仏像、石刻仏

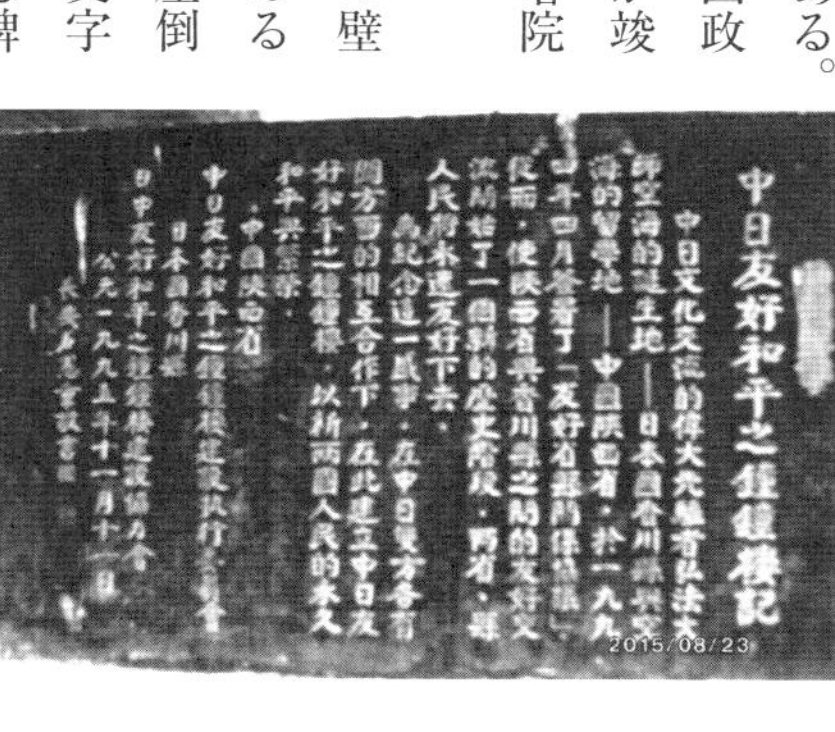

▶日中友好文化交流記念碑

▶四国から贈られた桜説明板

像、唐三彩の皿・碗などがその中に展示されている。

青龍寺はもうすでに陝西省および中国の、対日交流のプラットフォームになっている。1999年の両省県友好締結5周年記念式典や2004年の10周年記念および空海入唐1200年などのイベントがそこで開催され、12月に恵果・空海記念堂、空海記念碑も同時に開示された。

また、日本において、唐で密教を学んだ弘法大師空海は、密教修行の根本道場とすべく、816年勅許（ちょっきょ）を得て高野山を開いた。以来今日まで、高野山は日本仏教の聖地の一つとして、さらには空海を慕う人々の憧れの地として、時代と宗派を超えた信仰を集めてきた。山上は「山の正倉院」とも例えられるほどの文化財の宝庫であり、国内随一の規模の仏教芸術品の中には国宝も多数ある。

高野山の開創1200年にあたり、4月上旬から5月まで続く高野山での記念法会や秘仏の特別公開、記念事業としての伽藍中門再建などが高野山で開かれ、あらためて空海と真言密教、また四国八十八箇所お遍路にも注目が集まったのである。

高野山では、空海のあとも真言宗総本山として密教の正統が受け継がれ、儀礼や年中行事も整備されるに従い本尊像・経典・法具類が整えられ、密教美術の本流が築かれた。また、高野山を浄土ととらえる信仰が広がるにつれ、弥勒信仰や阿弥陀信仰などの浄土教思想も流入し、さまざまな思想・信仰の重なる一大霊場と仰がれている。

また、高野山には、長い歴史を通じて、山の外からも数多くの文化財が持ち込まれ、保存されてきた。歴史的文化財や宝物に価値を認め、後世に伝えようとする持続的意思と基盤が高野山にはあるとみなされてきたのである。

2004年4月6日～2004年5月16日、東京国立博物館により、弘法大師入唐1200年記念「空海と高野山」と題し、弘法大師空海と真言密教の根拠地である高野山の歴史を振り返るとともに、高野一山に花開いた仏教美術の全貌を紹介する展示会が開催された。

更に2014年10月には、空海が高野山を開いてから1200年の節目を迎えることを記念して、サントリー美術館で「高野山開創1200年記念 高野山の名宝」展が開催された。

〈参考資料・文献〉

(1)福田亮成『現代語訳 般若心経秘鍵』ノンブル社 2001年
(2)読売新聞社『空海と真言密教』1982年
(3)空海 著 福永光司 訳『三教指帰』中公クラシックス 2003年
(4)宮坂宥勝『空海生涯と思想』ちくま学芸文庫、2003年
(5)陳舜臣『曼陀羅の人 ― 空海求法伝』TBSブリタリカ 1984年
(6)司馬遼太郎『空海の風景』中央公論社 1976年
(7)中村元『密教経典・他』東京書籍 2004年

(8) 橋爪大三郎『世界がわかる宗教社会学入門』筑摩書房　2001年
(9) 前嶋信次『空海入唐記』誠文堂新光社　1983年
(10) 松長有慶『大宇宙に生きる 空海』中公文庫　2009年
(11) 梅原猛『仏教の思想』上・下　角川書店　1980年
(12) 宮坂宥勝・梅原猛『仏教の思想9 生命の海〈空海〉』角川文庫ソフィア　1996年
(13) 頼富本宏『空海と密教』PHP新書　2002年
(14) 佐藤武敏「唐の長安」『長安』講談社（2004）
(15) 徐松・愛宕元（訳）『唐両京城坊攷』平凡社　1994
(16) 谷口誠『東アジア共同体—経済統合のゆくえと日本』岩波新書　2004年
(17) 渡辺照宏・宮坂宥勝『沙門空海』ちくま学芸文庫　1993年

阿倍仲麻呂　—興慶宮と甘露寺の記念碑

阿倍仲麻呂、文武天皇2年（698年）～宝亀元年（770年）は、奈良時代の遣唐留学生である。中国名は仲満、のち晁衡／朝衡。姓は朝臣。698年阿倍船守の長男として大和国に生まれ、若くして学才を謳われた。717年19歳のとき、総員557人の第八次遣唐使中の留学生の一人として、吉備真備らとともに唐の都、長安に渡り、留学した。更に、科挙の試験に合格、玄宗皇帝に仕え、次第に昇進した。725年洛陽の司経局校書として任官、728年左拾遺、731年左補闕と官位を重ねた。また、彼は李白や王維とも親交があり、その文学の造詣も非常に深い。

中国では官吏選任は選挙といわれ、漢の武帝の時の郷挙里選で最初の整備が行われた。その後、三国時代の魏で九品中正制が始まったが、有効な人材登用には至らなかった。そこで隋の文帝は九品中正制を廃止して、学科試験による官吏登用制度を始めた。

▶興慶宮公園の正門（於　西安）
▲北固山（於　江蘇省鎮江）

科挙という語は、「科目による選挙」という意味で「科挙」と言われるようになったものである。

この科挙試験は、中国、隋の598年から清の1905年まで行われ、約1300年間に亘って続いた、伝統的官僚登用のための試験であり、受験資格は男性だけであった。科挙の競争率は非常に高く、超難関試験であった。科挙を受ける者はまず、地方の国子監が管轄する国子学以下の国立学校で学ぶ必要があったが、まもなく国子学は有名無実化し、地方官の推薦を受けた郷・会が受験するようになった。科目には秀才科、明経科、進士科などがあった。

隋代の科挙は、秀才・明経・明法・明算・明書・進士の六科からなり、郷試・会試の二段階であった。隋は二代で滅びるが、科挙はその後、唐に受け継がれた。

唐では初期に秀才科は廃止され、代わりに進士科が重んじられ、官吏の登竜門とされて人気があり、競争率は明経科が10倍程度、進士科は100倍と言われた。その試験内容として当時、士大夫に重んじられた教養である四書五経、詩賦、時事の策など、所謂儒学の経典が課せられたために儒学・儒教は官吏の必須の教学となった。これらの学問は知識層に深く浸透し、また詩文の能力も重視されたことから、漢詩の創作が競われることとなり、唐詩の最盛期をもたらした。試験が行われ、合格者は格別に尊重された。官吏は科挙の合格者から選ばれるのを原則としたが、高級官吏の子供には一定の官位に任官するという蔭位の制があり、有利であったため、完全な試験による人材登用制度とは言い切れない面もあった。進士科合格者は唐代では毎年、30名ほどであった。

阿倍仲麻呂はこの科挙試験を受験するため、長安の大学高等機関に相当する国子学・太学・四門学の3大名校中の「太学」に入学、九経・書経・詩経・易経・周礼・儀礼・礼記・春秋左氏伝・春秋公羊伝・春秋穀梁伝などを学んで終了し、科挙の受験資格を得ることが出来た。高等文官試験は、進士と明経という2つの科挙試験があったが、阿倍仲麻呂は最も難しいとされた進士科を受験し見事に合格したため、721年に科挙の後に左春坊司経局校書として任官、725年洛陽の司経局校書、728年左拾遺、731年左補闕と官位を重ね、唐朝の諸官を歴任した。それから32年の年月が過ぎ、753年、阿倍仲麻呂は皇室の蔵書を管理し運営する長官職である「秘書監」という大臣位職に任命されることになった。

阿倍仲麻呂は唐の玄宗に仕え、皇帝に厚く信任され、第12回の遣唐使が唐を訪問した際には、日本の使者を、皇室文庫や、神聖な三教殿への案内を任じられるなど、厚遇された。また、阿倍仲麻呂は李白や王維、儲光羲ら数多くの唐詩人と親交していた。その優れた人格、文化的な才能の高さ、文学造詣の深さは、皆に認められていた人物だったのである。

彼はその後、第九次遣唐使とともに帰国することを請うたが玄宗の許すところとならなかった。752年、藤原清河率いる

▶興慶宮の案内図
▲興慶宮の中

遣唐使一行が来唐した。すでに在唐35年を経過していた仲麻呂は清河らとともに、753年、秘書監・衛尉卿を授けられた上で帰国を図った。第十次遣唐使の帰国に同行することを許されたときには、すでに55歳となっていた。

阿倍仲麻呂が日本への帰国を許可された際には、王維をはじめとする詩人仲間が酒宴を設け、「秘書晁監（ちょうかん、仲麻呂の当時の名）の日本国へ還る」の別離の詩を詠んだ。

王維（おうい）（701〜761年）、字は摩詰。太原祁県（現・山西省祁県東南）の人。進士となり、右拾遺から尚書右丞等を歴任。盛唐期の高級官僚で、時代を代表する詩人。また、画家、書家、音楽家としての名も馳せた。同時代の詩人李白が〝詩仙〟、杜甫が〝詩聖〟と呼ばれるのに対し、その典雅静謐な詩風から〝詩仏〟と呼ばれ、南朝より続く自然詩を大成させた。晩年は仏教に傾倒した。

送祕書晁監還日本國　　秘書晁監の日本国に還るを送る

積水不可極　　積水　極む可からず，
安知滄海東　　安（いづく）んぞ　滄海の東を知らん；
九州何處遠　　九州　何れの處か遠き，
萬里若乘空　　万里　空に乗ずるが若し；
向國惟看日　　国に向かって惟（た）だ日を看，
歸帆但信風　　帰帆　但だ　風に信（まか）すのみ。

鰲身映天黒
魚眼射波紅
鄉樹扶桑外
主人孤島中
別離方異域
音信若爲通

鰲身（ごうしん）は天に映じて黒く，
魚眼は波を射て紅なり；
鄉樹は扶桑の外，
主人は孤島の中；
別離　方（まさ）に異域なれば，
音信　若爲（いかん）ぞ　通ぜんや。

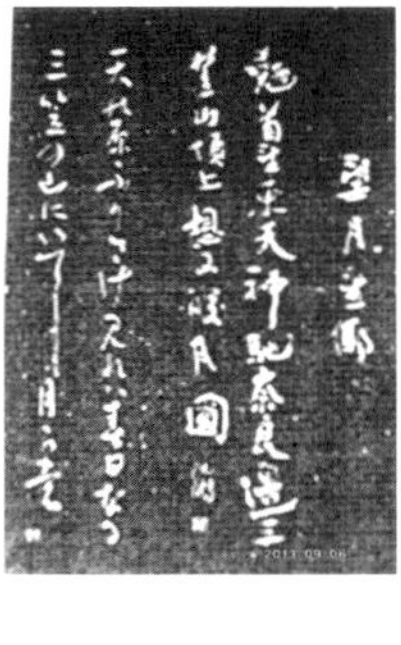

その時、帰国する阿倍仲麻呂は送別する宴の際に王維ら友人に、望郷の念を込めて、故郷に対する思いを、「天の原ふりさけみれば春日なる三笠の山にいでし月かも」という有名な歌を詠んだ。

なお、『全唐詩』巻732には、阿部仲麻呂が帰国時に作った五言排律「銜命還国作」を収録している（作者名は「朝衡」）。この詩は、王維が阿部仲麻呂に贈った送別の詩「送秘書晁監還日本国」へのお返しに作ったものと言われている。

この五言絶句は『全唐詩』巻732には、阿倍仲麻呂（朝衡）が帰国時に作った五言排律「銜命還国作」を収録している。

▶「望月望郷」詩文

原文　　　書き下し文 通釈

銜命還国作　　朝衡

銜命將辭國　　命（めい）を銜（ふく）み将（まさ）に国を辞せんとす

非才忝侍臣　　非才ながら侍臣を忝うす
天中戀明主　　天中明主を恋い
海外憶慈親　　海外慈親を憶う
伏奏違金闕　　伏奏して金闕を違り
騑驂去玉津　　騑驂して玉津を去らんとす
蓬萊郷路遠　　蓬萊郷 路は遠く
若木故園鄰　　若木故園の隣
西望懷恩日　　西を望み恩を懐かしむ日
東歸感義辰　　東へ帰って義に感ずる辰
平生一寶劍　　平生一宝剣
留贈結交人　　留め贈る交を結びし人に

百人一首（ひゃくにん　いっしゅ、ひゃくにんしゅ）とは、100人の歌人の和歌を、一人一首ずつ選んでつくった秀歌撰（詞華集）だが、この中にあるこの歌の詠み人、阿部仲麻呂は遣唐使として奈良時代に唐土の土を踏んだ留学生の一人で、『続日本紀』に「わが朝の学生にして名を唐国にあげる者は、ただ大臣および朝衡の二人のみ」と賞されている。また死去した後、彼の家族は貧しく葬儀を十分に行えなかったため、日本国から遺族に絹と綿が贈られたという記述が残っている。

753年、4隻の船は、揚州から出航、日本を目指し、遣唐使一行は第1・2・3船に乗った。第1船には清河、阿倍仲麻呂ら。第2船には、古麻呂、日本渡来を望む僧・鑑真と弟子ら。第3船には、真備、普照らが乗船した。第4船については記録がなく不明である。

ところが、帰国の途に就いた遣唐使一行は暴風雨に遭遇、阿倍仲麻呂や清河の乗船した第1船のみが逆風に遭って、唐南方の安南（現在のベトナム）に難破して漂着した。乗船約170人の大半が土民に殺害され、清河と仲麻呂は辛うじて逃れ、長安に引き返した。この時帰国できた真備と普照らは、第3船に乗っており助かった。一方、第2船に乗っていた鑑真、古麻呂らは日本の薩摩・坊津付近の秋妻屋浦、今の鹿児島県坊津町にたどり着いた。

第1船が暴風雨に遭ったとき、李白に難破の知らせが届き、彼が落命したという誤報を伝え聞き、阿倍仲麻呂の死を嘆き、「明月不帰沈碧海」の七言絶句「哭晁卿衡」を詠み、篤い友情の友を悼んだ。

哭晁卿衡　李白

日本晁卿辞帝都　　日本の晁卿　帝都を辞す
征帆一片繞蓬壷　　征帆　一片　蓬壷を繞る
明月不帰沈碧海　　明月帰らず　碧海に沈む
白雲愁色満蒼梧　　白雲　愁色　蒼梧に満つ

幸い、唐の領内である安南の驩州（現・ベトナム中部ヴィン）に漂着した。結局、仲麻呂一行

▶李白の「哭晁卿衡」詩（於 西安 興慶宮公園）

◀阿倍仲麻呂の「望郷詩」

は755年には長安に帰着している。この年、安禄山の乱が起こり、藤原清河の身を案じた日本が渤海経由で迎えを寄越したが、唐朝は行路危険であるとして清河らの帰国を認めなかった。

阿倍仲麻呂は長安に戻ったが、結局、再び日本に帰国することは出来ず、彼は帰国を断念して唐で再び官途に就き、天平宝字4年（760年）には左散騎常侍（従三品）から鎮南都護・安南節度使（正三品）として再びベトナムに赴き総督を務めた。天平宝字5年（761年）から神護景雲元年（767年）まで6年間もハノイの安南都護府に在任し、後に、安南節度使を授けられている。最後は潞州大都督（従二品）を贈られた。

770年1月に73歳でその生涯を閉じた。ついに日本の土を踏むことは叶わなかったのである。この阿倍仲麻呂を記念して在るのが、西安・興慶宮公園と鎮江・北固山である。

一、興慶宮公園と阿倍仲麻呂の記念碑

興慶宮公園は、唐代の興慶宮の遺跡に基づいて建て直した文化遺跡の公園である。西安東郊外に位置し、敷地面積は52ヘクタール、興慶湖を中心に、山と水の間に、元の興慶宮の方位に従い、玄宗皇帝が楊貴妃とともに宴会などを催した花萼相輝楼、沈香亭、南薫閣、長慶軒、五龍淵亭などが復元されている。また、牡丹の名所としても知られ、玄宗と楊貴妃が花見を行ったことを、李白がこれを題材に詩を詠んでいた。興慶宮は、玄宗皇帝が国務を処理した場所でもあり、日本の遣唐使・藤原清河と留学生・阿部仲麻呂も、ここを訪れたことが

▶興慶宮公園の中

◀阿倍仲麻呂記念碑

あった。園内には、阿倍仲麻呂入唐１２００年の記念として、１９７９年に奈良市と西安市の友好都市提携を記念して、阿倍仲麻呂の記念碑が建てられた。

この興慶宮公園にある阿倍仲麻呂の記念碑は、西安と日本の奈良市の友好都市関係締結五周年を記念して、１９７９年７月１日に建てられたもの。大理石作りの美しい記念碑の高さは６・１ｍ、碑の正面には金文字で「阿倍仲麻呂記念碑」と刻まれ、側面には前述した阿倍仲麻呂が故郷の奈良を偲んで詠んだ望郷詩、同じ歌の漢詩バージョン五言絶句と詩人李白が仲麻呂を哭す詩がそれぞれ刻されている。

「天の原ふりさけみれば春日なる三笠の山にいでし月かも」

望月望郷　　晁衡　阿倍仲麻呂

翹首望東天　　翹首して東天を望めば、
神馳奈良辺　　神は馳す奈良の辺り。
三笠山頂上　　三笠山頂の上、
思又皎月圓　　思えば又皓月円ならんと。

この詩碑は、陝西省西安市にある興慶宮公園のほか、江蘇省鎮江にある北固山の歌碑にも、この歌を和文と漢詩の五言絶句「望月望郷」の形で詠んだものが刻まれている。

▶北固山案内図

◀甘露寺の入り口（於　鎮江）

二、鎮江・北固山と甘露寺の阿倍仲麻呂石碑

阿倍仲麻呂記念碑所在地のもう一カ所は鎮江である。鎮江は揚州の長江対岸に位置し、隋代に造られた杭州から北京までの京杭大運河と長江の交わる所にある古い港町である。10世紀の北宋まで京口、丹徒などと呼ばれ、三国時代には呉の孫権が一時、京口に都を置いた。山水に富み、美しい自然に恵まれており、「森の都」と呼ばれる。「白蛇伝」で知られる金山、「三国志」の甘露寺など歴史的見どころも多い。特に元の時代にマルコ・ポーロも歩いた千年古街は興趣深い。長江沿いに鎮江三山があり、金山・北固山・焦山には多くの歴史遺跡や記念碑が残されている。

一方、鎮江の近くにある揚州は、昔、日本からの遣隋使や遣唐使が上陸や帰国したところである。当時、日本の船頭たちの間には「揚州に到ればすべてよし」という言葉が流布していた。日本の遣唐使も揚州を経由して長安に入り、空海も804年にこの地を訪れている。鑑真は揚州から日本に向けて出発した。揚州には、元の時代にはマルコ・ポーロも滞在した。また、717年に遣唐使留学生として入唐した阿倍仲麻呂、そして、753年に帰国しようとしていた遣唐使の藤原清河、吉備真備らと船で発った港は揚州であった。阿倍仲麻呂にとって、運命の地がここだと思うと、感慨深い場所であったろう。

この日中文化交流の先達ともいえる阿倍仲麻呂を顕彰するため、1990年、奈良の三笠山に似たこの鎮江・北固山にも「望月望郷」詩碑を建立し、併せて日中両国人民の友好の象徴とする。この建碑は中国国際旅行社鎮江支社の数年に亘る計画に基づき、関係方面の協力

▶長江の眺め

◀阿倍仲麻呂の詩碑

を得て社団法人日本書道院が創立40周年記念事業として、日本中国文化交流協会と中国側の協力のもとに実現した。

碑額の題字を趙樸初中国仏教協会会長が、正面の碑文「天の原ふりさけみれば春日なる三笠の山にいでし月かも」の日文を田中凍雲日本書道院会長が、中文を沈鵬中国書法家協会副主席が揮毫した。当時日本書道院副会長と鎮江書道界の重鎮であった李宗海氏が碑の裏面に建碑記を担当した。日本側から119名が参加し、盛大な除幕式が行なわれた。

阿倍仲麻呂の詩碑は大理石で、高さ3メートル20センチ、幅1メートル20センチ、厚さ32センチ。和文と漢文とが併記されている。阿倍仲麻呂が、中国で懐かしく望郷の念で詠んだ三笠山はこの北固山に機縁があるような気がする。

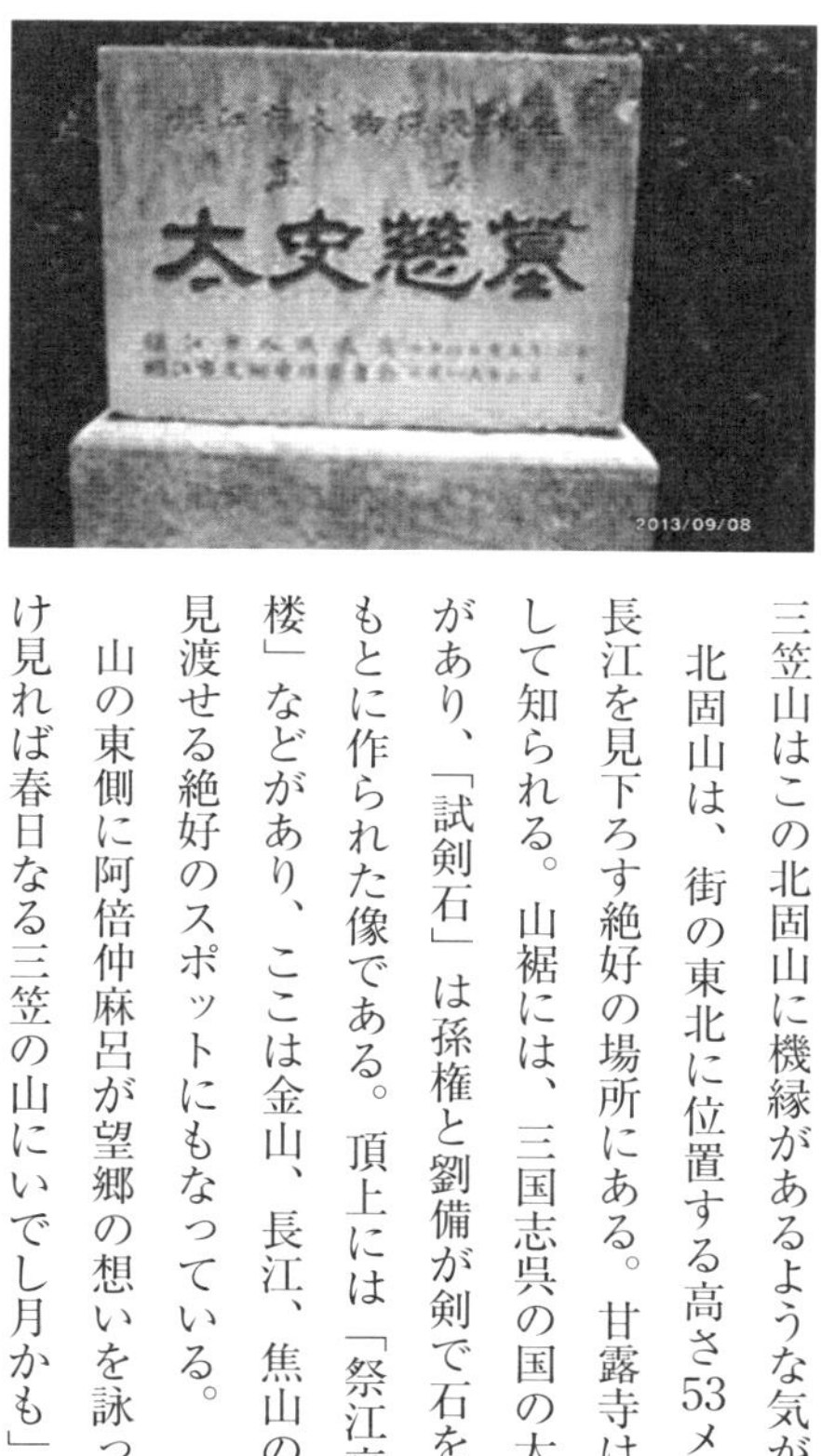

北固山は、街の東北に位置する高さ53メートルの小高い山。長江を見下ろす絶好の場所にある。甘露寺は、三国志の舞台として知られる。山裾には、三国志呉の国の太史慈・魯粛のお墓があり、「試剣石」は孫権と劉備が剣で石を切ったという話をもとに作られた像である。頂上には「祭江亭」「天下高山第一楼」などがあり、ここは金山、長江、焦山のほか鎮江の全てが見渡せる絶好のスポットにもなっている。

山の東側に阿倍仲麻呂が望郷の想いを詠った「天の原ふりさけ見れば春日なる三笠の山にいでし月かも」の歌碑が立ってい

▶孫権と劉備の試剣石

▲太史慈墓

る。

建碑の説明文を見てみると、

「阿倍仲麻呂、中国名は晁衡、717年遣唐使留学生として入唐、科挙に登第し進士となる。玄宗皇帝に重用され唐王朝の秘書監・衛尉卿を歴任した。文人の李白、王維、儲光義、趙驊らと交友、その学識、詩文の才をもって唐人に知られた。753年に帰国しようとして入唐していた遣唐使の藤原清河、吉備真備らと船で揚州を発った。途中揚子江河畔に停泊、その折『望月望郷』詩を詠んだ。船は暴風のため安南（ベトナム）に漂着した。爾来、唐の地にとどまり高官として一生を終えた。」

と、日・中二ヵ国語で刻まれている。

世界中どこでも、お隣の国とは縁が切れないものである。日本と中国の場合、最も繋がりが強まった時代のひとつとして、奈良・平安時代の「遣唐使の時代」を挙げることができよう

〈参考資料・文献〉
（1）徐松　愛宕元訳注『唐両京城坊攷—長安と洛陽』平凡社　東洋文庫　1994年、
（2）加藤隆三木『唐風和月—阿倍仲麻呂伝』上海文藝出版社　2012年

（3）松浦友久、植木久行『長安洛陽物語』集英社　1987年
（4）村山吉廣『楊貴妃：大唐帝国の栄華と暗転』中央公論新社〈中公新書〉、1997年
（5）大室幹雄『遊蕩都市』三省堂、1996年
（6）粂田和夫『天の月船―小説・阿倍仲麻呂伝』作品社　2003年
（7）大原正義『長安の月　阿倍仲麻呂伝』関西書院　1995年
（8）杉本直治郎『阿倍仲麻呂傳研究』手沢補訂本　影印　勉誠出版　2006年
（9）松田鉄也『長安の月　寧楽の月―仲麻呂帰らず』時事通信社、1985年
（10）藤岡忠美先生喜寿記念論文集刊行会『古代中世和歌文学の研究』（研究叢書）和泉書院　2003年

謝国明　―博多文化の展開と承天寺

謝国明(しゃこくめい)(1192~1280)は南宋の臨安府(りんあん)(今の杭州)の出身。鎌倉時代中期の貿易商人、日本名は綱首謝太郎国明。十三世紀初頭、博多に来て櫛田神社(福岡市博多区)のそばに居を構えていた。自分の船団をもち、博多を拠点として日本と南宋間の貿易にしたがっていた豪商である。宋商人は彼のことを「綱首」(こうしゅ)と称した。「綱」とは音読みで、「こう」と読み、旧時、一団となって貨物を輸送する組織を意味した。つまり船主と船長、貿易商を兼ねたオーナー的存在である。宋の時代(日本では平安後期~鎌倉時代)、彼は「博多綱首」と呼ばれ、博多の唐房に住み、中国大陸と博多の間に船団を組んで盛んに往来、日中貿易で巨万の富を築いた。「武備志」によると、博多はかつて大唐街という中国人の町があったと記載されている。多くの宋の商人がそこに住んでいた。

この宋人の貿易商たちの存在と活躍が、当時の日本に及ぼした影響力は決して小さなものではない。それどころか、日本人の精神文化史上、特筆すべきものがある。例えば中国からの禅宗の移入である。これによって、いわゆる鎌倉禅が確立した。古代社会を終焉させ、中世の幕開けをもたらしたのは鎌倉政権だが、彼ら鎌倉武士の精神的な依りどころは執権・北

▶謝国明像

条時頼や時宗に見られるように禅宗（臨済宗）であった。その禅宗の日本への招来に尽力したのが博多綱首たちである。また、博多の伝承では、年越し蕎麦や饂の元祖と伝えられる。

一、承天寺の創設

960年に成立した宋（960～1279）は貿易を振興する目的で各地に市舶司を設置し、日本や朝鮮との貿易や南海貿易を行った。日本では太宰府の監督のもとで鴻臚館（こうろかん）貿易が行われていたが、大宰府は平安時代になると機能が消失したわけではないものの衰微する。日中間の正式の外交貿易は行われず、一般人の渡航は禁止され、宋の商人は主に博多や越前敦賀へ来航して私貿易を行っていた。やがて博多を中心として、隣接する筥崎、香椎あるいは仁和寺領怡土荘にあった今津、更には肥前の平戸、有明海沿岸の神崎荘、薩摩の坊津など、九州の各沿岸で貿易を行う。それに伴い宋人の居住区が出来、都市的様相を呈していくようになった。また宋人のなかには荘園の荘官などと婚姻関係を結んだり、権門寺社などの神人になる者も現れたため、管理貿易が見事に崩れていった。そしてこのころには中国商船のみならず日本商船も大陸へと渡航し、貿易を行うようになった。宋からは、香料、絹織物、陶磁器、薬品、書籍などの物品の他、喫茶の風習や建築の技術、絵画の手法などの文化ももたらされた。日本からの輸出品は、金、真珠、水銀、イオウ、材木、刀剣など。また、商船に便乗渡航した僧侶は、天台山などの巡拝の後に帰国し、新興の禅宗を伝えた。当時の貿易港としては、大輪田泊（現在の神戸港）・和賀江津・六浦および九州地域の博多である。博多は、

▶承天禅寺

九州北部筑前国地区船に築かれた博多湾に面する港湾都市であり、古代からの歴史を持つ。古くは「那津」「荒津」「灘津」「冷泉津」「筑紫大津」と呼ばれていた博多湾は、797年（延暦16年）の『続日本記』において「博多大津（博多津）」と記されているのが見出される。「ハカタ」の語源は、「土地博人・物産多し」という言葉から「博多」、大鳥が羽を広げたような地形から「羽形」、海外へ出る船の停泊する潟から「泊潟」、射た鶴の羽が落ちたとして「羽片」（鶴の墓は太宰府にある）、切り倒された大樹の葉が舞い落ちたので「葉形」などの説がある。8世紀の海外の文献にも「覇家台」「八角島」「花旭塔」との記述があり、どれも「ハカタ」に近い音を発する。この当時の「博多」というのは現在の博多湾に面する一帯を指すものであった。博多は何といっても、外国との交渉および外来文化の受容、摂取の窓口であった。博多湾を天然の良港とし、玄界灘を挟んで中国大陸・朝鮮半島と向き合う地理的条件のおかげで、古くから対外交流の門戸として栄え、日本の歴史と文化形成に大きな役割を果してきた。古くは「奴国」や「那の津」と呼ばれた地域で、博多という名称が最初に確認されるのは『続日本紀』である。759年の、太宰府から朝廷への戦備強化を訴えた進言の中に、「博多大津」に船が足りないということで登場している。また、中国の古代の書物では博多が「覇家台」「八角島」などの字が当てられており、朝鮮の古い地理誌には「覇家台」のほか「石城府」「冷泉津」「筥崎津」などの名で呼ばれていたことが記されている。諸地名説があるが、「島」「津」などの名から見れば、内外船の泊まる潟が訛ったとされ、博多商人の多くは船を操り、貿易取引で商業を発展させてきた。536年、大和朝廷は大陸との外交を行なうため、那の津のほとりに官家を建てた。また、外国使節を接待するため、鴻臚館を設置し、遣唐使や入唐僧の宿泊の場として役立てた。『万葉集』に「大君の遠の御門」と記載されている当時の太宰府は、海外貿易を全面的に中央から委任され、博多も通商貿易の場に指定された。『武備志』には、博多には多くの宋商人が住み、「大唐街」という中国人の町もあったと記されている。現在の博多にある奥堂・石堂川・辻堂などの地名は、守人百堂の名残りを留めている。

　中世において、対外交流の機能は主として寺社によって行なわれた。中でも代表するのが聖福寺・承天寺を始めとする禅宗寺院である。このような意味で、中近世博多の禅宗寺院の歴史は、日本文化史における基礎を成しているのである。承天寺の歴史で注目すべき点の一つは、やはり国際関係、国際交流のそれである。博多三刹の一つである承天寺は１２４２年に建立され、今の博多駅前一丁目にある。承天寺は栄西（１１４１〜１２１５）を開山とする聖福寺とともに、鎌倉期の博多発展の核となった。１９７５年、韓国新安沖の海底から引き揚げられた沈没船から釣寂庵の銘がある木簡が発見され、承天寺が対外貿易にかかわっていたことが証明された。承天寺は臨済宗東福寺派、山号は万松山、開山は円爾（弁円）、開基檀越は綱首の謝国明と太宰府少弐の武藤氏。１５１５年９月の史料によれば、承天寺創建の折、謝国明は筥崎八幡宮領である筑前国那珂郡の野間・高宮・平原（福岡市）を購入して承天寺に寄進したという。

　宗教史・都市史からみれば、聖福寺の創建により博多海浜に禅と戒を基調とする宋風の伽藍が現れ、都市的景観に変化をもたらす端緒をつくったことになるが、承天寺の創建は、一層宋風の強い兼修禅を博多にもたらし、国際都市である博多は一歩進んで、宗教状況を豊かにしたのであった。また、日本の対外交史上重要な役割を占めるとともに、南北朝時代には諸山に、室町時代には十刹に列せられ、かつては塔頭四十三といわれていた。重要文化財として木造釈迦如来および両脇侍像・絹本著色禅家六祖像・朝鮮鏡がある。１２４３年、円爾弁円の恩師である無準師範（１１７８―１２４９）の径山万寿寺が火災に遭った時、謝国明は木材一千枚を贈っている。その際、無準師範やその弟子たちの再興事務に従っていた徳敷が謝国明に宛てた感謝の書が残っており、国宝・重要文化財となっている。１２４８年、承天寺が焼失した時も、謝国明は仏殿など十八棟の建物を再建させた。この大貿易商の謝国明の名とともに、国際都市博多の一端が垣間見えるのが『六波羅書下』である。時の六波羅探題・北条長時が、六波羅奉行人へ宛てて書いたもので、「……小呂島に謝国明の跡地がある」と記載されている。この玄界灘に浮ぶ小呂島は周囲わずか3・4キロメートルの小島であるが、大陸や半島貿易の航路上にあり、貿易船にとって目印あるいは拠点の役割を果たしていた。謝国明はこの小呂島に地頭職を持ち、社役を務めていたのである。

一方、博多祇園山笠の起源には諸説あるが、最も有名なのは「聖一国師起源説」である。前述した聖一国師弁円（１２０２―80年）は福岡に崇福寺、京都東山に東福寺を建立したほか、豪商であった謝国明の寄進により承天寺を創立した臨済宗の僧侶である。禅を学ぶため宋に渡っていた弁円が帰国した１２４１年、博多の町では疫病が流行し、多くの人々が苦しんでいた。弁円は疫病から博多の町を救うべく、人々に担がせた施餓鬼棚（お盆の時に供物を載せる棚）に乗って甘露水を振り撒き疫病退散を祈願、博多の町を清めて回り、見事に病魔を退散させた。そのうち博多の町では施餓鬼棚の上に人形を飾って弁円の功徳を称えるようになり、それが山笠の原型となったということである。今でも毎年、追山では承天寺の前に清道旗が設けられ、住職が見守る前で清道を回るのである。国師は、出家を志した最初は天台宗を修行していたため、平癒の祈祷をしたのであろう。もう一つ類似の説は、櫛田神社で行った。櫛田神社は博多人にとっては今でもなじみの所。全国三大夏祭りとして知られる博多祇園山笠は円爾と櫛田神社から興り、七百年以上の伝統を誇る。かつて、博多に疫病がはやった時、円爾は博多総鎮守である櫛田神社で祈祷し、従士に戸板（施餓鬼棚）を担がせてこれに乗り、町中に聖水を振りまいて疫病を収めた。この故事にちなんで博多祇園山笠の祭りが始まったという。神仏習合の一話であるが、今でも山笠祭りのフィナーレの毎年七月十五日（追い山という）、櫛田神社から走り出た山車が必ず承天寺参りをするのは以上の縁起があるからだ。

前述したように、博多を拠点に大陸貿易で活躍した宋商人の謝国明は櫛田神社近くに居住していた。現在の山笠は、クライマックスである追い山のコースは約5キロ。地図でこのコースを見ると3つのヘアピンカーブが有ることに気づく。山笠は舁き手が山を持ち上げ、後押しと呼ばれる人達が後ろから押して前へ動く。追い山そのものがタイムレースのようなものであるため、カーレースのように運転技術を競う見せ場があってもおかしくはない。そこで3つのカーブに迫ってみる。笠の目的は、タイムレースをすることではない。山笠に出る人達は「山笠を奉納する」という。つまり、博多の総鎮守、産土神である櫛田神社に山笠を奉納するために、この清道をまわるのである。山笠は「博多祇園山笠」というのが正式な言い方であり、祇園祭りの一種、つまり祇園社の祭りである。その後山笠は時代の流れの中で、勇壮な迫力で博多町人の心意気を表現してきた。また博多の町を石堂流（恵比寿流）・呉服町流・須崎流（大黒流）・土居流・西町流・東町流・魚町流（福神流）の七つの「流（ながれ）」という区画単位に分け、消防などに活躍する自治組織として構成した。これが博多旧七流の始まりで、現代に続く「流」の基礎となった。このような流のなか1955年には博多祇園山笠振興会ができ、博多の山笠を一層盛り上げる形ができた。1960年に福岡県の文化財に、1979年には国の無形文化財に指定された。様々な歴史を経てきた祇園山笠はまた、県外や海外でも活躍するようになった。1990年、大阪で開かれた「国際花と緑の博覧会」には二本の山笠が参加し、1994年には京都の平安建都千二百年を記念した「全国祇園山笠巡行」にも参加した。海外では1956年、シカゴでの国際見本市に飾り山が展示されたのを始め、1980年にハワイで行なわれた「アロハ・ウィークフェスティバル」に舁山（かきやま）が参加した。また2004年には、舁山一本が海を渡って中国上海にお目見得し、南京路を疾駆して大歓迎を受けた。博多祇園山笠は現在、山笠振興会を中心に、数百人から数千人以上で構成される七つの流によって運営され、参加者の総数は五千人を超える。この「博多山笠発祥之地」の碑が、承天寺の勅使門前にある。

▶山笠発祥之地石碑（右下）

また、饅頭（まんじゅう）も博多に初めて伝わったと言われている。聖一国師が自ら茶屋の主人栗波吉右衛門（くりはきちえもん）に酒皮饅頭（さかまんじゅう）の製法を教え、看板用に自ら筆を執り「御饅頭所」の書を与えたと言われている。帰国するまでの聖一国師の博多在住は足かけ三年足らずであったが、謝国明との交流はその後も続き、博多の文化のみならず、日本対外文化交流史に大きな足跡を残した。

謝国明は禅への理解をもち、絵画を愛好するなど教養の高い人物でもあった。彼の教養、崇仏、禅への理解、故国南宋の宗教（無準師範の禅）を日本に移植し挙揚したいという熱意、そして貿易商人として富力があったからこそ、承天寺は建立されたのである。いまだに残る伝承のように、謝国明は博多に南宋の生活文化を数々もたらしたが、建立された承天寺は、謝国明ら同寺をささえる博多綱首たちの対外貿易に、国際的信用やいろいろな便益を与えたと思われる。承天寺の境内には「饂飩蕎麦発祥之地（うどんそばはっしょうのち）」という石碑も建てられている。

聖一国師は１２３５年、宋に渡って禅を学んだが、謝国明とは１２４１年にともに出帆して博多に帰着したという間柄であった。聖一国師は、羊羹や饅頭の作り方を初めて日本に伝えたといわれる。博多にとって謝国明と聖一国師、承天寺は忘れてはならない組み合わせである。「そば」と言えば謝国明から始まったとされているのである。年越しそばのことを博多では「運そば」と言う。大晦日には年越しそばを食べ、来る年の平安を祈る習慣は、「大楠様」と博多の人々が敬愛を込めて呼ぶ謝国明にまつわる逸話である。

鎌倉時代のある年、博多の町では飢饉と疫病流行のため多くの人が亡くなり、生きている

▶饂飩蕎麦発祥之地の碑（於 承天寺）

者も餓死寸前、まさに困窮の極みにあった。町民は年を越す元気もなかったが、大晦日に謝国明は承天寺に人を集めて、私財を投じて町民を飢餓から救い、宋から持ち帰り蓄えていたそば粉と麦粉で作った「かゆ餅」を振る舞った。かゆ餅とは今の「そばがき」のこと。元気を取り戻した博多の人々は、それ以来大晦日に「運そば」を食べるようになったというのである。現在約六十店が加盟している福岡そば組合は、謝国明の慈悲深い行いと同じように、そばを通して毎年ボランティア活動を行っている。毎年11月の第二日曜日には、在宅や施設の心身障害児（者）にそばやうどんを差し入れているという。祭りは約700年前に始まったとされ、周辺住民を中心に続けられる伝統行事であるが、住民の減少で行事の継続が危ぶまれる中、元住民やボランティアらの協力で存続させているという。江戸時代に黒田氏が入国し那珂川を挟んで城下町福岡を築き、二極都市の性格を持つことになる。明治時代に博多・福岡をまとめて1つの市、福岡市として市制施行されて現在に至り、博多の地名は博多区として残る。大宰府の外港であった博多津には鴻臚館が存在し、鴻臚館貿易が行われるとともに、遣唐使が経由地として訪れていた。757年（天平宝字元年）に櫛田神社創建、806年（大同元年）に唐より帰朝した空海が博多に東長寺を建立している。平安時代末期から、後世「大唐街」と呼ばれる中国人街が筥崎宮周辺に形成された。異国風の建物が建ち並び、多数の外国人商人が行き交う国際都市であった。平安時代の終わり頃になると鴻臚館での官貿易は衰えたが、その後、博多に住みついた宋商人による私貿易が始まった。近年宋銭の発掘調査により、当時の日宋貿易が栄え、宋銭が流通していたことが判明している。博多は宋人居留区が形成され、国際都市として繁栄したのである。

中国において唐末、中国の商人たちの海外への進出がすでに始まっていた。宋朝に入ると、商品生産の盛行、都市の発達によって、貿易が一層発展したのである。特に、貨幣（主に銅銭）の取引の増大に伴い、海外にも大量に流出した。対外貿易は日本・高麗・インドネシアなどアジア諸国だけでなく、遠くアフリカにまで及んでいる。一時期、「宋商」という言葉が海外に周知されたほどである。彼らは博多にも居住して活発な商業活動を行い、博多の寺院とも結び、その力は中央にも及んで、特に「博多綱首」と称されるに至った事は前述した通りである。

宋人の貿易商たちの存在と活躍が、当時の日本に及ぼした影響力は決して小さなものではない。それどころか、日本人の精神文化史上、特筆すべきものの一つが、中国からの禅宗の移入である。古代社会を終焉させ、中世の幕開けをもたらしたのは鎌倉政権だが、彼ら鎌倉武士の精神的な依りどころは、執権・北条時頼や時宗に見られるように禅宗（臨済宗）であった。そこより、いわゆる鎌倉禅が確立して行く。その禅宗の日本への招来に尽力したのが博多綱首たちである。臨済宗の開祖、栄西は岡山の人。博多綱首の船に乗り、二度目の入宋から帰国後、１１９５年（建久６年）、博多に日本初の禅寺「聖福寺」を創建した。聖福寺の寺伝によると、栄西は帰国後、将軍・源頼朝に寺院の建立を願い出、保護を得たとある（『栄西申状』など）。博多の中世の地名に「宋人百堂」というのがある。宋人が建てた百のお堂という意味だが、この地がそっくり聖福寺の寺域に寄進された。栄西の自著の中に「博多津の宋人、張国安が尋ねて来て、中国杭州の禅師のメッセージを伝えた」旨の文章がある。当時、博多一帯には「張」姓の宋人たちが数多く住んでいた。—栄西はこの張一族の支援を得て、帰国後、聖福寺の建立に取り掛かった—というのが真相のようだ。栄西は中国からお茶を持ち帰り、日本中に広めたことでも知られるが、なかなかの遣り手で、時の幕府の女帝・北条政子を通じて京都にも建仁寺を建てるなど、臨済宗の基盤を確固たるものにした。聖福寺は今でも現存する。ＪＲ博多駅から港の方（北側）に歩いて十分ほど。寺域二百メートル四方の広大な境内には、八百年の時を刻んだ伽藍配置が古刹のたたずまいを色濃く留めている。だが、「創建時には寺域はこの四倍はあった」といわれるから改めて驚く。

承天寺は綱首の寺として、国際都市博多の貿易機能を担ったが、そのことは、韓国西南海岸木浦市北西の新安海底沈没船が直接、承天寺にかかわる貿易船であった事例をあげるだけでも明らかである。

聖一国師即ち弁円は5歳から修行を始め、嘉禎元年（１２３５年）に34歳で宋に渡る。宋での6年の間に天竺僧・柏庭月光から経を授かり、径山の万寿寺・無準禅師から印可証明を授かる。中国での修行時に、禅を始めとした多くを学び、この承天寺に多くのものを伝えている。聖一国師は、宋で学んだ禅の思想を広める傍ら、日本や博多の文化に多くの影響を与え、その足跡を残している。その代表的なものに、麺、饅、羹と共に「古文書水磨の図」に残る製粉の原理がある。今日の製粉技術の根幹をなすものと云われる粉挽きの技と共に、庶民の常食としての粉食手法の原点を伝承の技として残した。承天寺に建つ二つの石碑が、その一端を物語る。一つは「饂飩蕎麦発祥地」の碑、もう一つは「山笠発祥地」の碑である。前者は国師が宋から持ち帰った「水磨の図」によって、水車を使った製粉技術や、うどん、そば、饅頭、羊羹などの粉食文化が広まったことを今に伝える。このため、承天寺の境内には「饂飩蕎麦発祥の地」記念碑が建っている。その当時のうどん、つまり「切り麦」の製法にこだわり、博多湾に浮かぶ能古島（のこのしま）で製造されているのが、幻のうどん「古式切り麦、能古うどん」である。

謝国明は、筥崎宮の社領の一部を購入して承天寺に寄進し、その経済的基盤を固めている。それは、社役を介して筥崎宮に帰属関係をもち、貿易活動の保護をうけていたことが背景にあったとみられる。また、宗像社にも帰属しており、対外貿易活動を活発に行っていた両大社という複数の帰属関係をもっていたのである。謝国明の財力は相当なものであったようであり、櫛田神社にも協力を惜しまなかった。宝治二年（1248年）に承天寺が火災にあった際、彼は「一日にして仏殿など十八堂を再建させた」と伝えられている。

承天寺の境内は道路により仏殿（覚皇殿）のある南西部分と開山堂、方丈（ほうじょう）、石庭のある北東部分に二分されている。仏殿（覚皇殿）などを見学した後、道路を渡り中門を入ると、左に「饂飩蕎麦（うどん・そば）発祥之地」の碑と博多織りの技術を中国の宋から持ち帰ったという満田弥三右衛門之碑があり、右に開山堂（常楽院）がある。開山堂は普通、一般公開されていない。奥に方丈（ほうじょう）という建物があり、その前が洗濤庭（せんとうてい）という、すばらしい石庭になっている。

▶勅賜承天禅寺

二、謝国明を偲ぶ

弘安3年（1280年）に88歳で没したと伝えられる謝国明は、当時の承天寺の東のはずれに埋葬された。彼を記念するため、承天寺に墓と記念碑が作られた。調査のため、筆者は二回承天寺を訪れた。一回目は謝国明の墓と記念碑を探すためである。承天寺は博多駅から歩いて10分程の距離で、そこに一歩足を踏み入れると庭のほうき目も清々しく、博多の都心とは思えない粛然とした静寂なところである。ここには博多織を創始した満田弥三右衛門や、新派演劇の始祖、オッペケペー節の川上音二郎の墓があることでも有名である。承天寺は立派な山門・勅使門・仏殿・伽藍があり、乳峰寺・天與庵・宝聚庵・祥勝院の四寺からなっている。謝国明の墓の場所を尋ねると、「博多駅前一丁目出来町口の大楠にある」と教えて貰った。承天寺から南に曲って歩くと、「謝国明の墓」と「博多観光地案内」の看板が見えた。その看板には「建久二年（1193）宋で生れた謝国明は、帰化して綱首謝太郎国明と言い、櫛田神社の近くに住んで日宋貿易に従事し、聖一国師を助けて承天寺を建てた。また、針治療を教えたり、貧民の救済を行い、八十八歳でなくなった」と書かれている。

看板の右に二本の細長い石柱で作られた入口がある。鉄の扉を開けると、目の前に大きな幹だけの楠の木が聳え立っている。謝国明の墓を、この四抱えぐらいある樹齢七百年の大楠が包みこんでいたそうだが、終戦前後の近火で楠が枯れた。今は枯木の幹で囲まれ、新しい楠の木が植えられている。仙厓和尚（せんがいおしょう）の筆による供養塔も建てられていた。枯れた巨木で、高さ5メートル、上部はすでに無いが、その傍に成長した二代目の楠の幹から枝と葉が繁茂し、

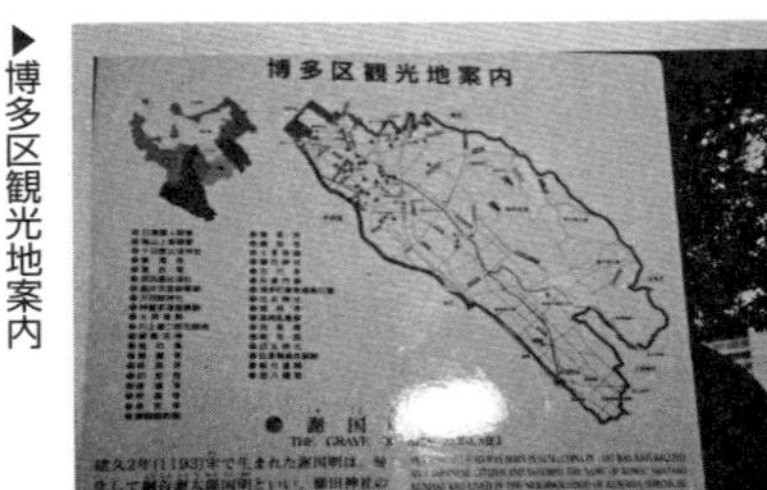

▶博多区観光地案内

▲大楠さま

傘のように庭園を覆っている。昼の晴れた日でも中は暗く感じる。地元の人々は「大楠さま」と親しみを込めて呼んでいる。調べたところによると、1833年、謝国明の墓は五層の石塔で建てられ、墓の傍に楠の木を植えた。その後、楠の幹が太くなり、成長するうちにこの五層の石塔を包み込んでしまい、墓前祭もできなくなったため、同所の楠樹の側に謝国明の記念碑を建てたのである。このことについては、約170年前の天保時代に、青柳種信が編集した「筑前国続風土記拾遺」に楠の木に囲まれた記述があった。石碑は灰色の石で、形は自然のままのものを使った高さ約1・8メートル、「謝国明碑」の文字がうっすらと見える。碑文はほとんど風化しており、不鮮明な文字から判断すると、謝国明の身分と貢献を刻んだもののようである。どうしても碑文をはっきりさせたく、歴史にも残して欲しいと思い、承天寺に二回目の訪問をし、漸く幾多の資料の中から碑文の内容を探し当てることができた。

▶謝国明石碑

「謝国明は、宋国臨安府の人で本邦に帰化し、博多櫛田神祠の近くに居を構えていた。その職業は綱首であったが、崇仏の念深く済生救民の志が篤かった。博多津中の窮民を憐み、しばしば金品や食物を施与し、また、鍼薬の術を心得ていて、熱病の治療を施した。かねがね一禅刹建立の念願があり、大宰少弐武藤資頼に請うて霊地を博多東偏に寄捨をうけていた。四条天皇の仁治中、聖一国師が宋より帰国したので、謝国明は喜び迎え承天精舎を建立し、国師を請じて開山祖師とした。

謝国明は弘安三年十月七日歿したので、寺の東境に葬り墓石を建てた。後世に至るも博多津中の人々は、その徳誼を慕って香華を供え、礼祀する者が絶えない」。

その碑文から、謝国明は極めて裕福な貿易商人で、崇仏(すうぶつ)の念と済生救民のため承天寺を建てたことが解る。石碑の右側に一軒の住宅があるが、おそらくその家の窓からは、石碑がはっきり見えるであろう。中国では住まいの近くに石碑や墓があることは、「風水がよくない」と考えているが、そのお宅で生活しているご家族は、眠っている謝国明のそばにいることに、逆に親しみを持って見守っているのかも知れない。

謝国明は中・近世博多文化の展開に重要な役割を果したのである。現代で言えば、国際的な大貿易商社の代表である謝国明が拠点としていた博多は、商都の域を越えた「開かれた国際都市」であった。今でも博多の人々は、毎年8月21日の彼の命日には、その徳を偲び「千灯明祭」を行い、謝国明に感謝の気持ちを捧げ、彼を偲んでいる。その「謝国明遺徳顕彰慰霊祭」(大楠様千灯明祭)は承天寺境内で行なわれている。祭りは約700年前に始まったとされ、周辺住民を中心に続けられる伝統行事である。住民の減少で行事の継続が危ぶまれる中、元住民やボランティアらの協力で存続しているという。博多の町民が、七百数十年もの間、謝国明のお墓を大切に祀っているのである。

国際的な大貿易商社の代表である謝国明。彼が拠点を設けた博多は、商都の域を越えた「開かれた国際都市」であった。2001年にNHK大河ドラマ「北条時宗」が放送され、一躍全国に知られるようになった。「北条時宗」で、中国・宋時代の貿易商人・謝国明を演じた俳優の北大路欣也さんが、福岡市博多区の承天寺を訪ね、遠く13世紀頃の博多を偲んだ

◀謝国明の記念碑

こともあった。ドラマの中での重要な登場人物である謝国明は、博多を拠点にして活躍した。そのため、ドラマでは博多の町が度々登場している。また、謝国明は中世、博多の繁栄を支えた人物として、今も博多の人々に慕われている。

毎年8月21日には謝国明を偲び、「大楠様千灯明祭」が行われている。日中友好の先駆者で博多の町に貢献した第一人者「謝國明」に対する遺徳を顕彰、慰霊するため、この日は午後6時頃より、地元の方々が博多駅前1丁目25―14、謝国明墓所、大楠様の近くでこの行事を行っている。千灯明祭当日は，夕刻より灯明が飾り付けられ、灯明には謝国明の功績などが書かれ、参拝者には、謝国明が中国から伝えたとされる蕎麦と饅頭が振舞われる。大楠様の千灯明、謝国明遺徳顕彰慰霊祭を通して、謝国明に対する感謝の気持ちを忘れないとする、700年以上も地域で受け継がれてきた行事である。枯れてしまった楠の隣には二代目の楠が植えられ、今では青々とした葉を茂らせている。

◀千灯明祭（博多承天寺にて）

〈参考資料・文献〉

（1）西日本新聞社福岡県百科事典刊行本部『福岡県百科事典』西日本新聞社1982年
（2）『宋史研究集』国立編訳館出版　1990
（3）年森克巳『日宋貿易の研究』　国立書院　1948年

(4)田中建夫『中世海外交渉史の研究』東大出版社　1959年
(5)『博多の豪商』福岡シティ銀行　1979年
(6)『博多の味』福岡シティ銀行　1986年
(7)『鴻臚館』福岡シティ銀行　1988年
(8)広渡正利『博多承天寺史』、福岡県文化会館編『万松山承天寺所蔵品目録』、同編『博多承天寺展図録』)(吉川弘文館『国史大辞典』川添昭二氏)
(9)編纂委員会『角川日本地名大辞典40 福岡県』角川書店　1988年
(10)武野要子『博多の豪商』葦書房　1980年
(11)古田紹欽『栄西―興禅護国論・喫茶養成記』講談社　1994年

朱舜水　―儒学の伝播と日本の弟子達

日本に中国の朱子学と陽明学を伝えた第一人者が朱舜水（しゅしゅんすい）である。

朱舜水（1600年11月17日～1682年5月24日）は、明朝の遺臣、江戸前期の儒者。明の滅亡に際し、「文武全才第一」「開国来第一」と呼ばれた朱舜水は明の滅亡を匡救する志を持ち、復明運動を行った。彼は日本に望みをかけて、援助を求め7回来日し、生涯にわたって明室の回復を念願とした。1659年（万治2）の冬、日本の長崎へ亡命した。当時の筑後国に存した柳川藩の儒者である安東省庵が朱舜水に師事した。のち、剛毅にして博学と明室を救おうとした大義の人・朱舜水の名はすぐ江戸にも届いた。1665年水戸徳川家の2代藩主・徳川光圀は学校をつくり、朱舜水を賓師として指導者に招き、彼を迎えた。朱舜水は独自の古学による古今の儀礼、とくに経世済民、実用・実学を伝授した。その学風は，朱子学を重んじながらも、それにとらわれず、考証を尊び、水戸藩の修史事業や前期水戸学の形成、また、水戸藩の政治や学問にも大きな影響を与えた。朱舜水は水戸学へ思想的影響を与えたほか、安積澹泊（たんぱく）や、山鹿素行、木下道順らの学者とも交友し、漢籍文化を伝えていた。ここに初めて日本に本場の朱子学と陽明学が入ることになった。また、儒学の仁・義・礼・行な

▶朱舜水の木彫像

どの信念が確立したのもこのときである。水戸学の確立もこのときから始まった。日本に経世済民の学が入ったのはこのときであった。

一、仁義で結ばれた師弟の縁

朱舜水、名は之瑜、号は舜水、字は楚嶼、海外に出た後の字は魯嶼（ろよ）、諡は文恭という。浙江余姚（よよう）の出身であるが、客家人である。「客家」という言葉は、外来者という意味に取られているが、本来、黄河流域の中原、中国の文化発祥の正統な漢民族である。唐から元のころに、戦乱を避けるために黄河流域から徐々に南下をはじめ、移住地は広範囲だが、いまでは主に、福建、広東、江西、湖南省などの地域に暮らしている。在外華僑・華人として東南アジア諸国に暮らす者も多く、華人の3分の1は客家人である。客家の人々は、周囲の中国語の諸方言よりも北方の方言に近い客家語を話すなど、周辺に住む他の漢族集団とは異なった独特の言語・文化を持ち、一般に外来者として離れた場所に居住している。客家人は、儒学・道教に精通し、中国の伝統的な文化を守り続けたのである。先祖を崇拝し、人の恩義を忘れず、信義を重んじ、貧弱を扶け、強暴を除く正義の思想を代々に植付けてきたのである。また、勤勉で、粘り強く、伝統的に結束力も強く、優秀な人材を輩出している。例えば、南宋の朱子学を確立した朱熹・南宋末の官僚・愛国者文天祥・太平天国の天王洪秀全・東王楊秀清・北王韋昌輝・翼王石達開、そして清末の官僚・外交官黄遵憲・中華民国初代総統孫文、また、中国共産党初代元帥朱徳・中華人民共和国指導者鄧小平・中国共産党元老葉剣英および、中華民国（台湾）元総統李登輝・シンガポール上級首相リー＝クアンユー（李光耀）・シンガポール副首相リー＝シェンロンなど著名人がいた。朱舜水もその中の一人である。

朱舜水は九歳の時に父を亡くした。幼い頃より学問を好み、天資卓越しており、慈谿の李契や吏部左侍郎朱永佑、東閣大学士兼吏戸三部尚書の張貴堂、礼部尚書呉鍾巒らに教えを受けた。古学から儒学、詩書まで研究し、教養は極めて深く、江蘇の松江府学の秀才と言われる儒生となった。二十歳の時、世の人心が日ごとに乱れ、明王朝の腐敗と社会の退廃した状況を目の当たりにして失望し、苦しみと憤怒の中で官吏への道を断念、郷里に隠居した。崇禎の初年、蘇州の松江学政監察御史阮某は朱舜水を「文武全才」を持っている優れた人材として礼部に推挙した。１６４３年、明政府は彼を招致して監祀同知に任じようとしたが受けなかった。その後、明朝にたびたび召されたが仕えず、「違詔の罪」を免れるため、家族にも告げずに東海岸に亡命した。１６４４年、清軍が山海関に入り、北京を占領し、明朝末代皇帝崇禎は自殺した。

明王朝滅亡後、朱舜水は日本の力を借りて明の回復を志し、日本と大陸の間を四たび往来し、「抗清復明」の闘争に奔走した。彼は福建・浙江沿海、また日本・新羅・安南諸国を駆け回り、十五年間にわたって不撓不屈の精神で、万般の苦労をなめ尽くした。彼は明室の復興を切に念願し、常に明の臣であることを忘れなかった。

明代では永楽帝が対外政策に積極的姿勢を示した。１４０１年、日本との勘合貿易の開始と共に、明朝の思想と文化、特に朱子学の「性即理」原理から導かれる陽明説が日本の社会に大きな影響を与えた。更に、一段これを取り上げて前進させたのは、明末の政治家・思想家の朱舜水である。彼が提唱した「実理実学」は、日本の思想・文化及び教育に最も大きな影響を与え、多くの日本人が彼の弟子となった。

二、朱舜水と安東省菴(あんどうせいあん)

当時、日本は鎖国時代で、すべての外国人は居住が許されなかった。1659年に朱舜水が長崎に亡命した時、筑後柳川藩の儒臣武士安東省菴は朱舜水の学問徳望を敬慕して彼に師事した。

安東省菴(1622〜1701年)、名は守約(もりなり)、字は魯默、号は省菴。省菴はまた省庵とも表記される。中国の『古字通假会典』によれば、菴は庵の古字である。柳川の宮永小路生れ。少年の頃から初代柳川藩主立花宗茂(たちばなむねしげ)に才能と人柄を見込まれ、学問に励んだ。彼の生涯はだいたい水戸黄門の時代と重なる。当時は日本儒学の黄金時代で、幕府の儒官林鵞峰(はやしがほう)・鳳岡(ほうこう)父子をはじめ、松永尺五(まつながせきご)・新井白石(あらいはくせき)・木下順菴(きのしたじゅんあん)・山鹿素行(やまがそこう)・野中兼山(のなかけんざん)・山崎闇斎(やまざきあんさい)・伊藤仁斎(いとうじんさい)・熊沢蕃山(くまざわばんざん)・貝原益軒(かいばらえきけん)など名高い学者が輩出した。安東省菴もその中の一人である。

ところで、安東省菴は朱舜水がすでに帰国の途の絶えていることを知り、日本に留まることを請うと同時に、何人かの文人学者と連名で長崎鎮巡に申し出た。その後、長崎鎮巡の黒川正直(くろかわまさなお)が肥前小城藩と幕府へ報告、その許可を経て朱舜水は例外的に日本に居住することが許された。その時朱舜水はすでに六十歳の老人で、長年にわたって漂泊の生活を送り、貧乏

▲三体の孔子の像(左側、伝習館高校・真中、安東家・右側、湯島聖堂)

と疲労困憊がこもごも迫り、祖国への思いと異国での生活により艱難辛苦の極にいたが、その彼に対し、安東省菴の援助の手が差し出されることになった。省菴は衣食の節約に努め、俸禄二百石の半分を割いて師の生活を支えた。朱舜水は心を痛め、これを断わろうとして「心安んぜず」と言ったといわれる。これに対し安東省菴は、「もしも自分の生活が師よりも良ければ、私の心中はより不安である」と誠意を述べた。

朱舜水はこの安東省菴の人徳に感動し、師弟二人は儒学の仁義で結ばれ、毎日一緒に本を読み、道を語った。彼は朱舜水から、儒学だけでなく当時の最先端の学芸も教えてもらった。安東省菴は朱舜水の熱心な指導の下で優れた学者となった。

朱舜水が長崎に滞在した六年間の安東省菴との友情は深いものであった。

1665年、朱舜水は水戸に招かれて東上の途中、柳川に立ち寄って旧来の芳情に感謝し、孔子の像三体を安東省菴に贈った。孔子像はいずれも高さ40センチの青銅製、現在、一体は安東家に、他の二体は東京の湯島聖堂と柳川市の伝習館高等学校にある。筆者は伝習館高等学校の許可を得て、そこに保管されている孔子像を見学させてもらうことができた。学校の記念館の、両側に説明のついたガラスケースに保管された孔子像は、役人の服であったが、中国山東省曲阜（きょくふ）の孔子廟の像は皇帝の装束である。しかし帝王像の国外持ち出しは叛逆罪となるため、大義を重んじる朱舜水が持ち出した孔子像は質素な衣装をしており、この姿こそ正統といえる。この孔子像で目立ったのは、赤い目と突き出た二本の前歯であった。その孔子像を見ながら、三百年の時空を超えて大切に保存されていることにたいへん感激した。

◀伝習館高校の記念館

このような中日両国の交流の歴史は、現在の我々も受け継いで行かなければならないと思った。

朱舜水は江戸へ行ってからもしきりに安東省菴に会いたがっていたが、政治的な事情から遂に再会の機会は訪れなかった。1682年、朱舜水死去の知らせを受けた安東省菴は、悲嘆に暮れ、切々たる追慕の詩を残し、寂しい日々を過ごしたのである。

安東省菴の墓は、柳川の淨華寺の一隅にある。1メートル足らずの質素な石碑である。表には「柳川安東省菴先生之墓」と刻まれ、裏には「先生姓は源、氏は安東、名は守約、省菴はその号なり。世々柳川の人なり。先生幼にして穎悟、長じて篤実なり。親に孝に長に弟あり。憤を発して書を読み寝食共に廃す。嘗て故の明の徴士朱舜水文恭先生に師事し、博学浹通名を桑域に顕す。識者以て関西の一人と為せ。公侯縉紳その徳を称え、四方の学者から景仰せざるなし。且つ中国の張斐文声を聞きて長崎に来り、書及び詩を寄す。詩中に嘗て声名を逓して若耶に到るの語あり。元和壬戌に生れ、卒する年八十。実に元禄辛巳十月二十日なり。先生平日謙遜にして物を争うことを欲せず。純淑質厚優柔寛和なり。其事実は行状にある有り。此に贅せず」と高く朱舜水・安東省菴師弟を評価したのである。

安東省菴の墓所には師を慕う門人たちの墓が寄り添うように建ち並んでいる。墓地がそっくり塾になったようで、死後までも強い絆で結ばれている。1958年に福岡文化財史跡に指定され、その後、墓地の隣に著書の『三忠伝』にちなみ「三忠苑」が作られ、庭の奥には会津日新館から贈られた楷樹と「孔子の木」が儒学のシンボルとして植えられている。そ

▶伝習館高校の孔子像（於　柳川市の伝習館高校）

◀三忠苑（於　柳川市淨華寺）

◀「安東省菴先生之墓」

の近くの三柱神社に安東省菴の顕彰記念碑がある。

筆者が安東省菴の墓地に行ったとき、一人の女性がそこで掃除をしていた。声をかけると、親切に案内してくださった。「安東省菴先生達はわれわれの学問の先祖でもあり、身内のような存在でもある」という話を聞いて、筆者が調査中に、ずっと気持ちに引っ掛かっていたこと、即ち、なぜ墓や記念碑の近くに人々が住んでいるのか、という疑問が氷解したような気がした。別れる前、彼女は安東省菴顕彰会が出版した『よみがえれ日本人の精神』という本を二冊くれた。その本を読み、「人の人たる道を学んで、物の道理を明らかに知り、心正しくして、自分を磨き、平和な社会を築いていくことである」と安東省菴が語ったことが分かる。その話も、安東の学徳、人柄及び信仰を表したものである。それも朱舜水の主張した「実利実学」であると結んでいる。

「柳川古文書館」を訪れた時、「柳川市史編纂会」の田渕氏が熱心に資料を紹介してくださった。それらの資料を見て、当時の朱舜水と安東省菴との友情と、学問の探究の状況を一層よく知ることができた。筆者が一番興味を持ったのは、朱舜水と安東省菴の間の手紙であった。

手紙の中で朱舜水は、一心に学問をする安東を高く評価し、自ら安東の子供のために衣服を作ったことを書いている。最後に「友生朱瑜生頓首、安東省菴賢契知己」と書いてある。朱舜水は思想家である上、医学・裁縫・建築などさまざまな才能を持っていた。

朱舜水は長崎での六年間の亡命生活の中で、安東からいろいろな援助を受けた。中国では

▶安東省菴の顕彰記念碑（於 柳川三柱神社）

▶安東省菴墓

「受人滴水之恩、当報湧泉之（もし小さな恩を受けた時には、それに対しては全力を尽くして返さなければならない）」という諺がある。朱舜水は安東に「実理実学」の思想理論を教えた。彼は「理論というのは、現実に役に立つためにつくったものである。実際の効果があれば、初めてその理論は価値がある」という。朱舜水は安東に教えながら、できるだけささやかな「恩返し」をし、また「知己」として安東にやってあげたいことを窺わせている。また、自分が師でありながら「友生」と自称している。その謙譲な「学徳」、そして安東との友情を示したのである。

安東省菴は朱舜水を非常に尊敬していた。手紙を受け取ると「……手を盥い香を焼き、捧誦して已めず、誘掖すること諄々として一言も教に非ざることなし。謹んでこれを家蔵し、以て世々宝と為さん。……平生の願い、千里と雖も猶お将に笈を負わんとす。況んや親炙するをや。伏して冀わくは、門下の列にあるを許せ。幸い、これより大なること莫からん」とある。安東省菴は朱舜水からの手紙を、手を洗い、香を焚いて家宝として大切にしているのであった。安東が朱舜水を師として仰ぎ、仕えるようになった時、安東は三十九歳、朱舜水は六十一歳であった。

「安東省菴顕彰会事務局」の会長立花民雄氏の話によると、近く浙江省は「朱舜水国際学会」をつくるそうだ。朱舜水は安東省菴との二十四年間の「忘年の交り」の厚情は永遠に中日交流の歴史の中に残っている。

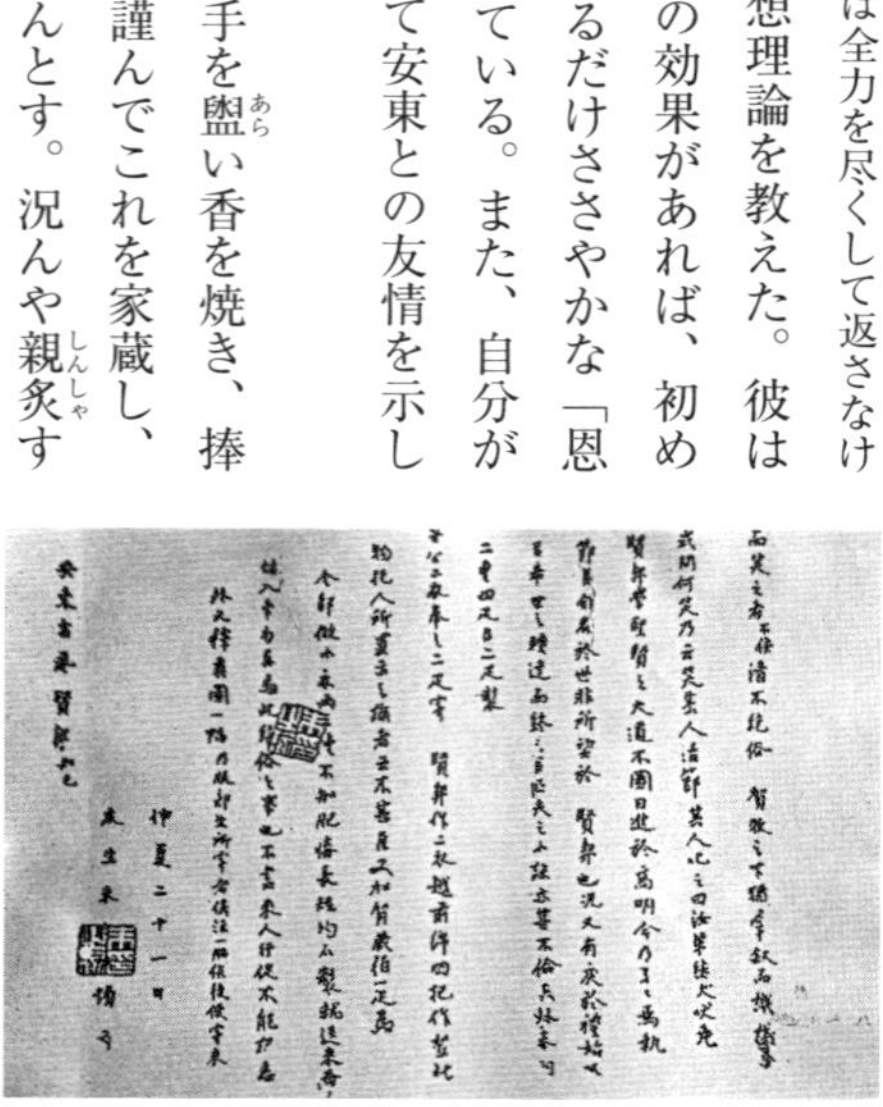

▶朱舜水寄安東省菴書（柳川古文書館提供）

三、朱舜水の実学と水戸学

徳川幕府の初代将軍徳川家康の孫で、第二代水戸藩主徳川光圀（とくがわみつくに）は朱舜水の学問及び人格を尊敬し、朱舜水に講学を要請した。１６６５年に、朱舜水は江戸に行った。

徳川光圀は学問を好んで倦むことを知らず、朱舜水を賓客として礼儀を尽くして招聘し、師として優待し、懇切に教導を求めたのである。徳川光圀は朱舜水のため別邸を駒籠（もとの第一高等学校のあったところで、今は東京大学農学部の所有地になっている）に建て、１６６８年、朱舜水は水戸からそこに遷った。彼は最善の補導を尽くし、徳川光圀に独自の古学による古今の儀礼を伝授し、水戸学思想に大きな影響を与えた。朱舜水は「学官図説（がっかんずせつ）」を作って、古今にわたって考察し、彼の指示によって文廟・啓聖堂・明倫堂・進賢楼・尊経閣・学舎・射圃（しゃほ）・門楼・墻垣（しょうえん）などが見事に建てられた。したがって朱舜水の「学官図説」は、この後の日本の学校制度の起源となった。彼はまた、養蚕・医学・種痘・田畑耕作・料理・機織り等の実学にも優れた才能を持ち、水戸の民間に親しく教授した。朱舜水は、徳川光圀を次のように述べた。「（彼は）盛徳と仁武の精神をもち、聡明で博雅し、素晴らしい人物である」と高く評価した。

府下の学生に講義をし、教室の中は規律正しく孔子の学風が漲った。自身が身に付けた学問を大いに隣国の日本に伝授し、特に朱舜水の儒学と実学に対する深い学識が、徳川光圀の偉業達成の大きな原動力となり、約十八年間の歳月は水戸の学問興隆に大きな役割を果たし、水戸藩をしてその薫陶の下に日本文化の中心とならしめた。「尊王攘夷」の思想に依り義を守る精神は水戸学派の基本と密接な関連があった。その後、徳川斉昭・藤田東湖などの積極的な提唱で、「王政復古」の風潮が促進され、朱舜水の慷慨の気は水戸学に影響するところが大きかった。特に学問の傾向は朱子と王陽明の中間を目途し、「実利実学」の思想は、当時の日本社会の発展を促進した三大学派、古学・水戸学・朱子学に計り知れない影響を与えた。

朱舜水の晩年の生活は謹厳であった。毎月1日と15日には、必ず道服を着て玉巾を戴き、祖国の方に向って礼拝をしていた。彼は一生亡国の苦痛を心に抱き、祖国を始終心に掛けている。『湖亭漫筆』に「子瑜桜花ヲ愛シ、花開ク毎ニ之ヲ賞ス、嘗テ曰ク中国ヲシテ之レ有ラシメバ、当ニ百花ニ冠タルベシ、後義公桜樹ヲ祠堂ノ側ニ環植シテ遺愛ヲ存スト」と記されている。朱舜水は「……数年後、必ず朽敗を致さん。後来もし清朝滅亡の日有らば、我が子若しくは孫、士気を有する者、或いは請いて之を帰葬せんことを欲す……」と、その志は明王朝の回復を切望し死後故国に帰り葬られんことを懇願している。晩年の朱舜水は、節約し三千余りの金をためて「この金は、武装起義して、明王朝の回復ため・・・もし、祖国に帰れば、日・中両国の世々代々の友好を尽力したい」

1682年4月17日に朱舜水は死去した。6月26日、水戸の常陸久慈郡太田（現茨城県常陸太田市）の瑞龍山麓に葬られた。墓碑は高さ1・26メートル、幅25センチ、厚さ19センチのもので、美しい唐草模様の彫刻が碑面の周囲を飾っている。碑面は徳川光圀自ら題し、碑陰とその両面に記された碑銘は朱舜水の門人、安積澹泊の撰文である。碑文の内容は次の通り

◀朱舜水の墓（於　茨城県常陸太田市瑞龍山）

である。

「徵君、姓は朱氏、諱は之瑜、字は魯璵、舜水と号す。明の浙江紹興府余姚県の人となり。曾祖は詔誥贈栄禄大夫、祖は孔孟誥贈光禄大夫、考は正総督漕運軍門誥贈光禄大夫上柱国、妣は金氏、前封安の人、誥贈一品夫人なり。三子有り、徵君はその季なり。万暦二十八年に生る。穎悟夙成、九歳にして父を喪い、哀毀礼を踰ゆ。長ずるに及び、業を吏部左侍郎朱永佑に受け、六経を精研し、特に毛詩に通ず。少くして経済の志を抱き、有識期するに公輔を以てす。南京松江府より儒学学生に擢んで、恩貢生に挙げらる。考官呉鐘巒貢劄称して開国来第一と為す。天啓以降、政理廃弛し国是日に非なり。故に志を仕進に絶ち、而して高蹈の風あり。崇禎の末、徵辟を蒙るも就かず。弘光元年また徵されて、即ち重職を授けらる。其の薦、刑国公方国安に出づ。而して大学士馬士英に当る。徵君、姦党に累せらるるを欲せず、故に辞して受けず。台省章を交え、其の偃蹇にして朝命を奉ぜざるを劾す。徵君星夜舟山に逃る。時に清兵江を渡り、天下靡然として髪を薙し、服を変ず。徵君これを悪み、乃ち海に浮びて、直ちに我が邦に来り、転じて交趾に抵り、復た舟山に還る。監国魯王蹕を舟山に駐む。文武の諸臣交々これを薦む。予め其の敗を料り上疏して固辞す。凡そ徵辟を蒙るもの崇禎より始めて、前後十二、皆力めて辞せり。監国九年魯王特に敕してこれを徵す。徵君適々交趾に在り、敕を奉じ、歔欷して往きて之に赴かんと欲す。会々安南国王檄して流寓識字の人を取る。官を差し、応ずるに徵君を以てす。国王召見、逼って拝せしむ。徵君長揖して拝せず。君臣大いに怒り、将にこれを殺さんとす。徵君毫も沮喪すること無く、弁析弥々厲しく、久しうして其の義烈に感じ、反って相敬重す。既にして舟山に還らんと欲し、恩を謝し情を陳ず。其の已に陥るを聞き、進退拠を失う。是に於て時勢の已に去り、復た振うべからざるを熟察し、意を決して髪を税す。因って長崎に住す。実に我が万治の二年なり。海外に流落すること幾十五年、数我が邦に至り、交趾・暹羅の間に漂泊し、艱苦万状、往きては復た返る。蓋し志なす有りて事竟に成る無きなり。其長崎に在るや、貧にして支ふること能わず。門人安東守約俸の半を折して之を養う。寛文五年我が水戸候梅里公其の学植徳望を聞き、礼を厚くして聘す。徴君慨然として赴く。待つに賓師を以てし、礼遇甚だ隆なり。引見談論する毎に、経に依り義を守り、啓沃備に至る。学者に教授し、亹々として倦まず。老いて疾むと雖も、手に巻を釈てず。天和二年四月十七日、江戸駒込の第に卒す。享年八十有三。常陸久慈郡太田郷瑞龍山下に葬る。梅里公諡して文恭先生と曰う。其の徳を彰わすなり。親ら其の墓に題して、明の徴君と曰う。其の志を成すなり。其の郷里に在る子、男二人大成、大咸は妻葉氏に出づる所。女高は継室陳氏に出づる所。皆先に没す。徴君厳毅剛直、動くに必ず礼を以てす。学は適用を務め、博くして能く約す。文を為りて典雅荘重、筆翰流るるが如し。平居妄りに言笑せず。惟邦讐未だ復せざるを以て憾と為し、切歯流涕、老に至るも衰えず。明室の衣冠始終一の如し、魯王の敕書を奉持して身に随う。未だ嘗て人に示さず、没後始めて出ず。今猶見在す。凡そ古今の礼儀大典皆能く講究し、其の精詳を致せり。宮室器用の制、農圃播殖の業に至るまで通暁せざるはなし。其の遺文の如きは則ち集有りて存す。

元禄八年乙亥の夏

門人水戸府の士安積覚謹んで誌す」

このように朱舜水の波瀾万丈の人生及び人徳、博大深淵な学問、偉大な貢献を称賛しているが、その墳墓はすべて明朝様式によって作られた。翌年7月、徳川光圀は群臣に諮って「文恭先生」の諡号を贈り、子弟の礼をもって祀ったのである。1684年、徳川光圀は駒籠の別荘で朱舜水の祠堂を構築したが、いかに彼が朱舜水の学徳を敬慕していたかが伺われる。

東京大学の農学部敷地で「朱舜水先生終焉之地」という記念碑がみつかった。この敷地は昭和12年9月22日に東京都指定旧跡となった。記念碑は平成2年2月27日再建された。記念碑には「日本に亡命した中国明末の遺臣。明の万暦28年（1600）10月12日浙江省余姚に生まれた。名は之瑜、字は魯璵、号は舜水。朱永佑・張肯堂・呉鐘巒について学び特に詩書に通じていた。舜水は祖国明朝の復興運動に挺身したが果たさず、万治2年（1659年）七度目の長崎来訪にあたり、安東省菴の懇請により日本に留まり、寛文5年（1665年）小宅生順の推挙で水戸藩に招かれて東上した。同8年光圀の別荘（現在の東京大学農学部敷地）に入り、陽明学と朱子学との中間に位置する実学（実行の学）で、空論を避け、道理を重んじ、光圀や安積澹泊・林鳳岡・木下順菴らに大きな影響を与えた。天和二年（1682年）4月17日八十三歳で没し、常陸太田の瑞竜山に葬られた。死後『朱舜水先生文集』二十八巻が徳川光圀輯、徳川綱条校として刊行された。この記念碑は日本渡来二百五十年祭にあたり朱舜水

▶「朱舜水先生終焉之地」記念碑（於　東京大学の農学部敷地）

◀記念碑の説明板

記念会が建てたものである」と記されている。

　筆者は夕陽の中、朱舜水の記念碑前に佇んで万千の思いが湧き出した。彼は亡国の苦しみの深淵で痛憤悶々の日々を送った。二十三年間、祖国との天涯の隔たり、遥か家族との連絡は途絶し、このような孤独の中で中華の魂、いわゆる儒学を異国に伝え、独自な思想・学問を弟子たちに教えた。一人の中国人として私は、このような偉大な先達の存在すること、また安東省菴のような崇高な人徳者、及び学問に対しての孜々として飽きずに学ぶ、人を教え導いて倦まない学者に対し、崇拝する気持ちで一杯である。

　１９８３年には、朱舜水没後三百年にあたり、彼の業績を顕彰するために生誕の地、中国浙江省余姚県の龍泉山頂に記念碑が建立された。高さ2メートル、幅80センチの碑の正面には「朱舜水先生記念碑」、碑陰には「記念日中文化交流之先駆朱舜水逝世三百周年」と刻まれた。

　また、中日友好条約締結に伴う交流事業として、上海の復旦大学と茨城大学が主体となり、中日友好交流の先駆者朱舜水の研究が開始された。１９８９年には復旦大学の教授ら四名が茨城大学への学術訪問を果たし、日本にある朱舜水関連の文献・写真を入手、中国へ持ち帰り記念館設立を呼びかけた。上海市文化局がそれに応じ、「朱舜水記念館」を設立、１９９０年開館した。

　２００３年が安東省菴没後三百年にあたることから、柳川市の安東省菴顕彰会が同市の総合保健福祉センター「水の郷」で、記念シンポジウム「先賢に学ぶ日本人の心」と「朱舜水

▶水戸徳川家墓所

◀朱舜水碑

伝来孔子像三体ご対面式」を行った。

更に、2012年に、日中国交正常化40周年記念事業の一つとして、柳川市は上海市松江区と共催し、上海市松江区で、「明・朱舜水書信展」を開催していた。展覧会には、柳川市から朱舜水に関係のある史料18件65点を出展。朱舜水が明から日本に持ち込み、柳川藩の儒学者、安東省菴に託した県立伝習館高校所蔵の孔子像も、約350年振りに故郷で展示された。朱舜水と省菴が育んだ友情をもとにした、新たな文化の交流が芽吹いた。

〈参考資料・文献〉

(1) 葉岩吉『朱舜水全集』中華書局　1912年
(2) 石原道博『明末清初日本乞師の研究』1945年
(3) 張立文『中日文化交流の偉大な使者—朱舜水研究』人民出版社　1996年
(4) 徐興慶『朱舜水補遺』台湾学生書局　1992年
(5) 鈴木成章『水戸歴世譚』1978年
(6) 常陸太田市教育委員会『常陸太田の金石文集』1978年
(7)『朱舜水氏談綺序』上海華東師範大学　1988年
(8)『朱舜水集　答安東守約問』中華書局　1981年
(9) 朱謙之『朱舜水集』上、下　中華書局　1981年
(10) 徐興慶『新訂朱舜水集補遺』台湾大学出版中心　2004年

呉錦堂　―神戸の「呉錦堂池」と「移情閣」

1866年の神戸開港とともに、多くの中国人が波涛を越えて異郷の土地にやってきた。彼らは生計のために働きながらも、自分自身が「中華の孫」であることを常に自覚していた。会館や義荘、関帝廟を中心にし、祖先を祭祀して文化・慈善活動を実施した。これらの人々を「華僑」という。礼儀の発源地である地は「中」という。人類の文明地を「華」と称賛、いわゆる「中華」の本来の意となる。「僑」というのは、故郷を離れ、異国に仮住しているという意味である。これらの「華僑」たちは「中華」の思想を持ち続け、「礼・義」の伝統を忘れず、優秀な人物を多く輩出した。呉錦堂もその中の一人であった。

呉錦堂（ごきんどう）（1855〜1926）は在日中国人貿易商、浙江省寧波府慈溪県（にんぽーふじけい）（現慈溪市）の出身。本名は作鏌、号は錦堂。寧波は隋・唐の時代から長江下流域の唯一の対外港として貿易で繁栄してきた町であった。寧波出身の呉錦堂は、十九世紀半ば頃開港した上海を拠点に商業、金融業などで活躍した。

上海の財界において圧倒的な力を持つ「寧波帮」もできた。呉錦堂の人生はこの「十里洋場」と呼ばれる国際貿易都市上海から始まったのである。彼はある蝋燭店に勤め、商才を磨

▶呉錦堂

き、「寧波商人」になった。1885年、30歳の呉錦堂は、友人二人と千両の資金を工面して長崎に渡ってきた。そこで中国の手織綿布の販売で利益を上げ、長崎と阪神間で貨物を売買する商業と海運業に乗り出し、資産を成した。1891年、神戸に移住し、貿易商社「怡生号」を創設し、雑貨貿易に従事した。

当時、神戸には相当な数の中国商人がいた。呉錦堂のように長崎を経由している者もいたし、また広東等の華僑は大阪を経由した者も多かった。これらの商人の中で、呉錦堂の事業はたいへん優れていた。『燐寸年史』によれば、1877年に堀某が下山手通りに工場を開いたのが、神戸のマッチ工業の始まりである。その後、マッチ工場が次から次へと創設された。呉錦堂はその中の瀧川辨三がつくった清燧社のマッチ販売を引き受け、中国への輸出を行なった。中国・東南アジア方面への貿易を担ったのは華僑であった。

一方、呉錦堂は紡績業にも進出した。鐘ヶ淵紡績（鐘紡）の兵庫工場の支配人武藤山治（むとうさんじ）と知り合い、中国から綿花を鐘紡に輸入し、その製品を中国に輸出する仕事に従事し、鐘紡の筆頭株主となった。1894年、清国公使より神戸旅住清国商人公挙商董（推薦理事）に選任され、1904年神戸中華会館理事長に就任した。

この神戸中華会館は、日清戦争勃発一年前の1893年1月、現神戸市中央区中山手通の南の一角に創設され、以来神戸・大阪の華僑社会における有力な社団組織の一つとして、祭祀・親睦・文化・慈善・集会などの面で重要な役割を演じてきた。呉錦堂は四期十年に亘って理事長を連任した。神戸・大阪の華僑社会において、彼は大きな存在であった。大正全国

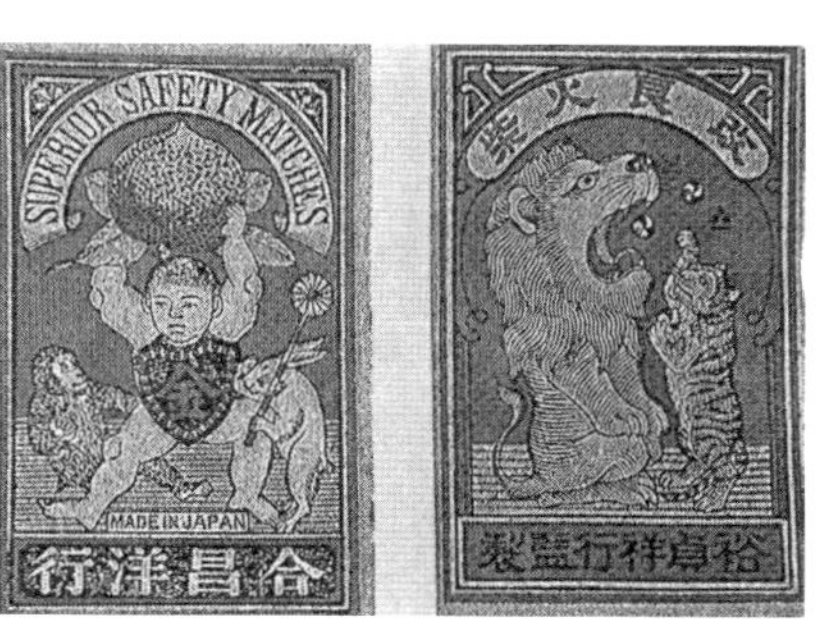

▶燐寸ラベル

◀鐘紡の監査役に在任中の呉錦堂
右から、武藤山治、呉錦堂、八木与三郎『鐘紡百年史』より

富豪番付表（関西）では、呉錦堂の資産は三百万円とある。呉錦堂は1910年、寧波紹興航業の維持会会長に就任、協会に二万両を寄付した。1911年、清政府より四品京堂候補の位を授かる。また、中国各地の水害罹災者に義捐金三万八千円、上海軍政府赤十字会には三万二千元を寄付している。

大正全國富豪番附

▲大正全国富豪番付「大正の財界富豪と呉錦堂兵庫」より

日露の開戦に際し、軍需の必要から年債が発行され、多くの華僑がこれに応募した。次の表は当時の有力華商による軍債引き受けの一覧表である。

日露戦争軍債引受華僑一覧（1904年—1905年）

一回目　1904年2月

呉錦堂	100、000円
麦少彭	100、000円
復興号	24、000円
源々号	20、000円
同和号	18、000円
李寅生	10、000円
藍卓峰	10、000円
同孚泰	10、000円
広昌隆	10、000円
利興成	10、000円
裕貞祥	10、000円
周子卿	10、000円
楊秀軒	10、000円
李叔孝	10、000円

二回目　1904年5月

呉錦堂	100、000円
麦少彭	100、000円
王敬済	32、000円
呉敬藩	22、000円
黄煜南	14、000円
黄文珊	11、500円
曽渙光	10、000円
潘霖生	10、000円
葉鶴齢	10、000円
周子卿	10、000円
李寅生	10、000円

三回目　1904年10月

呉錦堂	100、000円
麦少彭	100、000円
葉子衡	50、000円
復興号	20、000円
徳記号	10、000円
裕貞祥	10、000円
同泰豊	10、000円

四回目　1905年2月

呉錦堂	150、000円
麦少彭	100、000円
葉子衡	50、000円
葉又新	50、000円
裕貞祥	10、000円
同泰豊	10、000円

田中鎮彦『神戸港』神戸港編纂事務所　1905年　により作成

上表のように、四回に亘って呉錦堂は合計四十五万円という多額の軍債を引き受けたうえ、さらに恤兵金（じゅっぺいきん）をも献納した。これらの行為は、日本の経済界において呉錦堂ら華人商人の活躍を顕示した。

呉錦堂はその後、神戸瓦斯・大阪莫大小・尼崎セメント・小野田セメント・兵庫電鉄などの株式を手に入れ、株主となった。彼は貿易商として財を成し、中華商工会議所会頭、中華会館理事長などをつとめた。1904年日本に帰化。呉錦堂は企業家として経済活動に専念する一方で、さまざまな社会事業にも尽力した。中国籍の子弟のために「中華同文学校」を開設。また、神戸市西区神出（かんで）町小束野（こそくの）の山林60ヘクタールを開墾。日本において美談となっているのは、この地元小束野（現神戸市西区）において水利整備工事、灌漑用に作った「呉錦堂池」を中心とした開拓事業に着手し、周辺の農民を入植させたということである。

呉錦堂は31歳時に日本に渡り、神戸で行商から身を起し自分で錦生丸（1427t）と名づけた船で日中貿易を行い大実業家となる。明治37年には日本に帰化、凶作年には難民を助けたり貧しい子供を学校へ通わせるなど、日本のために大変尽くし、数々の表彰を受け、大正10年には政府より紺綬褒章を受章した。

この小束野水利開拓のきっかけには、1908年ごろ日本が凶作に遭い、旱魃に苦しんで食糧が不足し、貧しい家庭の子供達は学校へ行けなかったという背景がある。船で中日貿易を行い、大実業家となった呉錦堂は、自ら難民を助けたり、子供達を学校へ行かせたり、更には明石郡神出岩岡地区に六甲山系の山田川疎水を引く水利整備工事にも着手した。それを

▶「呉錦堂池」（元の宮ヶ谷池）

受けて明治44年には、疎水の下流にある現在の西区神出町小東野の山林を開墾して水田60ヘクタールを開き、小東野池も築造した。小東野地区が現在では百戸以上もある大集落となっていたのである。この池は、以前は地名をもとに宮ヶ谷池と呼ばれていたが、小東野地区では呉錦堂氏に深く感謝し、昭和32年に地区の中心に記念碑を建立して功績を称え、呉錦堂池と改称することになった。

筆者が神戸市西区神出町に行き「呉錦堂池」、元の宮ヶ谷池の所在を訪ねると、地元の人がすぐに親切に教えてくださった。

明石郡神出の水利工程を、呉錦堂は1908年から行なった。当時、小東野の山林を開墾して水田60ヘクタールを開き、小東野池を築造した。堤の高さは9・6メートル、溜池面積4・35ヘクタール、貯水面積3・76ヘクタール、開墾水田面積60ヘクタールとなっている。「現在、小東野地区が百戸以上の大集落になっているのは呉錦堂のおかげだ」と、その方は語ってくれた。地元の人々は呉錦堂の功徳を偲び、1957年、宮ケ谷池を呉錦堂池と改称するとともに、小東野開拓所縁の土地に呉錦堂を称える記念碑を建て、その功績を称えている。

「呉錦堂池」記念碑の裏面には、次のような完成碑文がある。

「幅5m、奥行2・5m、高さ1・1mの台座に乗った改修記念碑」碑文

▲「神出の里」の案内図「かんでかんで」
▼「呉錦堂池」記念碑

呉錦堂池は中国人で日本に帰化された貿易商呉錦堂氏が大正6年（1917年）に築造された池です。呉錦堂氏は安政2年（1855年）に中国浙江省に生まれ、明治18年31才の時に日本に渡る。神戸で行商から身を起し、自分で錦生丸（1427t）と名づけた船で日中貿易を行い大実業家となる。明治37年には日本に帰化、凶作年には難民を助けたり貧しい子供を学校へやったり、日本のために大変つくされました。数々の表彰を受け、大正10年には政府より紺綬褒章を受章されました。丁度その頃、干ばつに苦しむ神出岩岡地区に六甲山系の山田川疎水が引かれました。それを受けて明治44年には、この下流にある現在の西区神出町小東野の山林を開墾して水田60ヘクタールを開き、小東野池も築造されました。小東野地区が現在百戸以上の大集落になって栄えているのも呉錦堂氏のお陰です。

この池は以前、地名をもとに宮ヶ谷池と呼ばれていましたが、小東野地区では呉錦堂氏に深く感謝して昭和32年、地区の中心に記念碑を建立して功績を称え、宮ヶ谷池を呉錦堂池と改称することにしたのです。

大正6年の築造後、80年を経過し老朽化が著しくなってきましたので、当池を平成4年より平成8年まで県営事業により事業費3億円余をかけて大改修を行い、総張ブロックの見事な呉錦堂池に生まれ変わりました。

ここに営々と守り続けて来た先人達の労に敬意を表し、記念碑を建立します。

平成9年3月　　小東野水利組合

事業の概要

所在地　神戸市西区神出町古神
受益面積　57・0ｈａ（神出町小束野）
受益戸数　85戸
総工事費　2億9千5百万円
工期　平成4年度〜平成8年度
計画諸元
形式　傾斜コアー型
提高　17・50ｍ
提長　220・0ｍ
貯水量　390000ｔ
余裕高　2・00ｍ
天端幅　5・50ｍ
関連事業　国営東播用水事業
事業主体　兵庫県

筆者が調査に行った「呉錦堂池」は大改修工事の結果、総張ブロックの見事な呉錦堂池に生まれ変わった、すでに改善された池であった。高さ1・1メートルの台座に乗った「記念碑」の周辺に亭閣があり、まるで自然公園のようであった。池の面積はかなり広く、傾斜コアー型の形式になっている。地元の方が「呉錦堂池の貯水量は39万トン、受益面積57ヘクタール余り、受益戸数は八十五戸である」と教えてくれた。安定した生活をし、生業に励んでいる地元の人々の姿、そして静かな面持ちをたたえた池から、当時の工事の昂揚した場面を感じたような気がしたものである。

また、小東野池の改修記念碑・伝承記を見てみると

「伝承記

在神中国人呉錦堂氏が明治の期末、神出町雌岡山のふもと小東野の開拓計画土地を買収して果樹園の造成に取りかかる途中、山田川疎水事業の計画を知り、開墾地の土地条件から山田川疎水事業計画に参加、農業用水の確保による有利な土地利用を目的として水田開発に計画変更して之に関連する用水池の築造、水路及び農道等の開墾整備に着手し、昭和五年には呉錦堂池及び小東野池の造成が完工する。

呉錦堂池は、淡山土地改良区所有溜池となるも、その管理は小東野水利委員会に委嘱とする。その他の開発は次の通り

小東野池　溜池面積　四・三五　ｈａ　貯水面積　三・七六　ｈａ

貯水量　一三万立方米　開墾水田面積　六〇ｈａ

現在受益者　七七名

昭和二七年十二月二日　小東野池所有者　加藤芳久氏より、小東野水利委員会代表者　藤田信太郎外七名により買収所有権移転登記後、水利委員会に於いて改修着工に至る迄溜池の管理

▶小東野池の改修記念碑・伝承記

補修を行ない現在に至る。」

そして、１９０８年、53歳の呉錦堂は、明石郡神出村小東野に１４１町歩の土地を購入、開拓事業を遂行するために中国から数名の農民を呼び寄せて、開拓に従事させていた。当初は小東野を開墾して果樹園をつくるつもりであったが、淡水疎水が整備されたことで水田開発に変わる。セメント樽工場や製材所などを呉錦堂屋敷内につくり、農道、水路の建設、溜池の築造などにより次々と整備事業に従事していた。

現在、小東野には、呉錦堂の業績を伝承する碑が４ヶ所に建てられている。小東野池改修記念碑（平成2年）及び伝承記・呉錦堂池改修記念碑（平成9年）・「呉里豊穣」碑（平成17年）、そして小東野の呉錦堂顕彰碑。このうち、最も注目されているのは、１９５７年、小東野集落の中で建てられた顕彰碑である。

「顕　彰　碑

呉錦堂君は若年にして上海から日本に渡来し行商をもって身を起こし帰化してのち社会事業に幾多の貢献をせられ、ことに明治の末期から約二十二年間に神出町小東野に水田約六十町歩を開墾し、また用水地として宮の谷池と小東野池の築造を完成して当部落が今日の繁栄の基礎をつくられた功績は誠に大きい。ここに君の偉業をたたえ永く感謝して、この碑を建てるとともに宮の谷池を呉錦堂池と改称して君の名を後世に伝える。

中井宇三郎　敬書

▶「呉里豊穣」碑（神戸市西区神出町にて）

◀呉錦堂顕彰碑

昭和三十二年五月

神出町小東野部落民一同」

また、顕彰碑と記念碑の右側には伝承記がある。

「『在神中国人呉錦堂が明治の末期、神出町雌岡山の麓小東野の開拓を計画。土地を改修して果樹園の造成にとりかかる途中、山田川疏水事業の計画を知り、開墾地の土地条件から山田川疏水事業に参加し、農業用水の確保による有利な土地利用を目的として水田開発に計画を変更し、これに関連する用水池の築造、水路及び農道等の開墾整備に着手し、昭和5年には呉錦堂池及び小東野の造成が完成した』と刻まれている。この水利事業のおかげで、小東野地区は現在百戸以上の大集落になった。呉錦堂は日本のために大きな貢献をしたため、数々の表彰を受け、1921年には日本政府より紺綬褒章を受けた。

神出町小東野村民一同」

と刻まれており、小東野の今日の繁栄の基礎を作った人物として呉錦堂に感謝し、その偉業を称えている。

顕彰碑の裏面には、碑の建設に賛同し寄付した人と世話人の名前が刻まれている。

一方、当時の呉錦堂の自宅は現在の神戸市西区雌岡山（めっこさん）北西の神出にあった。現在、この地には、農産物直売所やレストランを備えた兵庫楽農生活センター「かんでかんで」が建っているが、この場所が昔の呉錦堂の自宅跡である。白壁づくりで、表示板も明示してある。

▲1905年の錦堂学校（浙江省寧波）

一人の華僑である呉錦堂は、商人の最も大切な「商徳」を発揚し、商売で得た資産を社会事業に投用した。その素晴らしい人格は後世の華僑達の手本となっている。１９０９年には宮城県の罹災民に千二百円を寄付しているほか、１９１６年には米騒動救済のため、一万五千円の寄金をしている。彼は教育事業の発展にも努め、中国人子弟を教育する「神戸華僑同文学校」の創設とその運営に物心両面から貢献した。

故郷を離れた呉錦堂は、終始故郷のことを心にかけていた。１９０５年に帰郷した際、故郷の水害状況に関心を寄せ、七万円余を捻出して杜湖と白洋湖の堤防を築くため、自らその水利事業を監督、奔走した。また、故郷の貧しい家庭の子供達に学校教育を受けさせるため、二十二万円余を投じ、東山頭に学校をつくった。現在の慈溪市立「錦堂高級職業中学」と「錦堂師範学校」である。郷里の人々は彼を記念するため「呉公福郷碑」を建てて顕彰している。

一方呉錦堂は、祖国の運命、変化にも関心を持ち、中国の革命家・思想家・政治家である孫文を始め、実業家、政治家である張謇（ちょうけん）、社会活動家の王震など多数の著名人との交友を深めた。移情閣がまだ建っていなかった１９１３年3月14日、孫文一行が来神戸した際、呉錦堂や神戸の中国人、財界有志が「松海山荘」で歓迎の昼食会を開いた。

１９１４年、呉錦堂は故郷を思う心情を託すため、舞子の元

▶慈渓市錦堂高級職業中学（寧波慈渓岩山にて）

▲前列右から二人目瀧川辨三、四人目宋嘉樹、五人目呉錦堂、六人目孫文（神戸市垂水区東舞子町「孫文記念館」にて）

の別荘「松海荘」のそばに三層八角形の楼閣を建て、「移情閣」と名付けた。八角形三層の楼閣、移情閣は明石海峡大橋の神戸側袂にある。地元では、「舞子浜の六角堂」といわれ親しまれてきた。

１９６６年孫文生誕１００周年を記念して呉家が移情閣を孫文の記念施設として神戸華僑総会に寄贈した後、１９８２年12月、日中国交正常化10周年を記念して神戸華僑総会から兵庫県に寄付された。県はこれを修復し恒久的に保存していくこととし、孫中山記念館として１９８４年11月12から一般に公開した。１９９３年明石海峡大橋の建設に伴った周辺整備が行われるため、神戸市垂水区東舞子町２０５１舞子公園内に移転、復原工事は２０００年３月に終了し、4月22日から一般公開された。２００１年11月文部科学省が国の重要文化財に指定。２００５年10月「孫文記念館」と改称され現在に至る。記念館では、孫文の生涯、孫文と神戸、移情閣を建てた呉錦堂の紹介、解体復元作業の記録などが展示されている。

孫文記念館は孫文を顕彰する日本における唯一の記念館である。孫文を顕彰する施設は海外にも多く存在するが、海外の施設との大きな違いは海外の孫文関連施設が中国人のみの設立・運営であるのに対し、移情閣は中国人と日本人が共同で設立・運営している点である。孫文と交流した多くの日本人が孫文との間に築いた絆、信頼が時を越え、文化遺産としての

▲「移情閣」
◀「孫文記念館」の中

移情閣と孫文記念館としてつなぐ文化交流は生き続けているのである。

呉錦堂は晩年を神戸で過ごした。その時に実業の第一線から身を引いたが、社会事業は休止していない。1921年、上海の著名な浙江籍の実業家虞洽卿らと上海で「三北賑災会」を組織、1924年には中華民国勲二等嘉禾彰を受彰、1925年「呉錦堂合資会社」を設立した。翌年の1926年1月14日、神戸の葺合地区籠池通の自宅（現神戸市中央区養和山荘）で亡くなった。享年七十二であった。彼は生前、故郷を思い「落ち葉が根に帰る」、つまり異郷で亡くなっても遺骨は故郷に戻るという希望を持っていたため、その遺志をかなえさせるべく、1931年春、遺骨は故郷に葬られた。呉錦堂自作の対聯「為愛湖山堪埋骨、不論風水只憑心」の額が、墓正面の両側に故友の張謇の筆により掲げられている。その対聯は呉錦堂自身の志を表しているだけではなく、彼が一生涯かけて実践した「赤心」であった。筆者は「移情閣」（現孫中山記念館）の前に立ち、目の前の明石海峡大橋、茫々たる大阪湾の広がりを見て、呉錦堂の「情」に託す気持ちが一層分かる

▼「呉錦堂先生墓」（浙江省慈渓にて）

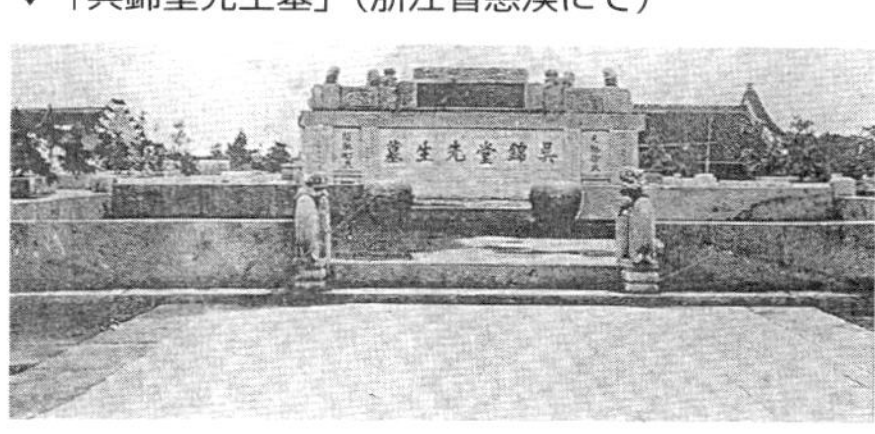

▼呉錦堂記念碑（神戸市垂水区）

▼呉錦堂碑

▶呉錦堂氏の供養墓（神戸市垂水区名谷町猿倉301番の8にて）

◀碑文

ような気がした。

日本における呉錦堂の供養墓は、神戸市垂水区名谷町猿倉３０１番の8、垂水墓地にある。呉家の墓所に、宝篋印塔として昭和20年3月21日、呉俊一郎により建立された。

前述した「呉錦堂池」の所在地である小束野では、年2回、呉錦堂への感謝という祭りが行われている。1回目は2月11日、建国記念の日になっている。顕彰碑とお稲荷さんにお供えをしたあと、庭で子供達が相撲をとり、横の旧公民館で会食をする。祭りに参加した人には、餅が配られ、粕汁、おむすび、お酒がふるまわれている。二回目は11月23日の勤労感謝の日で、この地の百軒近い農家の方々が参加している。

一方では、呉錦堂が生まれて１５０年目にあたる２００５年には、故郷の中国浙江省慈渓市と第二の故郷である神戸で盛大な生誕記念行事が開催された。また、２０１１年8月には、呉錦堂の孫であり、移情閣の主人でもあった呉伯瑄を顧問として、会員より設立された「語る会」の活動を広く知ってもらうため、「呉錦堂を語る会通信」も発行されている。


〈参考資料・文献〉

（1）『図解清商外商営業須知』神戸日華新報社　１９１０年
（2）山内直一『兵庫県人物外伝』我観社発行　１９１４年

（3）藍璞「日本華僑社会における買弁制」『歴史と人物』１９６６年
（4）鐘紡株式会社編『鐘紡百年史』１９８８年
（5）神戸市立博物館編『日本歴史街道２０００年』１９７７年
（6）中村哲夫著『移情閣遺聞：孫文と呉錦堂』阿吽社　１９９０年
（7）社団法人中華会館理事呉錦堂「１９０７年度事景報告」神戸市役所所蔵
（8）孫中山記念会編『日本と孫文：日中の心の架け橋』孫中山記念会　２００７年
（9）内田直作『日本華僑社会の研究』同文館　１９４９年
（10）鴻山俊雄『神戸大阪の華僑－在日華僑百年史』華僑問題研究所　１９７９年
（11）田中鎮彦『神戸港』神戸港編纂事務所　１９０５年
（12）大阪貿易事務所貿易課『阪神在留ノ華商ト其ノ貿易事情』１９３８年
（13）安井三吉、蒋海波編集『孫文記念館30年の歩み』孫中山記念会　２０１５年

黄遵憲 ―― 『日本雑事詩』・『日本国志』

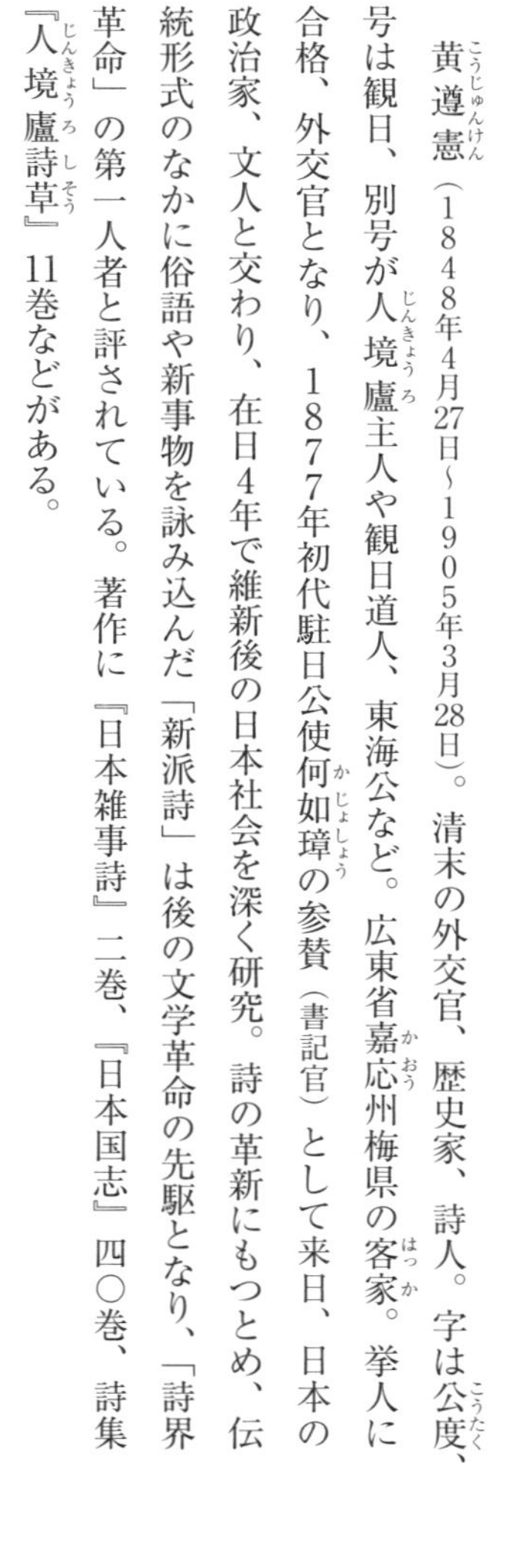
▶黄遵憲像

黄遵憲（1848年4月27日〜1905年3月28日）。清末の外交官、歴史家、詩人。字は公度、号は観日、別号が人境廬主人や観日道人、東海公など。広東省嘉応州梅県の客家。挙人に合格、外交官となり、1877年初代駐日公使何如璋の参賛（書記官）として来日、日本の政治家、文人と交わり、在日4年で維新後の日本社会を深く研究。詩の革新にもつとめ、伝統形式のなかに俗語や新事物を詠み込んだ「新派詩」は後の文学革命の先駆となり、「詩界革命」の第一人者と評されている。著作に『日本雑事詩』二巻、『日本国志』四〇巻、詩集『人境廬詩草』11巻などがある。

黄遵憲は少年時代より志を抱き、1876年、二十八才で挙人に及第した。1877年12月から1882年2月まで四年あまり、初代駐日公使何如璋の参事官として滞日したが、彼にとっては人生の転換点でもあった。彼は「明治維新」によって発展した日本を考察し、日本の歴史及び「西法」の摂取によって近代欧米の政治制度と科学技術など近代化されつつあった日本の現実を認識し、自国の中国も日本に倣い「西法」によって「富国」「強兵」を計るべきだと考えた。また、もっと奥深く日本人の考え方、日本の社会や文化を知るため、伊藤博文・大山巌や源桂閣（大河内輝声）などの政界人、及び多くの漢学者と交遊し、広く資料を収集した。黄遵憲は幼い時、挙人であり戸部主事を務めた父の黄鴻藻の薫陶と、彼自身の天資によって九歳からすでに漢詩を書き始めた。日本では異国の風俗や、制度の異なる異質の文明に接した驚きと興奮について、友人との書簡往来の中でユーモアをまじえた文章を書いているが、それはときには漢詩であったり、また散文という形を取ったりしている。外交官である黄遵憲は、鋭い観察眼も持っていた。日本滞在の間に、最も優れた成果をあげたのが『日本雑事詩』・『日本国志』及び『人境廬詩草』である。

『日本雑事詩』は『日本国志』の執筆中に調査した資料の一部分を詩にし、また内容の一部に解釈をつけて編集したものである。これらの「随筆詩」を国内の友人に宛てて書いたのは、日本のことを紹介するためであった。最初、それは出版のためではなく、自身の興味であり、ながながと手紙を書くより詩を書く方が簡便であったと語っていたという。しかし香港の『循環日報』の主編緝長である王韜が、その詩を発表公開したことから、それを契機に本格的に書き続けることになったのである。この『日本雑事詩』は1879年の初版第一冊から第九冊まで発行された。

詩は百五十四篇から成っている。内容としては日本の神話から地理、風俗、歴史、文化、生活、経済、医療技術、教育にまで亘っており、黄遵憲の精魂を傾けた傑作である。彼は日本の明治維新の成果を称賛する一方で、焦燥の熱い血潮が胸にたぎって、祖国の運命を危ぶみ、憂えたことから、日本の「富強」の道を「古今万国の例にならい、日本に学ぶべきだ」

▶源桂閣（大河内輝声）

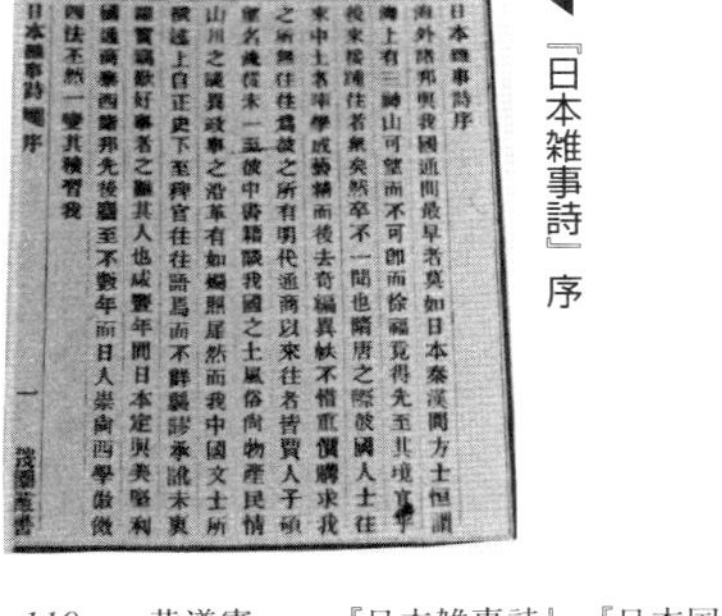
日本雜事詩序
海外諸邦與我國通閒最早者莫如日本秦漢間方士恒謂
海上有三神山可望而不可卽而徐福覓得先至其境事
後東渡踵往者衆矣然卒不一聞也隋唐之際彼國人士往
來中土求學成藝歸而後去奇編異帙不惜重價購求我
之所無往往爲彼之所有明代通商以來往者皆賈人子頗
有名流僅未一至彼中書籍[illegible]我國之士風俗尚物產民情
山川之詭異政事之沿革有如燭照犀然而我中國文士所
撰述上自正史下至稗官往往語焉而不詳[illegible]
[illegible]好事者之[illegible]其人也咸豐年間日本定與美[illegible]
[illegible]通商[illegible]西諸邦先後[illegible]至不數年而日人崇尚西學傚倣
西法不然一變其積習我
日本雜事詩 序　一

◀『日本雑事詩』序

と主張した。

『日本雑事詩序』の中に、「海外諸国の中でわが国との往来が最も早かったのは日本である。秦の時代では海外には三神山があるが、徐福が最も早く神山に行って以来、往来者は何人かがいたが、結果は不明であった。隋唐の間に、神山の有志者がわが中国に来て学んだ知識を消化し、自国のものにした。明代の通商以来、往来者は皆商人で、名士・学者はいなかったが、彼らが書いた本は、わが国の風俗から物産・民情・地理・政事沿革まで詳細に記述し、すべて一目瞭然である。清の咸豊年間、日本はアメリカと通商すると同時に欧州をも考察した。数年しか経っていなかったのに、日本人は『西洋学』を模倣し、古い習慣を一新したのである」という一節がある。つまり歴史の観点から、日本の変遷の沿革を分析することによって、祖国の変法、自強の道を探索した。ある意味から見れば、貧弱な祖国の運命を憂い、中国を救い、自強へと導きたいという志を見せたと言える。

『日本雑事詩』の中で黄遵憲は、明治維新を高く評価、日本の教育改革、学校の設立を賛美し、日本人との友情を讃える叙情的な詩も多く残している。また、客観的に豊富な内容と鋭い分析によって、日本の文人の中にも大きな反響を呼んだ。黄遵憲と交際していた漢学者の大河内輝声は特に関わりが深かった人である。彼は『日本雑事詩』を愛誦し、黄遵憲に詩稿の一部を求めた。

大河内輝声（おおこうちてるな）（1848～1882）、源輝声とも言う。号は源桂閣（みなもとけいかく）。幕末の上野国高崎藩の最後の藩主、高崎藩大河内松平家11代。明治維新後、一時期高崎知事になった。彼は漢詩・

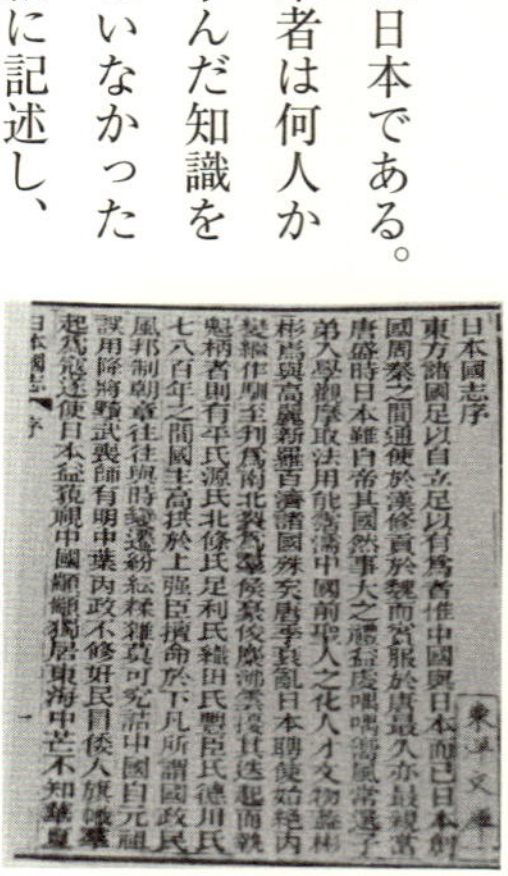

▶『日本国志』序

書画の教養が深く、広く文人学者と交流していた。彼は『日本雑事詩』の初稿を保存したいと黄遵憲に求め、黄遵憲の了解を得て、東京隅田川畔の自宅の庭に、日本雑事詩最初稿塚を造ってそれを収めた。その「稿塚」はおそらく、一粒の種として日本の土壌に永遠に残ってほしいという気持ちの現われであったと思う。これが1880年の「日本雑事詩最初稿塚」という記念碑である。1882年に大河内輝声がなくなり、家族は「稿塚」を大河内輝声の墓地の所在地、平林寺に移した。

平林寺は関東地方ではとても格式が高い、臨済宗妙心寺派の歴史ある有名な寺院のひとつであり、埼玉県の武蔵野の一角に位置している。中には、吉田藩主、高崎藩主、大多喜藩主となった三家の大河内家の墓があるため、大規模な廟所となっている。この禅寺の縁起は、南北朝時代の永和元年（1375年）武蔵国騎西郡渋江郷金重村に、大田備中守（おおたびっちゅうのかみ）によって建てられたことに始まる。創建以来すでに六百数十年の永きに亘り禅の法燈を伝えている平林寺は「関東の名刹」である。平林寺は建てられた後、幾多の歴史の風霜を受けた。1589年、豊臣秀吉の関東経略による岩槻（いわつき）城攻めの際、兵火によって伽藍の大半を焼失した。江戸入りした徳川家康は、鷹狩で岩槻を訪れた際、焼け残った塔頭（たっちゅう）の聯芳軒に休息し、平林寺の由緒を知り、伽藍再建のための朱印状を与えるとともに、騎西郡内五十石の土地を寄進した。平林寺が葬送の地となったのは、1618年（元和4年）、大檀那である大河内秀綱の死去からである。以来、大河内氏の霊廟となった。その後平林寺は紆余曲折を経て明治の世を迎えたが、大河内松平氏の支配を受け続けた歴史を持ち続けながら現在に至っているのである。

▶平林寺境内案内図

◀「平林寺境内林」碑

大河内系の漢学者、大河内輝声は黄遵憲の『日本雑事詩』を読み、これを金科玉条として奉じ、日本開国以来有数な傑作の一つであるとして大いに推賞した。

筆者は「日本雑事詩稿塚」を調査するため、二度平林寺に行った。一回目は寺内の方に尋ねてみたが、詩の記念碑の場所は分からないと聞き、新座市役所を訪ねた。市役所の職員に熱心に案内して頂き、再び平林寺に行くことになった。大雨の中、寺敷地の中にやっと見つけることができた。円い柱の形で、高さは1・1メートルぐらい、目立たない「詩稿塚碑」であった。「日本雑事詩最初稿塚碑銘」は『平林寺史』の中に保存されている。その碑文は次の通りである。（句読点は筆者）

▲平林寺入口

「公度応桂閣属

葬詩塚碑陰誌

是為公度葬詩塚也。公度姓黄氏、名遵憲。清国粤東嘉応州挙人、明治丁丑随使来東京署参賛官。性駿敏曠達、有智略、能文章。退食之暇、披覧我載籍、咨詢我故老、采風問俗、捜求逸事、著日本雑事詩百余首。一日過訪、携稿出示。余披誦之、毎七絶一首、括記一事後系以注、考記詳詠。上自国俗遺風、下至民情瑣事、無不編入咏歌。蓋較『江戸繁昌志』・『扶桑見聞記』尤加詳焉。而出自異邦人之載、筆不更有難哉。余愛之甚、乞蔵其稿於家、公度曰『否、

◀「日本雑事詩最初稿塚」記念碑

願得一片清淨壤埋蔵是巻、殆将效劉蛻之文家懐素之筆塚也乎』。余曰『此絶代風雅事、請即以我国中隙地瘞之邃』。索公度書碑字、命工刊石。工竣之日、余叚杯酒、邀公度并其友沈刹史楊戸部王明経、昆季同来赴飲酒。半酣、公度盛稿於嚢、納諸穴中、掩以土、澆酒而祝曰『一巻詩兮、一抔土、詩與土着意新記旧聞兮、事二真詩有霊兮、土亦香、吾願與麗句兮、永為鄰』冗剌史等皆有和作碑隘不及刊。明治己卯九月桂閣氏撰并書。広羣隺刻」

「日本雑事詩最初稿塚碑銘」訳文

「公度応桂閣属、葬詩塚碑陰誌

これは公度の詩を葬うための塚である。公度の姓は黄、名は遵憲。清国広東省嘉応州の挙人である。明治10年参事官として東京に来た。人柄は敏捷闊達、智謀があり、文章をほしいままにする。暇を見つけると日本国の本を読み、歴史を咨詢し、風俗を調査、逸事を求め『日本雑事詩』百余篇を書いた。その詩を読むと、それぞれ一篇は七絶で一つのことを記述する体裁になっている。注と参考文も詳細であり、滑稽もある。国俗遺風から民情瑣事まであらゆることに及んでいる。『江戸繁昌志』『扶桑見聞記』等の本より更に詳しい。まさに、外国人が書いたものだろう。私はそれを好み、その稿を愛蔵することを懇請した。公度は『否、清浄な地に埋めて欲しい』と、唐の文人劉蛻を倣し、筆塚にすることを願った。私は『これは絶えてなかった風雅のこと。直ちにそうしましょう』と、碑文を石工に彫刻させた。竣工の日、公度およびその友人の沈刹史揚戸部王明経、昆季等を迎え、祝いの酒を飲んだ。

▶平林寺専門道場

半酔した公度は詩稿を嚢に入れて土に埋め、酒を詩塚に撒いて祝った。『一巻の詩、一抔の土、詩は永遠にこの土地に着し、この詩塚は香が漂い、聖霊も宿っているようだ。詩塚は永遠に私の傍らにある。』明治己卯九月、桂閣氏撰兼書。広羣隺刻」。

大河内輝声が『葬詩塚碑陰誌』の中で書いた通り、彼の墓も平林寺の中にある。

1879年、『日本雑事詩』二巻が同文舘より官版で出版された。詳細な注を付けた百五十四篇の詩を収めているこの詩集は、黄遵憲が1877年の日本赴任以来、心血を注いだもので、抒情詩でもあり、日本の実情を表したもので、高い評価を博した。

1882年、彼はアメリカ・サンフランシスコの総領事へ就任のため、日本から離れた。その後、転々として、イギリス（1890年）、シンガポール（1891〜1994）などで外交官として務めた。彼が日本で得ていた友情とは逆に、英・米の国においては敵対的な眼差しさえ感じていた。弱い立場で行なわれた外交交渉はいずれも失敗に帰してしまう。このような状況下、黄遵憲は中国人としての屈辱感を味わうとともに、祖国の運命を危ぶみ、焦燥の熱い血潮は常に彼の胸にたぎっていた。そこで書いた詩は、同じくそれぞれ国の政治・風俗習慣に関するものであるが、孤独・憂鬱・苦悶・憤懣などの心情を吐露したものが多い。

「嗚呼、わが民に何の辜(つみ)ありて
国土は破れ、国民は侮らるるや、
軒頊(けんぎょく)より五千年の歴史を持ちながら、

▶大河内家墓地（埼玉県新座市平林寺にて）

◀大河内輝声墓碑

中華の子孫はなにゆえかくも弱し」
「四海の水を倒傾（とうけい）しても、
この恥は洗い濯（そそ）ぐこと難（かた）し」

と、黄遵憲は、アメリカ・サンフランシスコの総領事に就任したばかりの１８８２年５月、早くも屈辱を噛みしめて書いている。

黄遵憲によるもう一つの大きな成果は、彼が外交官を務めながら「西洋学」を研究し、社会調査をし、１８８７年、数年間の滞日経験をもとに書き記した『日本国志』という傑作を完成させ、中国の変法自強に手本を提供したことである。総理衙門や李鴻章、張之洞らにも提出した。彼は、不平等を押し付ける相手への怒りとともに、祖国の旧態依然たる状況への失望と憤懣で胸が痛み、強く感じるものがあった。94年帰国後、梁啓超（りょうけいちょう）ら改良派の人々と親交を結び、立憲君主制の樹立を中心とする維新運動を援助した。早くから詩に優れ、清末動乱の世相をうたう現実的な作品は「詩史」といわれ、伝統形式のなかに俗語や新事物を詠み込んだ「新派詩」は後の文学革命の先駆となった。ところで、『日本国志』を実際に印刷したのは１８９５年、日清戦争の敗戦後であり、明治日本の情報が渇望されていた時期であった。

『日本国志』は四十巻におよぶ。その内容は一表十二志となっており、「表」は「中東年表」という中日対照年表である。日本側の継体天皇以前の天皇紀年がはっきりしていないため確定できないが、年代から見れば、中国南北朝の梁508年（天監6年）から、後の年次の対照は正確なものとなっている。この系統的で詳細な中日対照年表は、中日の歴史、特に比較史研究のためには重要な資料となっている。十二志は国統志・隣交志・地理志・天文志・職官志・食貨志・兵志・刑志・学術志・礼俗志・物産志・工芸志など「志」、つまり「叙」であり、五十万余字におよんでいる。同書は特に明治維新を詳しく紹介し、中国の実情と結びつけて啓発に富んだ評論を展開したことは、変法派・革命派および戊戌運動に大きな影響を与え、康有為・梁啓超らの改革論と並んで、啓蒙書として注目されていた。現在に至るも、日本を研究する不可欠な参考資料になっている。

晩年の黄遵憲は故郷で教育の普及に身を捧げた。後世は黄遵憲のことを「外史公」「詩史公」と呼んでいる。彼が精魂を傾けた『日本雑事詩』と『日本国志』は、歴史的・文化的・学術的な価値においても、中日交流の代表作として空前絶後の存在であると言えよう。

〈参考資料・文献〉

（1）『日本国志』台北　文海出版社　1968年
（2）鄭子瑜・実藤恵秀編校『黄遵憲與日本友人筆談遺稿』早稲田大学東洋文学研究会　1968年
（3）実藤恵秀・豊田穣　訳注　『日本雑事詩』平凡社東洋文庫　1968年

（4）『平林寺史』　近藤印刷株式会社　昭和62年
（5）王暁秋『黄遵憲「日本国志」初探』山東教育出版社　1991年
（6）張偉雄『文人外交官の明治日本－中国初代駐日公使団の異文化体験』柏書房　1999年
（7）寛久美子訳注『黄遵憲　中国詩人選集第15巻』岩波書店　1963年
（8）小川恒男『「近代」前夜の詩人黄遵憲』広島大学出版会　2008年
（9）『日本雑事詩』東京　明治13年
（10）麦若鳳『黄遵憲伝』上海個展文学出版社　1957年
（11）盛邦和『黄遵憲史学研究』江蘇古籍出版社　1987年
（12）大河内輝声著　さねとうけいしゅう（実藤恵秀）編訳『大河内文書：明治日中文化人の交遊』平凡社東洋文庫　1964年
（13）実藤恵秀著　小川博編・解説『中国人日本留学史稿』不二出版　1993年
（14）『横浜市史』第三巻下　1963年
（15）呉天任『黄公度先生伝稿』香港中文大学　1972年

孫文　—在日の革命運動

日本に現存する中国著名人の石碑や史跡の中で、中華民国の創始者である孫文に関するものは多かった。孫文は四十数年の革命生涯において、十七年半の長きに亘って国外で過ごしたが、欧米で五年半、南洋で二年半、日本には、１８９５（明治28）年に初めて訪れて以後、１９２４（大正13）年まで繰返し来日、約九年半も滞在しており、全体の過半を占めている。日本は孫文の辛亥革命の国外重要拠点として、中国革命運動の基地、あるいは一時的な亡命の地となり、頻繁に日本に出入りしたのである。

長崎や神戸などの地に孫文の足跡が残ったが、その拠点になっているのは、日本の政治、文化の中心地東京である。中国革命への支援を求めるため、彼は頭山満・犬養毅・辻村南造・田中義一・福田雅太郎など政治・軍部の要人、また財界の益田孝・渋沢栄一・山本条太郎・久原房之助等を度々訪問、往来した。

東京における孫文旧居は何ヵ所もあったが、その一ヵ所は東京新宿区筑土八幡町二番十七号（旧　牛込区筑土八幡町二十一番地）で、１９０６年から住み、近くに黄興の家があった。章炳麟・胡漢民・汪兆銘らが同宅に集り、語り合ったとされている。

▶17才時の孫文

◀臨時大総統に就任した孫文

また、当時、日本で華僑、中国人留学生、そして多くの日本人と関わりを持ち、その支援を受けながら、革命運動を行うことになった。

孫文（1866年11月12日〜1925年3月12日）は、中国、清末・民国初期の革命家、政治家である。名を文、字を徳明、号を逸仙・日新・中山という。日本では中山樵と仮名を使ったりした。広東省香山（現・中山）翠亨村（すいきょうそん）の農民の家庭に生まれた。幼い時、太平天国革命の影響を強く受け、「二番目の洪秀全」になろうという志を持っていた。1878年、十三歳の孫文は、華僑として成功した兄を頼ってハワイに渡り、1884年香港のクイーンズ・カレッジに入学、キリスト教の洗礼を受けた。その後、医学を志し、広東博済医院を経て香港西医書院（現在の香港大学医学部）を優秀な成績で卒業し、マカオで開業している。こうした体験が彼に国際性を具備した視野の広さをもたらし、革命家としての運動の初動契機ともなった。

孫文の革命政治家としての活動は1894年6月、北洋大臣李鴻章に中国の改革意見書を出し、採用されなかったときに始まる。当時中国は、欧米列強による不平等条約の「外圧」と清政府の腐敗という「内患」に苦しめられており、孫文は医学から革命への道を選んだ。上海の『万国公報』が孫文の「意見書」を掲載した後の11月、ハワイで「興中会」を組織、清朝打倒を目指すことになる。以後、生涯にわたって革命運動に従事した。ハワイで資金を集めた孫文は、1895年1月に武装蜂起を目指し帰国したが、その計画は清朝側に漏れ、蜂起は失敗に終わってしまった。こうして、孫文はお尋ね者となり、世界を渡り歩いて革命

▶国父記念館（台北にて）

運動を行うことになったのである。

1895年1月、香港で日本人実業家の梅屋庄吉と、横浜では宮崎滔天と知り合い、その後、多くの日本人と知り合うことになった。彼らは孫文の革命信念を信じ、全力をあげて二十年余りに亘り中国革命を支持し続けた。そこから同文である隣国日本は、孫文にとって「人の和」と「地の利」を併せ持つ場所となった。「天の時」である革命の使命をやり遂げるため、日本との出入りは十一回、九年半の結び付きを持つことになったのである。

彼の足跡は南の長崎・熊本県荒尾・福岡から、神戸・大阪・奈良・名古屋・箱根・横浜・東京など多くの場所に残った。以下では調査の結果に基づき、長崎の遺跡・熊本の宮崎兄弟生家・神戸移情閣及び山田良政・純三郎記念碑を取り上げ、孫文在日時の革命活動を見てみたい。

I、長崎の「孫文先生故縁之地石碑」

孫文は広州蜂起に失敗した後、1895年11月9日から1924年11月3日まで、前後十二回に亘り長崎に立ち寄っていた。その原因の一つとしては、明治以降の長崎の貿易は、中国や朝鮮との関係のなかで発展したといわれていることである。なかでも上海との距離は東京より近いこともあって、人や物の往来が活発であった。また、横浜・神戸発長崎経由の香港・上海行きの航路のほか、1923年（大正12）には長崎と上海の間に日華連絡船の定期航路が開設されている。

◀長崎福建会館

一方、1913年、孫文が長崎を公式訪問した際、「東洋日の出新聞」の創立者、孫文の活動を支えた鈴木天眼が、連日孫文の活動を度々報道した。現在は跡地・長崎市油屋町に「孫文先生故縁之地」の石碑が建立されている。

碑の左側には、「三民主義を掲げ1911年辛亥革命を達成した孫文先生はしばしば長崎を訪れた。この地の東洋日の出新聞社主宰鈴木力らがその活動を支援した」と刻まれ、右側には「昭和48年4月建立、長崎市」と刻んである。この三民主義とは、つまり、民族（中華の回復）・民権（民国の建立）・民生（土地の平等）を意味する。中でも民族主義は、満州族である清王朝を打倒して民族の独立をめざし、第一次国共合作（中国国民党と中国共産党の間に結ばれた協力関係のこと）を経て、欧米列強の帝国主義による半植民地状態からの脱脚と、漢民族と少数民族の平等を意味する五族共和への発展を目的としていた。

記念碑の案内説明を見ると、「孫文は中国辛亥革命（民主革命）の指導者。革命成功後に長崎を訪れた。この地は明治日露戦争当時、独特の論陣を張って全国的に有名であった東洋日の出新聞の社屋のあった場所」とある。「東洋日の出新聞」は1898年、鈴木力（天眼）と西郷四郎（姿三四郎のモデル）が創刊した。中立的民論を代表し政党政派にかたよらず、さまざまな時事や論説を報道し、地元新聞の中で最も特色をもち、人気があった。西郷四郎・丹羽翰山・福島熊次郎・大串玉眼などの有志が集まっていたが、1934年廃刊した。

1913年3月、孫文は戴天仇・宮崎滔天らと一緒に来崎した。長崎にたびたび出入りすることになったのは、上述した中国に近く海上交通の窓口であったことの他に、荒尾の宮崎滔

▶「1913年来崎時に撮影」県立長崎図書館所蔵

◀「孫文先生故縁之地」碑（長崎東洋日の出新聞社跡　油屋町にて）

天宅の訪問、また長崎に居留している華僑や留学生との交流も直接の理由でもあろう。
華僑の集会所である福建会館には、辛亥革命90周年を迎えた２００１年、日中友好のシンボルとして上海市から長崎県へ贈られた「孫文像」が建立された。筆者は長崎に調査に行った際、福建会館の「天后堂」（星聚堂ともいう）を見学した。この会館は１８６８年に創設されたが、会館の本館は原爆で倒壊した。現存しているのは正門と天后堂である。天后堂は中国独特の風格を持っており、平成12年4月28日、長崎市指定有形文化財となった。その福建会館に「孫文記念写真」が展示されている。これは１９１３年3月22日、辛亥革命後に公式訪問として来日し、長崎を訪れた際に、同会館で撮った写真である。

その前日の21日、熊本から出発、午後6時10分に長崎に到着、新地（長崎中華街一帯）の居留中国人たちは長崎駅で出迎え、盛大な歓迎を行なった。戸ごとに民国旗を掲げ、人々は通路に並び孫文らを歓迎したのである。中華民国駐長崎領事館領事の徐善慶は孫文らのために領事館で晩餐会を催した。更に、唐人屋敷があった館内町の福建会館では、在長崎華僑の人々や留学生たちにより盛大な午餐会が開かれた。翌22日午前、袋町（現・栄町）にあった青年会館（ＹＭＣＡ）で孫文は「世界の平和とキリスト教」について講演、戴天仇が日本語の通訳を担当した。その後、東洋日の出新聞社跡から徒歩3分の古川町にある鈴木天眼宅を訪れ、孫文、鈴木天眼、滔天、そして姿三四郎のモデルとして、東洋日の出新聞社で報道記者としても活躍して有名な、西郷四郎などと一緒に記念写真を撮っていた。そのあとに福建会館での午餐会に孫文らを招待し、食後、記念撮影をしたのである。写真中の人物は、孫文

▶孫中山銅像

◀宮崎滔天

とその随員の馬君武・戴天仇・何天炯の他に宮崎滔天・徐領事・長崎県知事の他、長崎市長北川従信・長崎中華商務総会会長の蘇道生ら要人および紳商の代表たちである。午後、また二百名余りの出席のもと宴を張るとともに、長崎医学専門学校の中国からの留学生二十名余りによる歓迎会が開かれた。23日、三菱造船所を視察した後、午後5時天洋丸で上海に向った。長崎はまさに、孫文にとっては「ゆかりの地」となっているのである。

Ⅱ、宮崎兄弟生家

宮崎滔天、号は白浪滔天。熊本県荒尾の出身である。日本という国の枠を越えた志を遂げることに人生を捧げた男たちがこの荒尾の地にいた。それが、宮崎八郎、民蔵、彌蔵、寅蔵の滔天の宮崎兄弟である。中でも、1851年に生まれた八郎は自由民権運動家で、熊本に、自由民権を唱える「植木学校」を設立。しかし、1877年に勃発した日本最大で最後の内戦と呼ばれる士族反乱「西南戦争」において、熊本協同隊を結成して薩摩軍に参加し戦死してしまった。この八郎の思想が、弟たちである民蔵、彌蔵、滔天の人生に大きな影響を与えたと言われている。この兄たちの影響を受け、宮崎滔天はアジア問題や自由民権問題に関心を持ち、孫文・黄興らの革命運動家と結んだ。

▶宮崎兄弟の生家（熊本県荒尾市）

◀孫文と宮崎滔天の筆談模型

1897年11月、孫文は荒尾の宮崎兄弟の生家（現熊本県指定史跡）に宮崎滔天を訪れ、筆談で、西洋列強に掣肘を加えるため中日が相提携してアジアを奮い立たせることの重要性を認識し合った。清朝打倒、共和制樹立の革命運動に奔走していた孫文は滔天にかくまわれ、この家で数日を過ごしていた。孫文は「革命におこたらざるものは宮崎兄弟」と言い、革命成就前とその後、荒尾市の宮崎兄弟生家を二度訪れ、滞在した。その四兄弟、八郎（はちろう）・民蔵（たみぞう）・彌蔵（やぞう）・滔天（とうてん）が生まれ育った生家は今も荒尾市に残り、大切に保存されている。民蔵の没後、生家は永く人手に渡っていたが、平成4年に市制50周年を迎えた荒尾市が宮崎兄弟生家の復元整備と資料館の建設を行い、中国との友好・交流のシンボル施設として、平成5年6月に開館した。郷土の誇りにもなっている。

茅葺の屋根、土間の台所、広い縁側やしっとりと落ち着いた和室など、質素でありながら凛とした趣を持つ伝統的な日本家屋と、滔天がシャムから持ち帰った菩提樹などが当時を偲ばせてくれた。また、同じ敷地内にある宮崎兄弟資料館では、展示された数々の遺品、資料から、日本の近代化という激動の時代に、理想の国を追い求めて志高く生きた宮崎兄弟の業績、軌跡を目の当たりにすることができた。孫文は英語が得意だったが日本語はわからず、滔天との会話は筆談であった。そこには、滔天との筆談の様子を再現した人形があり、彼らがいた頃から植えられていた植物が今も庭園に残る。

Ⅳ、神戸の「孫中山記念館」と「天下為公」石碑

▶孫文と宮崎滔天一家（中列中央が孫文と宮崎滔天）

◀「宮崎家代々居住之跡」碑

孫文は神戸との関わりが深い。１８９５年11月９日に初めて神戸の地を踏んでから、１９２４年11月24日までに十八回神戸を訪れたことが記録に残っている。

呉錦堂の「松海別荘」は明治二十年代から建設が始められた。還暦を迎え、事業の一線から退いた呉は１９１５年、コンクリートブロック造建築としては最初期のものである移情閣を建てた。呉の没後の１９２８年、国道の拡幅に伴い松海別荘の本館は撤去されたが、移情閣は保存された。

神戸で活躍していた中国人実業家・呉錦堂は、１９１３年３月14日に孫文の神戸訪問を迎えるため、神戸在住の中国人や政・財界有志を一堂に会して呉錦堂の別荘「松海荘」で、歓迎の昼食会を開いた。以来、「松海荘」は孫文ゆかりの建物として神戸の人々の心に刻まれた。

１９１５年春、その別荘の東側に八角三層の楼閣「移情閣」が建てられ、外観が六角に見えるところから、地元では長らく「舞子の六角堂」と呼ばれている。

孫文来訪から二年後の１９１５年、呉錦堂は自らの還暦と実業界からの引退を記念して三層の楼閣を建てた。この建物は正八角形の三階建てで八方に窓があり、それぞれの窓からは六甲山、大阪湾、紀州、淡路島、瀬戸内海、播磨など様々な風景を見ることができ、それぞれ異なった趣を持っている。彼は楼閣に故郷「中国」への想いを込めて「移情閣」と命名した。およそ半世紀を経た１９６６年、呉錦堂の遺族は、孫文生誕百周年を記念して、「移情閣」を、孫文の記念館とすることを条件に神戸中華青年会に寄贈され、華僑の集会所として使用された時期もあった。１９８２年、中日国交正常化10周年を機運とした、関西大学教授

▶孫文記念館（神戸市垂水区）

◀記念館の中（神戸市垂水区東舞子町「孫文記念館」にて）

で孫文の研究者であった山口一郎が中心となった兵庫県への働きかけの結果、１９８３年11月、移情閣は管理していた神戸華僑総会から寄贈を受け、改修を行った。翌１９８４年11月12日（孫文の誕生日）に「孫中山記念館」として開館している。この記念館は、中国の革命家・政治家・思想家である孫文を顕彰する日本で唯一の博物館となっている。

この記念館には、日本と孫文、神戸と孫文の関わりを中心に、呉錦堂の生涯や移情閣の変遷などについての詳細な展示が行われている。館内には、孫文の書やゆかりの品など貴重な資料が展示されている。展示コーナーには孫文と神戸、孫文の革命生涯の足跡、孫文と関わりの深かった人々、呉錦堂・宋慶齢・宋教仁・廖仲愷・章炳麟など多数の中国人と犬養毅・頭山満・宮崎滔天・梅屋庄吉など十余名の日本人同志の写真や略歴が展示されている。孫文の揮毫はすべて関係者の遺族から寄贈されたものである。孫文は多くの日本人との親交を持ったが、それは永久に美談として歴史に残る。一方、康有為・梁啓超らの神戸での足跡および呉錦堂の功績なども展示されている。置かれている廖仲愷の孫の廖暉が贈呈した孫文の銅像は、見る者を粛然として襟を正させる。

前述したように、八角形の中国式楼閣「移情閣」は１９１５年築の現存する日本最古のコンクリートブロック造建造物で、国の重要文化財に指定され、２００１年11月には、移情閣は文部科学省より国の重要文化財に指定された。２００５年10月、旧称の孫中山記念館（そんちゅうざんきねんかん）は、「孫文記念館」と改称された。孫文自筆の石碑「天下為公」碑も展示されている。

高さ1メートル60センチの「天下為公」石碑の四字は、１９２４年11月、神戸で孫文が有

◀「天下為公」碑

名な「大アジア主義」の講演を行った際、会場の神戸高等女学校に対して贈られたもの、この書を元に1948年11月、当時の神戸中華青年会の集合所に使用されていた移情閣構内に「天下為公」の石碑が建てられた。原文は神戸高校に大切に保管されている。

　碑文は以下の通りである。

孫文書　「天下為公」碑
「天下為公」（天下を公と為す）は『礼記（らいき）』（前漢）の「礼運」篇にみえ、孫文が好んだ言葉の一つです。
　この碑の除幕式は、1948（昭和23）年、孫文生誕にちなんで11月12日に行われました。
碑の建立には池田豊（民論社）や陳徳仁（神戸中華青年会）らが尽力した。

　この碑の元とされた「天下為公」の書は、1924（大正13）年11月、孫文が兵庫県立神戸高等女学校で「大アジア主義」の講演を行ったとき、請われて揮毫したもので、現在は兵庫県立神戸高等学校の「校宝」とされている。

　孫文は、その一生を「天下為公」を実現するために心血を注いだ。彼は、「西方覇道か、東方王道か、西洋文化に感化力を及ぼす。我々は仁義道徳を中心とする文明に対して覚醒して彼等を感化する文化を必要とする運動である。」今なお示唆を与える言葉である。また、「孔子は『大道が行われるや、天下を公と為す』と言ったが、これは民権の大同世界を主張したものだ。三民主義中の民権主義は、人民がすべてのものを共にできるようになれば、そ

▶記念館の展示物

◀孫文の親筆

のときこそ、民生主義の目的が真に達成されたことになり、これこそ、孔子の望んだ大同世界なのである。」天下に存在する貧富の差を除去し、戦争の脅威を取り除くため「民族・民権・民生」という三つの柱とした三民主義を唱え、それは彼の政治思想の集大成であった。

孫文が神戸へ立ち寄った最後の第十八回目は、1924年11月24日～30日であった。孫文は上海から船で北上する途中、神戸に寄港した。同行したのは、宋慶齢・李烈鈞・戴季陶等である。神戸で熱烈な歓迎を受け、頭山満と二日間語り合った後、28日に兵庫県立神戸高等女学校の講堂で、孫文は「大アジア主義講演」という有名な講演を行なった。

孫文の講演の内容は次のように伝えられている。

アジアは文化の発祥地である。ギリシア・ローマの文化ももともとアジアから伝えられたのである。この数百年来、ヨーロッパの侵略によってアジアは極めて衰退したが、しかし、約三十年前からやっと復興し始めた。これは、日本による不平等条約の撤廃をきっかけに復興へと向かったこと、アジアの諸民族は日露戦争の日本の勝利によって勇気づけられ、独立運動を起こしたことを指摘する。その上で欧米の文化を物質的且つ武力的とし、東洋の文化を精神的道徳的であるとの対比を行い、東洋民族が一致団結して欧米と対抗することを呼びかけた、と。

また、「ヨーロッパの文化は武力を背景とする覇道であって、東洋の文化は仁義道徳を基層とした王道である。……大アジア主義の課題は、アジア各民族が如何に団結し、強大なヨーロッパの圧迫に抵抗することができるか、という問題だ。西方にもロシアのような王道を主張する民族が現れた。大アジア主義は、いわゆる王道を基礎とし、世界各民族が互いに平等な関係をつくることを目標としている。……」と、日本の対アジア政策に警鐘を鳴らすものとして絶賛的に扱われ、アジアを振興するため、中日両国の合作・団結の重要性を協調し、アジアの決起を呼びかけた。しかし、この熱誠溢れる講演は、孫文の革命生涯において、神戸あるいは日本での彼の活動の終止符にもなったのである。

V、山田良政

孫文の革命事業に貢献した日本人は少なくない。宮崎滔天や梅屋庄吉らと並んで、山田良政・純三郎の名がある。

山田兄弟は、元津軽藩士で、明治維新後「津軽塗」の振興に貢献した山田浩蔵の長男・三男として、弘前市在府町に生まれた。

山田良政（1868年1月25日～1900年10月22日）は日本の革命運動家、大陸浪人である。青森県弘前市の出身。東亜同文会の革命家。青森師範学校を経て、上京、中国語を学び、日清戦争（1894～1895年）では陸軍通訳として従軍。孫文の革命への志に深く共鳴し、支援者となり辛亥革命に参加した。実弟の山田純三郎も兄の遺志を継いで孫文を支援したのである。

1899年7月に東京の三崎町で孫文と出会い、アジア、清国の情勢を語り合って革命に共鳴し、将来を誓い合って、革命に参加することを決意した。1900年に、南京同文書院

▶山田良政

◀孫文と山田純三郎

の教授兼幹事として赴任する。赴任の途中、上海で孫文と再会。広東省恵州蜂起を知り、日本の蜂起中止を広東の革命党に伝えるため、自ら恵州に行き、戦死。享年33。中国革命のために一命を捧げた最初の日本人となった。

一方、弟・山田純三郎（やまだじゅんざぶろう）（1876年5月18日〜1960年2月18日）は日本の革命運動家、大陸浪人。1901年から東亜同文書院に勤務していたが、日露戦争出征後、同書院を辞職し南満州鉄道株式会社に入社した。やがて嘱託となり、兄・良政の意志を受け継ぎ、孫文の革命資金の調達、孫文を支える役割を担っており、孫文の側近として信頼され、蒋介石とも親交を結んだ。1912年1月、孫文が中華民国臨時大総統に就任、純三郎は宮崎滔天らとともに就任式に陪席している。1924年11月、孫文最後の来日に神戸から北京まで同行、さらに吉田茂奉天総領事と孫文の会談を斡旋した。

1925年3月12日朝、宋慶齢夫人はじめ多くの友人が見守るなか、「革命いまだ成功せず」の言葉を残し、孫文は59年にわたる革命生涯を閉じた。その臨終に立ち会った日本人が山田純三郎である。その後、1937年日中戦争が勃発し、戦況が泥沼化の一途をたどるなか、純三郎は孫文以来の国民党の政治家唐紹儀を引き出し、日中和平を実現しようと尽力した。1945年後も中国に長く残り、在留邦人の帰国を手伝った後、日本に引き上げ、東京都練馬区に居住した。そして1960年その地で亡くなった。

一方では、1913年、革命成功後に中華民国を建国した孫文は、訪日した際に、東京上野谷中の全生庵に「山田良政君碑」を建てているが、自ら漢文の碑文を題し、碑にも孫文の

▶山田良政君碑（東京上野谷中全生庵にて）

◀「山田良政先生墓碑」

親筆が刻まれている。

「山田良政君弘前人也庚子閏八月革命軍起恵州君挺身赴義遂戦死嗚呼其人道之犠牲興亜之先覚也身雖殞滅而志不朽矣　民国二年二月二十七日　孫文　謹撰并書」。

つまり、「山田良政先生は弘前の人なり。康子閏八月、革命軍恵州に起つ。君身を挺して義に赴き、遂に戦死す。嗚呼、その人道之犠牲、アジアの先覚たり。身は湮滅すと雖も、而も其志は朽ちず。

1913年2月27日　孫文　謹撰并書」と彼の功績を讃えたのである。

なお、全生庵は山岡鉄舟居士が徳川幕末・明治維新の際、国事に殉じた人々の菩提を弔うために明治十六年に建立した寺である。その縁起については、

「当庵は山岡鉄舟居士が徳川幕末明治維新の際、国事に殉じた人々の菩提を弔う為に、明治16年に建立した。全生庵を寺号とし、居士邸からかつて江戸城の守本尊であった葵正観世音の霊像を遷して本尊とした。臨済宗国泰寺派で、開山は越そう和尚、開基は山岡鉄舟居士である。又、居士との因縁で落語家の三遊亭円朝、国士の荒尾精、山田良政、岡田満、石油開発者の石坂周造、長谷川尚一、画家の松本楓湖、教育家の棚橋絢子の墓所

▶「全生庵」

▲「貞昌寺」（於　青森県弘前市）

があり、円朝遺愛の幽霊画50幅、明治、大正名筆の観音画１００幅が所蔵されている。」と境内掲示にある。

１９１９年、孫文は宮崎滔天らに依頼して、津軽藩代々の家老の菩提として霊を鎮めてある弘前の「貞昌寺」に良政の慰霊碑を建設して追悼した。

貞昌寺は青森県弘前市新寺町１０８に位置する。弘前藩内の浄土宗寺院の中で四ヶ方丈（誓願寺・本覚寺・法王寺）の格式を持っており、ここに祀られている「木造釈迦涅槃像（もくぞうしゃかねはんぞう）」は、お釈迦様が亡くなられたときの姿をあらわし、日本では珍しい横になった仏像である。新寺町の中でも重要な位置に配置されている。

この貞昌寺には、孫文が最も信頼した日本人、山田良政・純三郎兄弟の眠る墓がある。兄・良政は、最初の孫文たちによる蜂起となった恵州事件で命を落とし、弟・純三郎はその兄の遺志を継いで、孫文を支えた。

寺の左側には良政、純三郎兄弟の頌徳碑が並んでいる。良政の石碑には孫文が筆をとった追悼文が刻まれ、弟・山田純三郎の記念碑は、青森県日華親善協会などが関わり、１９７５年5月に、兄・良政の碑と並んで台湾の国民政府によって建立された。碑の上部中央に篆刻され、碑銘「永懐風義」（立派な風義を永久に懐かしむ）の意味は、蒋介石が贈ったものである。日中両国の懸け橋となった山田兄弟の功績が高く評価されている。

兄・良政の建碑経緯は、次の通りである。

「谷中の碑は、１９１３年（大正2年）に建てられ、孫文はじめ、良政の両親浩蔵、きせと

▶孫文が揮毫した山田良政の碑

◀蒋介石が揮毫した山田純三郎の碑（青森県弘前市新寺町にある貞昌寺にて）

良政未亡人の敏子も上京して建碑式に参加した。弘前貞昌寺の碑は、それから5年後の1918年（大正8年）に建てられた。孫文幕僚の廖仲愷、宮崎滔天らを代表として弘前に派遣し、建碑式が行われた。」

山田良政の石碑に彫られた碑文は、東京府下谷区谷中の全生庵の「山田良政君碑」と同じであるが、期日は前碑の1913年2月27日の後、1913年8月27日になっている。再度確認してみると

「山田良政君弘前人也康子閏八月革命軍起恵州君挺身赴義遂戦死嗚呼其人道之犠牲興亜之先覚也身雖殞滅而志不朽矣　民国二年八月廿七日　孫文　謹撰並書」と国境を越えてアジアの平和を願った良政の志を讃えている。

毎年、桜の季節になると中日関係者の友好拝礼祈願が執り行われると共に、東京の東洋思想研究団体の郷学研修会を中心として、年々賑わいを増している。

1927年11月4日、中国国民党は山田良政の建碑を議決、その碑を孫文の眠る南京の中山陵に建立した。

〈参考資料・文献〉

（1）陳錫祺『孫中山年譜長編』中華書局　1991年

(2) 野沢豊『孫文と中国革命』岩波新書　1966年
(3) 胡漢民『総理全集』「解決中国問題之方法」上海民智書店　1931年
(4)「大アジア主義」『孫中山選集』人民出版社　1981年
(5) 藤村久雄『革命家孫文　革命いまだ成らず』中公新書　1994年
(6) 菊池秀明『中国の歴史10　ラストエンペラーと近代中国』講談社　2005年
(7) 王昇　松田憲澄 編訳『孫文思想』世界情勢研究会　1978年
(8)「建国方策之一、心裡建設」『孫中山全集』人民出版社1981年
(9) 譚璐美『日中百年の群像　革命いまだ成らず（上・下）』新潮社　2012年
(10)「宮崎寅蔵等筆談」『孫中山選集』人民出版社　1981年
(11) 平山周「山田良政君伝」『現代日本思想体系 9 アジア主義』筑摩書房　1968年
(12) 兪辛焞『孫文の革命運動と日本』六興出版　東アジアのなかの日本歴史　1989
(13) 庄鴻鋳「孫中山と日本」『中日関係論叢』第一集　遼寧人民出版社　1982年
(14) 結束博治『醇なる日本人　孫文革命と山田良政・純三郎』プレジデント社　1992年
(15) 肖黎『中国歴史に影響を与えた100人の男』広東人民出版社　1992年

宮崎滔天　―日中友好発祥の聖地記念碑

1911年の辛亥革命前後、多数の日本人が孫文の革命運動を支援した。中には、日本人の革命家、熊本県荒尾出身の宮崎滔天は、日本と中国が手を携えて、欧米列強に踏みにじられてきたアジアの新時代を築きたいという大きな夢を抱き、中国革命を成し遂げた孫文とともに闘い、長きにわたり支え続けた。

宮崎滔天（みやざきとうてん）（1871年1月23日～1922年12月6日）は、本名、宮崎寅蔵、号は白浪滔天。1871年1月23日、熊本県玉名郡荒尾村、現、荒尾市に、四男三女の末っ子として生まれた。荒尾村に九代続く郷士である父親の長蔵は、滔天ら息子たちに対し、「豪傑になれ、大将になれ」「金銭だけに触るのは、卑しい者のすることだ」という家訓を唱え、それを受けながら成長したのである。

両親とともに、滔天の人生に大きな影響を与えたのが、3人の兄である八郎、民蔵、彌蔵である。彼らは、日本という国の枠を越えた志を遂げることに人生を捧げた男たちである。

1851年に生まれた八郎（1851年～1877年）は自由民権運動家。藩校「時習館」に学び、上京中、中江兆民らと親交。自由民権運動のリーダーとして、熊本に、自由民権を唱える「植木学校」を創立。1877年に勃発した日本最大で最後の内戦とされる士族の反乱、「西南戦争」において熊本協同隊を結成して薩摩軍に参加、共に闘ったが、八代で若き命を散らした。この八郎の思想が、弟たちである民蔵、彌蔵、滔天の人生に大きな影響を与え、生き方の精神的原点となったと言われている。

民蔵（1865年〜1928年）は、アジアの抑圧された民衆の救済、アジア民族解放を目標とし、土地の所有が基本的人権の一つという『土地復権論』を生涯唱え、貧農救済の立場から、土地均分を主張し、運動を進めた。孫文とも親交があり、辛亥革命後、中国に渡り、革命の援助を行った。

彌蔵（1867年〜1896年）は思想家である。植民地化の道を進んでいた清王朝の専制から解放する民権革命を起こし、全アジアに広げるという壮大な発想を持ち、自ら横浜中華街で「菅仲甫」という中国名の辮髪姿で暮らし、革命運動を起こそうと行動した。中国の言語・習俗の習熟に励んだが、志なかばで病に倒れた。

そんな兄たちの影響を受け、革命家の道を進んでいったのが滔天であった。

宮崎滔天はアジア問題や自由民権問題に関心を持ち、孫文・黄興らの革命運動家と結んだ。中国革命成功のため、貧困の中にも物心両面で支援。黄興たちと孫文を引き合わせ、中国同盟会の成立に尽力した。

1897年9月に、宮崎滔天は横浜で、孫文と初対面を果たした。「人民は自ら己を治めることが政治の正しい在り方であり、共和主義こそがその表れである」と語る孫文の思想、

▶宮崎滔天と孫文

大志に感銘し、その初対面から約2ヵ月後、滔天は孫文を荒尾村の実家へ誘い、約2週間、孫文と筆談しながら、交流する。これ以後、長きにわたって孫文の活動を支え続けていくこととなったのである。

宮崎の『三十三年之夢』によると、次の四つが大事だということである。

「第一に、『人民は自ら己を治めることが政治の正しい在り方であり、共和主義こそがその表れである』

第二に、現在の中国においては、満州族の建てた清王朝が政権を握り、人民への弾圧と搾取を行っているがゆえに、清朝打倒が先決問題であること。

第三に、『共和政体は支那の野蛮国に適せず』という一部の人々の言説とは逆に、『共和なるものは、我国治世の神髄にして先哲の遺業』であり、かつ中国の『僻地荒村』には共和の伝統が脈々と生きつづけていること。

第四に、中国革命は単に中国のためばかりでなく、アジアの黄色人種のためであり、ひいては世界人道のためであること。」

以上のごとくであった。この「政治の正しい在り方、共和主義こそがその表れであると語る孫文の思想に、亡き兄・彌蔵の革命への思いと同じものを感じ取った滔天は、彼に陶酔し、感動した。滔天は純粋に孫文の人間性に惹かれ、アジア全体の独立と発展を望んでいた孫文の理想に共感して彼の主張を擁護、終始一貫、物心両面から孫文を支え続けたのである。また、宮崎滔天を通じて、孫文は日本の政府高官や志士達に紹介され、人脈を築いていく。後

▶宮崎兄弟の生家

の政友会総裁で首相となる犬養毅、アジア各国の独立を支援した頭山満などの知己を得て、多くの日本人と親交を結ぶことになったのである。これ以後宮崎滔天による孫文らの革命軍のための武器や資金の調達、日本人の革命軍参加が現出するようになった。滔天は、長きにわたって孫文の活動を支え続けていくこととなったのである。

一方、東京都文京区の白山神社境内には、孫文の胸像を象ったブロンズ製レリーフがはめ込まれた石碑が立っている。碑の上部には「孫文先生座石」と書かれ、碑の基礎部分には黒っぽい横長の石が置かれているが、これが亡命中に宮崎滔天とともに座った石段であり、碑とともに保存されている。

「孫文先生座石の碑」に附せられた銅板の「由緒」書によると、

「由緒
昭和四十三年度総代会に於ける宮総代秋本平十郎及浦部武夫両氏の談話の中に白山神社境内には中国の政治家孫文先生と宮崎滔天寅蔵氏の腰掛けられた石があるとの御話がありました依而昭和四十四年度の総代会に故滔天氏の御子息宮崎龍介氏を御招きし其の当時の事をお伺ひ致した処明治四十三年五月中旬の一夜、孫文先生は滔天氏と共に境内の此の石に腰掛けながら中国の将来及其の経綸について幾多の抱負を語り合わされて居た折たまたま夜空に光芒を放つ一條の流星を見られ此の時祖国の

▶白山神社（於　東京文京区）
▲「孫文先生座石の碑」

▲宮崎滔天と孫文　中列左端2人目が孫文、後列中央が宮崎滔天

革命を心に誓われたと言ふお話をなされました。

宮崎滔天全集の中に孫文先生は当神社に程近ひ小石川原町の滔天氏宅に寄寓せられて居た事が記るされております此の歴史上の事実と当社との因縁を後世に伝うべく兼ねてより総代会にて屡々議題に上りましたが此の度宮総代酒井瀧蔵氏の御発案を契機として神社総代各町会総代有志の心からの賛同の結果、此の腰掛石の記念碑建立の運びと成り之を永代史跡として残す事に成った次第であります。

昭和五十八年六月一日

白山神社　宮司　清水司」

と、1910年5月中旬のある夜、二人が夜空に流れる一条の流れ星を見ながら、中国の将来と行く末を語り合い、孫文と盟友・宮崎滔天との友情が記載されている。

この宮崎滔天の援助で、孫文らは東京池袋にて興中会、光復会、華興会を糾合して中国同盟会を結成。宮崎滔天は1905年の孫文の恵州蜂起にも参加した。彼は1911年の辛亥革命から15年の第三革命まで中国の革命に物心両面で協力、孫文は宮崎滔天を「英雄」「東亜の宝」「今日の侠客」と称賛し、日本の全権委員に委任した。

1913年2月、孫文は亡命時に世話になった人々へのお礼と鉄道視察を兼ねて来日。滔天は長崎に彼を出迎え、視察に同行した。その際、孫文は多忙なスケジュールにも拘らず、

委任状

中国革命[illegible]総理孫文逸仙

委任宮崎寅蔵君在日本全権辦理

籌資購械接濟革命軍所有與資

主交涉條件悉便宜行事此委

宮崎寅蔵君

天運歳次丁未年九月十三日

◀宮崎への委任状

荒尾村の滔天の生家を再訪していた。

１９２１年２月、滔天は孫文の招きで中国へ行き大歓迎を受けた。これが、孫文と会う最後の機会となった。翌年12月6日、滔天は腎臓病による尿毒合併症により東京で病没した。享年52。アジア解放という大志を抱いて人生を駆け抜けた彼は、中国革命を成し遂げた孫文を長きにわたり支え続け、その夢に一生を捧げ、道半ばにして他界した。

１９２３年1月、上海で孫文は大追悼会を催し「日本の大改革家」「中国革命に絶大な貢献をした同志」と万感の思いを込めてその業績を称えた。

『33年の夢』に寄せた序文によれば、孫文は親友、滔天の人物と業績について次のような言葉を残している。「宮崎寅蔵君なる者は、今の侠客なり。識見高遠，抱負凡ならず、仁を懐い義を慕うの心を具え、危うきを救い、傾けるを助けるの志を発し、日に黄種の陵夷を憂え、支那の削弱を憫む。しばしば漢土に遊び以って英賢を訪い、不世の奇勳を共に建て、興亜の大業を助け成さんことを欲す」と、賛辞を述べた。

この頃より孫文はガンにかかっており、兄の民蔵は、先に逝った弟・滔天にかわり中国を訪れ、病床の孫文を見舞っていた。アジア解放と理想国の建国を見据えていた宮崎兄弟には、「革命におこたらざるものは宮崎兄弟なり」と、孫文が中国の革命にとってなくてはならない存在だと高く称えた。

１９２５年3月12日、孫文は療養先の北京で客死。霊柩を北京より南京城外の中山陵に移し葬られた。その際、犬養毅、頭山満も蒋介石と共に廟後の墓の柩側に立った。

▶「宮崎家代々居住之跡」碑

◀孫文・宮崎記念碑（熊本県荒尾市にて）

孫文と宮崎の友情を慕う中国の人々にとって荒尾は孫文ゆかりの地として大切な場所であり、現在でも国内外から訪れる人が絶えなく、100年経っても忘れない、国境を越えた友情という宮崎兄弟の行動と心情への共感を受け継いでいる。

記念館となっている「宮崎兄弟生家」から2~3キロ離れた荒尾市運動公園の一角に「日中友好発祥の聖地記念碑」が建っているが、たたずまいは厳かである。

記念碑は孫文生誕百二十周年、宮崎滔天百十六周年祭の1986年12月6日に完成、約3メートルの石台座の上にたいまつ形になっている。石碑は、孫文と宮崎滔天の肖像が並んだ巨大なもので、中央に「世界は一つ」という大きな文字が彫られている。これは熊本の篤志家紫垣隆が、幼時から直接見聞した孫文と宮崎滔天の理想と情熱に感動し、有志を募って建立したもので、台座に銅版の賛辞が嵌め込まれている。風格に満ちたその文は、日本の東洋思想界の重鎮で、歴代首相や政財界人トップに人生の師父と仰がれた陽明学者の故安岡正篤氏のものである。銅版の文字は次のとおり。

孫文　宮崎滔天　記念像

經ニ曰ク湯武命ヲ革メ天ニ順ッテ人ニ應ズト

中國孫文革命ノ大業ヲ成シ

日本宮崎滔天　友ヲ會シ仁ヲ輔ケ

▲碑文(1)　◀碑文(2)

以テ共ニ興亞ノ大義ヲ明カニシ　民族ノ大道ヲ開ク
紫垣隆翁ハ熊本ノ人　少時孫滔等諸豪翁ノ親家ニ客游ス
是ヲ以テ從遊其ノ風化ヲ受ク
翁老来壮心已マズ志千里ニ在リ
今茲孫文生誕壱百年ニ方リ
當年ノ遺烈地ヲ掃ッテ盡キタルヲ慨シ
同志ト相謀ッテ地ヲ滔天ノ郷里　兩雄潜居ノ處ニトシ
造化鍾秀巨石ヲ捜求シテ　雙壁ノ彫像ヲ其ノ上ニ建安ス
後人此ノ地ニ來ル者　永ク膺ニ瞠目駭神スベシ
昭和四十年七月一日　安岡正篤　撰書

1926年、中華民国は、見返りを求めず中国革命運動に明け暮れたことによる多額の負債のため、宮崎家の土地が人手に渡った事を知り、これまでの恩に報いるため土地の買い戻し資金を提供したが、残念ながらこの時は買い戻しに至らず、宮崎家の子孫はそのお金で孫文を記念する洋館を建設した。

宮崎生家はその後荒尾市が買い取り、大切に保存され、平成4年に市制50周年を迎えた荒尾市が宮崎兄弟生家の復元整備と資料館の建設を行い、中国との友好・交流のシンボル施設として平成5年6月に開館、現在敷地内の資料館とともに一般公開されている。日本近代化

▶孫文と宮崎滔天の銅像（南京中国近代史遺址博物館にて）
▶韜園＝宮崎滔天旧居（東京都西池袋にて）

という激動の時代、宮崎兄弟の軌跡などが展示されている。

また、中国の南京中国近代史遺址博物館の中庭には、孫文と並ぶ銅像が建てられている。高さ1メートルほどの台座に、孫文に付き従うように歩む宮崎滔天の像が置かれ、銅像には「赤誠友誼（ゆうぎ）」（「偽りのない誠心誠意の交り」）という意味の中国語が刻まれている。

宮崎兄弟は、日本人として、山田良政・山田純三郎兄弟とともに、辛亥革命の支援者として名を残し、今もなお中国と日本のかけ橋となっているのである。

1956年の孫文誕生九十年の祝典には、長男の龍介夫妻が招待され、毛沢東・周恩来と共に臨席した。今も国賓として中国に招待されている。

100年以上経っても忘れられない、国境を越えた友情、宮崎兄弟の行動と心が受け継がれているのである。

宮崎滔天の主な中国渡航歴

1、1911年：（41歳）10月10日、武昌で辛亥革命が勃発。11月、滔天は上海に入る。揚子江遡航を経て、孫文の香港着を迎える。南京の各省代表者会議は、孫文を臨時大総統に選出する。

2、1912年：1月1日、孫文、臨時大総統就任式を経て、中華民国成立。南北妥協難航。孫文、北京政府の袁世凱に譲位。宣統帝退位、清朝滅ぶ。滔天、吐血し入院し、帰国。

3、1913年：反袁勢力を議会主義で伸ばす宋教仁暗殺の報、2月、孫・滔天ら中国に入る。第二革命挙兵、終息。滔天再び吐血し、入院、帰国。
4、1916年：孫文、中華革命党本部を上海に移すため、中国へ渡る。滔天同行。
5、1917年：黄興国葬に列席。湖南省立第一師範学校生・毛沢東（24歳）らの招きで同校にて講演。
6、1918年：犬養・頭山の設立した日支国民協会の委嘱を受け上海に渡航、医師より腎臓病を指摘され帰国。
7、1919年：中国で五・四運動。息子龍介と上海に行き、孫文と会談。
8、1921年：2月、孫文の招きを受け、最後となる中国渡航。

〈参考資料・文献〉

（1）『三十三年の夢』宮崎龍介・衛藤瀋吉校注、平凡社東洋文庫　1987年
（2）上村希美雄『宮崎兄弟伝 アジア篇』（上中下）葦書房　1984年
（3）『近代浪漫派文庫 9 宮崎滔天』新学社　2005年
（4）「宮崎寅蔵等筆談」『孫中山選集』人民出版社　1981年
（5）庄鴻鋳「孫中山と日本」『中日関係論叢』第一集　遼寧人民出版社　1982年
（6）胡漢民『総理全集』「解決中国問題之方法」上海民智書店　1931年
（7）「大アジア主義」『孫中山選集』人民出版社　1981年

（8）佐藤常雄『宮崎滔天』葦書房、1990年
（9）田所竹彦『浪人と革命家　真筆に見る日中の絆　宮崎滔天・孫文たちの日々』里文出版、2002年
（10）『宮崎滔天　アジア革命奇譚集』書肆心水　2006年
（11）近藤秀樹『日本の名著45　北一輝、宮崎滔天』中央公論社　1982年

梅屋庄吉　―孫文の革命運動への援助

中国の革命運動に生涯をささげた孫文と、日本の映画産業の地盤を築きつつ、孫文を物心両面にわたり、手厚く支援した人物が梅屋庄吉である。

梅屋庄吉（うめやしょうきち）（1869年1月8日～1934年11月23日）は、明治・大正期の映画企業家。長崎生まれ。幼い頃、親戚筋の貿易業と精米所「梅屋商店」を営む梅屋家に養子入りした。米穀相場に失敗したため、若い頃の梅屋庄吉は海を渡り、香港で写真館を開き、貿易商としての地位を築いた。その後、シンガポールでフランスのパテー社の映画を購入、のち映画会社Mパテー商会を設立、1906年より映画興行や製作に乗り出し、明治末期の不況から梅屋は、吉沢商店、横田商会、福宝堂など3社を説きMパテーと合同、1912年日本活動写真株式会社（日活）の創立に成功した。

革命を志した孫文を支え続けた梅屋庄吉二人の友情は、香港での出会いから始まった。

1895年1月5日、梅屋庄吉は香港で開かれた慈善パーティで、医学博士ジェームス・カントリーから教え子の孫文を紹介されて知り合い、その後、梅屋庄吉が経営する写真館「梅屋照相館」に孫文が訪れ、ここで、中国改革運動について二人は語り合った。二人は意

▶梅屋庄吉

◀孫文夫妻とトク

気投合し、中国を植民地から救い出すべく夢を熱く語り合った。その時のことを梅屋はこう書き残している。

「中日親善、東洋の興隆、はたまた人類の平等について全く所見を同じうし、ことにこれが実現の道としてまず大中華の革命を遂行せんとする孫文先生の雄図と熱誠は我が壮心を感激せしめ、遂に固く将来を契ふに至る。」

日本の近代化に役割を果たした長崎が、中国との結びが強く、西洋への窓口でもあり、このような環境の中で生活していた梅屋庄吉は、アジア人としての自覚と危機感を抱き、その国際感覚が先鋭的な物の見方を育み、アジア諸民族の独立を目指させていたのである。そのことも後の孫文との絆、中国革命への支援活動の原動力となった。

梅屋庄吉は「人々が平等で平和な社会をつくる」という孫文の東洋平和の理想に共鳴した。アジア各地を実見し、西洋列強による武力支配に義憤を感じていた梅屋は、「君は兵を挙げたまえ、我は財を挙げて支援す」という言葉を告げ、盟約を結んだ。

梅屋庄吉の生涯は、その夢のために捧げられ、映画事業で得た多額の資金を投入、辛亥革命の成就に寄与援助を続けた。その時、梅屋28歳、孫文は30歳であった。こうして、梅屋庄吉は

▶孫文と梅屋（1915年）
◀孫文来日記念宴（松本楼にて）

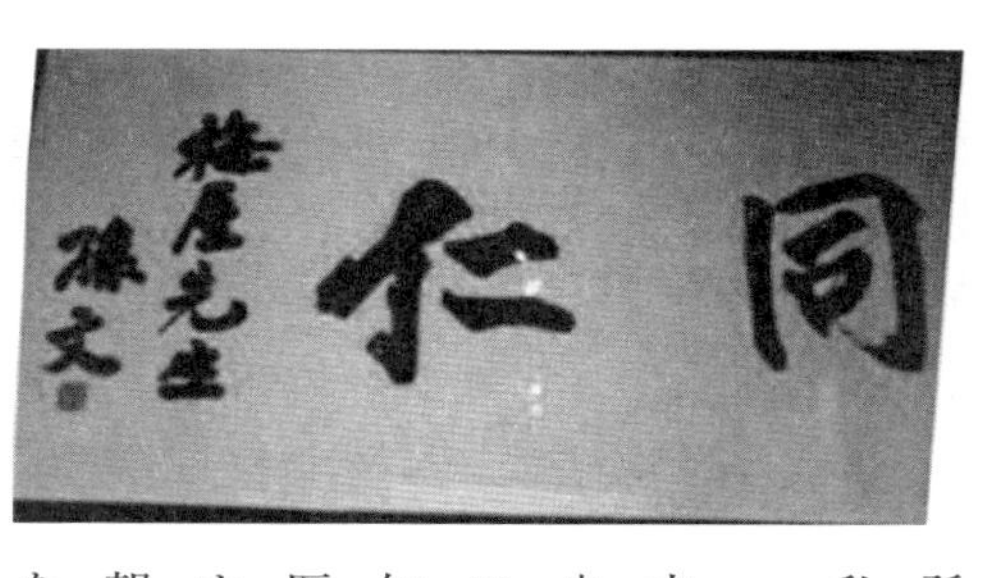

孫文との出会いから30年に亘り、一生をかけて、惜しみなく巨額の私財を投じ、物心両面で孫文を支え続けたのである。

一方、清末民国初期の革命指導者、中国での共和制の創始者・孫文（1866年11月12日～1925年3月12日）は、広東省香山県（現、中山県）出身。若くして兄・孫眉を頼ってハワイに赴き、教会学校のイオラニ・スクールで西欧の近代教育をうけ、そこで西洋思想を知り、目覚めたのである。卒業後、香港西医書院（現、香港大学）で医学を学び、のち、香港で洗礼を受け、ポルトガルの植民地のマカオで医師として開業したが、革命を志し、1894年ハワイで反清朝の革命秘密結社興中会を組織、1905年東京で中国革命同盟会を結成し、民族・民権・民生の三民主義を綱領とした。以後、中国革命を明治維新の第二歩目だと考え、清朝打倒活動の革命資金を集める為、世界中を巡り、日本を革命活動基地の一つとして日本各地を飛び回り、革命生涯の実に3分の1を日本で過ごした。

当時、前述した宮崎滔天、山田良政・純三郎兄弟、そして明治から昭和にわた亘る国家主義運動の指導者・内田良平、後に内閣総理大臣となる犬養毅、また多くの在留華僑が孫文の革命運動を支援している。

梅屋庄吉は1895年の広州起義（こうしゅうきぎ）にはじまる革命運動の武器・弾薬の調達、機関紙の発

▲孫文が梅屋に贈った「同仁」書（松本楼にて）

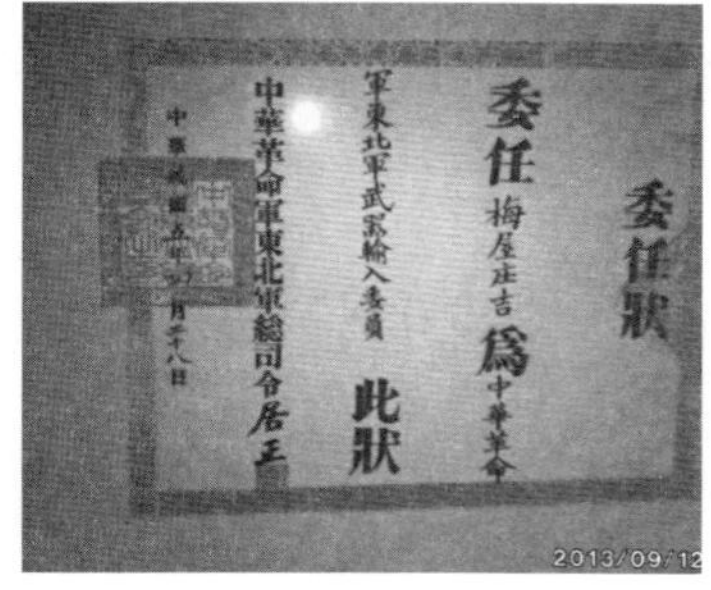
委任状

委任 梅屋庄吉 爲中華革命軍東北軍武器輸入委員 此狀

中華革命軍東北軍総司令居正

◀梅屋への委任状（黄埔軍官学校旧跡記念館・孫総理記念室にて）

行資金、革命へ赴く志士らへの援助、医療救援隊の派遣などを、孫文が成し遂げようとした革命のために多額の資金を投じ続けたのである。

一方、孫文は1906〜1911年の間に9回も武装蜂起して失敗を重ねたが、ついに1911年10月、辛亥（しんがい）革命が起きるとアメリカから帰国、翌年1月1日、孫文を臨時大総統とする中華民国が南京に成立する。しかしその支持基盤は弱く、外国の支援もなかったため、2月12日、孫文は北洋軍閥の巨頭・袁世凱（えんせいがい）の要求を容れ、清朝最後の宣統皇帝の退位とひきかえに、孫文にかわり袁世凱が中華民国臨時大総統となった。その後、袁は、帝国主義列強の支持を背景に革命の成果を骨抜きにし、共和制を廃止、帝政を復活させる。1913年と15年、第二と第三革命が起こり、袁世凱独裁に反対する運動が全国に広がったが、鎮圧され、孫文は日本に亡命した。その時、庄吉は孫文に住まいを提供し、精神的にも経済的にも支え続けた。

多くの日本人同志の友情により、孫文は日本への親密感を持ち、日本との絆を深めていた。彼は反袁世凱の運動中、次のように語った。「日本はアジアに位置し、わが国と最も一衣帯水の隣国である。親善和睦すればわが国に有利、日本が援助してくれれば、我々は勝つ。そうでなければ袁世凱が勝つ」と日本の支援の重要さを強調したのである。

1915年には、孫文と宋慶齢（そうけいれい）の結婚披露宴が東京の梅屋庄吉邸の大広間で行われた。二人の結婚写真は、1916年4月25日、日比谷の大武写真館で結婚記念として撮影されたもの。

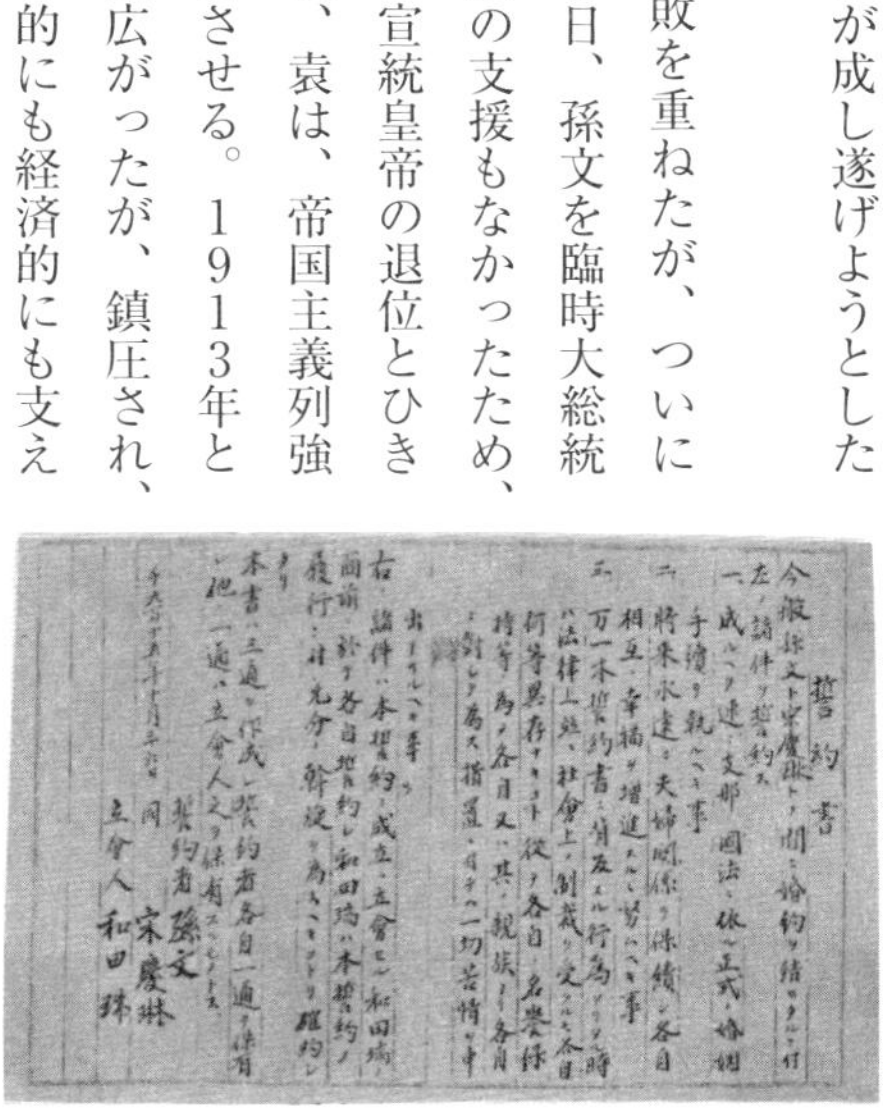

▶孫・宋結婚契約書（中国革命歴史博物館にて）

◀孫中山宋慶齢結婚記念写真（上海孫中山故居紀念館にて）

宋慶齢（1893年1月27日〜1981年5月29日）は、中国の政治家。原籍は広東省海南島文昌県。上海生れ。姉の宋靄齢（あいれい）は孔祥熙（こうしょうき）夫人、妹の宋美齢（びれい）は蒋介石（しょうかいせき）夫人、弟の宋子文（しぶん）は国民党・政府の要人という名家の一人である。姉の宋靄齢、妹の宋美齢と共に「宋氏（家）三姉妹」と総称されており、三姉妹ともアメリカのウェルズリー大学に学んだ。

宋慶齢はアメリカ留学後、1914年8月、日本で孫文の英文秘書を務めた。1915年10月、庄吉夫妻の仲人のもと、庄吉邸の東京大久保百人町にある大広間で孫文と結婚式を上げた。

列席者の顔ぶれには、政治家の犬養毅（いぬかいつよし）、古島一雄（こじまかずお）、小川平吉（おがわへいきち）、佐々木安五郎（ささきやすごろう）、国家主義者の頭山満（とうやまみつる）、杉山茂丸（すぎやましげまる）、宮崎滔天（とうてん）、萱野長知（かやのながとも）などがいた。孫文、そしてその会場を提供した庄吉の交流の広さ、人望の厚さを実感させられる。

その時、宋慶齢がピアノを弾いた。そのピアノは梅屋庄吉の孫娘である小坂主和子氏によって大切に保存され、現在、東京日比谷松本楼に展示されている。ピアノの

▶松本楼（東京日比谷にて）
▲（上）宋慶齢が弾いたピアノ
（下）ピアノの由来

上に三枚の写真が並べられており、一枚は１９１３年孫文来日記念宴（松本楼にて）、一枚は１９８５年の松本楼の社長夫婦（社長の夫人が小坂主和子氏）と谷牧・康克清（朱徳の未亡人）との人民大会堂での会見。最後の一枚は２００１年10月9日、北京で行なわれた「記念辛亥革命九十周年」の記念写真で、中には江澤民・朱鎔基・胡錦涛など中国の中央要人、松本楼の社長・副社長も写っている。これらの写真は、いずれも、歴史の実像を物語る極めて貴重な資料でありながら、中国のために梅屋庄吉が果たした功績が、中国政府に高く評価されていることを物語っている。

このピアノは、日本楽器製造会社（現・ＹＡＭＡＨＡ）が１９０７年に製造した日本最古のピアノのひとつであると説明パネルに書かれている。１９１５年、孫文と宋慶齢が大久保の梅屋邸で結婚したとき、宋慶齢はこのピアノを演奏し、独唱したという。

孫・宋結婚契約書は、１９１５年10月25日、孫文と宋慶齢が、和田瑞（立会人）の自宅で書いた婚約書である。実物は中国革命歴史博物館に所蔵されている。梅屋トクと孫文夫妻の写真は１９１６年4月に撮ったものである。

１９２５年3月12日、孫文は重病化した肝臓がんのため北京協和病院で、多くの同志や駆けつけた日本人支援者たちに囲まれ永眠した。享年58。この時、有名な「総理遺嘱」を残してい

▶梅屋の祝辞
▲祝辞の内容

た。

「国民革命に力を致すことおよそ40年、その目的は中国の自由平等を求めるにあった。40年の経験を積み、その目的に到達するためには、必ず民衆を喚起し、世界の中国を平等に扱ってくれる民族と連合し共同で奮闘しなければならないことを深く知った。現在、革命は未だ成功していない。およそ我が同志は私が著した『建国方略』、『建国大綱』、『三民主義』と『第一次全国代表大会宣言』に依って、引き続き努力し、成し遂げなければならない」という「革命なお未だ成功せず、同志よって須く努力すべし」との一節を遺言に記していたのである。

1925年4月、梅屋庄吉は孫文追悼会を青山会館で行った。「孫文は盟友、死友にして、いまや吾が師友なり」と孫文に対する友情を語った。結局、孫文と梅屋庄吉の関係は、金銭的な支援に止まるものではなかった。庄吉は一切の見返りを求めず、恩義を売るつもりもなく、「東洋の平和」「人類の平等」という共通の夢に向かって命を賭した、固い友情と結束に結ばれた同志であった。

庄吉は孫文の墓前で、2人が「盟約」を交わした日のことを振り返り、「追悼の辞」として、読み上げた。

「中国の親善　東洋の興隆将又（はたまた）人類の平等に就いて全く所見を同じくし、殊に之が実現の道程として、先ず大中華の革命を遂行せんとする先生の雄図と熱誠は、甚だしく我が壮心を感激せしめ一午の誼（よしみ）遂に固く将来を契（ちか）ふに至る」

▶完成した銅像と梅屋

その盟約の日から約30年、盟約は揺らぐことなく二人を繋いでいた。

梅屋は中国に対しては、孫文の偉大さ、三民主義の素晴らしさ、孫文先生を尊敬し援助した日本人がいることを知らせ、孫文の精神を後世に伝えるため、また、緊張が高まる日中関係の中、孫文が中国の国父であるという存在にとどまらず、彼の自由・平等・博愛の主張に深く共鳴し、中日親善こそが東洋平和に繋がると信じ、娘千世子のために貯えていたお金を娘に頼み込み拝借、日本の彫刻家牧田祥哉に銅像のデザイン、篠原金作工場に鋳造を依頼しており、高さ3.6メートル、重量1屯の巨大な孫文銅像4基を造った。更に、梅屋自身が同行し、それぞれ広州市の中山大学キャンパスと黄埔軍官学校跡、南京市の中山陵、マカオの国父記念館に送り届け、寄贈したのである。

その時、1930年、梅屋は自ら第1体目の銅像と共に南京市を訪れ、中央陸軍軍官学校に寄贈する。10月14日の銅像除幕式には、蒋介石はじめ多くの政治・軍事の要人が出席した。梅屋はその祝辞で「・・・庄吉不孝といえども30有余年、東洋平和・中日親善の為に一臂の力を効せるを信ず」と述べた。これらの孫文像は、現在でも大切に保持されている。

孫文の銅像を寄贈するとともに、孫文の故郷香山県翠亨村をも訪問した翌年、また中山大学へ孫文の銅像を寄贈した。そして1934年11月23日、広田弘毅外相と面会するために出かける途中の駅で倒れ、孫文の死後9年目に息を引き取った。享年65。

翌日の新聞は庄吉の死を次のように報じた。

「支那革命の恩人　梅屋庄吉翁逝く」（東京日日新聞）

▶梅屋庄吉像（中国上海市魯迅公園にて）

◀梅屋夫妻と孫文の銅像（2013年中国から長崎に）

「支那革命に隠れたる邦人の黒幕　孫文を援けた　梅屋翁逝く」（時事新報）

梅屋庄吉の死から44年後に、庄吉の娘・千世子夫妻が宋慶齢夫人の招きで中国を訪れた後に届いた手紙には、「二人の貴重な友情は時間や情勢によって消えるものでは決してなく、何事によっても、これを消せるものではありません」と書かれていた。

更に、梅屋庄吉の死から77年となる辛亥革命１００周年に当たり、２０１０年５月１日から同年10月31日まで上海世博園で開かれた国際博覧会では、庄吉の孫・小坂文乃さんの主催で孫文と、孫文の革命を生涯にわたって支えた梅屋庄吉の交友を紹介する「孫文と梅屋庄吉展」が開かれ、開幕式には、辛亥革命１００周年記念行事日本実行委員会の委員長に就任した福田康夫元首相や福岡経済同友会の視察団37人など、日中両国の関係者約１６０人が出席。約１週間の開催期間には２万人の来場者を記録した。

長崎県・上海市友好交流関係樹立15周年及び辛亥革命１００周年を記念し、２０１１年に開かれた長崎県日中親善協議会では、革命の指導者・孫文を物心両面で生涯に亘って支援し続けた梅屋庄吉の銅像制作が決められ、それを上海市へ寄贈したのである。梅屋庄吉像は、上海市黄浦区紹興路にある「紹興公園」に設置され、落ち着いた佇まいの街並みの中に位置し、「孫中山故居記念館」や「梅屋庄吉旧宅」など縁の場所も近く

▶宋慶齢故居の標示板（上海市淮海路にて）

▶故居の中

にある。台座を含む銅像の高さは約2メートル。「君は兵を挙げたまえ。我は財を挙げて支援す」と孫文を支えた当時の梅屋の姿が表現され、二人の友情は今もなお両国の友情の懸け橋となるとともに、中国と日本を繋ぐ強い絆となっている。その後さらに２０１３年には、再び中国から長崎に対して梅屋庄吉夫妻と孫文の三人の銅像が寄贈された。この銅像は三人が一緒に写っている歴史的写真をもとに制作されたもので、幅が約２・５メートル、高さが約２・１メートルあり、長崎港松が枝国際ターミナルホールの横に完成した。

「孫文・梅屋庄吉と長崎」という特別企画展として、２０１１年7月26日〜２０１１年９月４日には東京国立博物館で、次いで２０１１年10月1日〜２０１２年３月25日には、辛亥革命１００周年にちなみ、長崎歴史文化博物館でも特別企画展「孫文・梅屋庄吉と長崎」が開催された。

これらの企画展では、孫文が中心的な役割を果たした辛亥革命（１９１１）から１００年の節目にあたって、孫文と梅屋庄吉、そして彼らと密接に関わった人々や所縁の地が、１９１１年当時の生の資料によって展示された。

さらに、２０１４年４月26日には、長崎市松が枝町にある旧香港上海銀行長崎支店記念館の館内に「長崎近代交流史と孫文・梅屋庄吉ミュージアム」が開設されている。

これらの企画展は、中国の革命家・孫文と梅屋庄吉の二人を結びつけたのは「自らの手で人々が平等で平和な社会をつくる」という高い理想を実現するため、梅屋庄吉が全力を尽くして孫文とその革命事業を支援し、中日両国民が互いに支持し合い、互いに助け合うという感動的な物語を織り成している。

〈参考資料・文献〉

（1）車田讓治、国方千勢子『国父孫文と梅屋庄吉—中国に捧げたある日本人の生涯』
（後に『君ヨ革命ノ旗ヲ挙ゲヨ』と改題した）六興出版1975年
（2）兪辛焞『孫文の革命運動と日本』六興出版　東アジアのなかの日本歴史　1989年
（3）藤村久雄『革命家　孫文』中央公論社　1994年
（4）小坂文乃『革命をプロデュースした日本人』講談社　2009年
（5）読売新聞西部本社『盟約ニテ成セル梅屋庄吉と孫文』海鳥社　2002年
（6）小坂文乃『ナガサキ人梅屋庄吉の生涯：長崎・上海で、孫文と庄吉の足跡を探す』
長崎文献社　2012年
（7）小坂文乃『革命をプロデュースした日本人』講談社

黄興　—中国の西郷隆盛

黄興（こうこう）（1874年10月4日〜1916年10月31日）、は清末民初の中国人革命家で、孫文とともに民国革命の双璧と称されている。もとの名を軫（しん）、字を廑午（きんご）、号を杞園（きえん）または克強（こくきょう）という。湖南省善化（現長沙）に生まれる。中国近代において傑出した民主革命者であり、民主革命運動の偉大な指導者でもある。

彼の十五年間の革命生涯において、八年二ヵ月あまりを国外で活躍したが、そのうち九回日本に入り、五年半ほど日本で過ごした。その他に、アメリカは一年九ヵ月、南洋は十一ヵ月である。つまり、日本にいた時間は全体の約七割を占めている。その理由としては、先ず西洋学問の影響、特に日本に留学したことと密接な関係がある。

1893年、十九歳の黄興は長沙の城南書院に入学、県試に合格、97年には成績優秀によって武昌の両湖書院に送り出された。

両湖書院は1890年、当時の両湖総督であり開明官吏であった張之洞（ちょうしどう）によって建てられた新旧式併用の学校であり、西洋の学問も多く取り入れられ、指折りの先進的な学校の一つであった。黄興はそこで五年間学んだ。この間の、意識的・無意識的なさまざまな経験が彼

▶黄興

◀1912年1月民国建立、南京臨時政府成立（前列左四人目黄興）

の人間的・精神的な成長に大きな寄与をしたことは間違いない。
１９０２年、31人中ただ一人の湖南人として選ばれ日本に留学、東京の弘文書院（清朝乾隆皇帝の本名が弘暦であったため、その弘を忌避して、のちに宏文書院に変更される）速成師範科に入学した。

この学校の創立者は嘉納治五郎である。彼が、１９０２年、神田にあった亦楽書院を発展させて開校したもので、日本語学校の中では最も人気のある学校であった。１９０９年に閉校するまで入学者七千百九十二名、卒業生三千八百十名を送り出した。魯迅や陳独秀らもこの学校で学んでいる。中国ブルジョア革命派には、殆んど外国留学の経験がある。留学中、彼らは外国書籍の翻訳、新聞雑誌の発刊、革命文章の執筆を通じ、西洋ブルジョアジーの進化論と人権論を紹介し、民主革命思想を喧伝、これらの思想を迅速に国内に広めた。故に中国の近代革命運動は殆んど留学生が提唱し、後に国内の学生がそれに呼応して各省の革命風潮が次第に形成されていった。

その学校で黄興も、それまで聞いたこともなかった多くの新思潮に触れ、それに励まされたのである。黄興は法律、政治、歴史、教育等を学んでいたが、いっぽうでは軍事に興味をもち、軍事訓練に熱心であり、とくにピストルの射撃は得意であったという。日本退役軍官の授業に出たり、士官隊の操練を見学し

▶留学中の黄興（前列左一人目）

▲宏文書院跡（新宿区東五軒町四番にて　旧　牛込区東五軒町三十五番地）

たり、また毎朝、射撃の訓練に出かけたりした。これは黄興の軍事思想、指揮才能の成熟に大きな影響を与えた。彼は、宏文書院での一年間に、先ず同じ湖南省出身の楊篤生や蔡鍔らと『遊学訳論』を創刊、教育に関する翻訳を担当した。日本の教育者、山田邦彦の『学校行政法論』を翻訳して掲載しつつ、その翻訳を通じて黄興は日本の近代教育を研究し始め、「中国の学問の発展は教育によるほかにない」と主張した。これも彼の政治思想の中核と言えよう。

一方では、宏文書院内に、湖南出身の留学生による土曜会を組織して、現状の改革をめざした。翌年4月、ロシアに抵抗する拒俄義勇隊に参加し、隊員達に射撃を教えた。こうして黄興は日本留学中、湖南を中心とする反清の革新的青年の指導者となった。当時、武装蜂起を採用する者も、比較的穏健な手段を採用する者もあった。いずれにしろ、清王朝を転覆しようとする目的は同じである。清朝は当然これら革命運動を弾圧した。それを免れた者も、国内に身を置くことができず、国外に亡命、国外で宣伝組織活動に従事するか、あるいは武装蜂起を準備するしか方途はなかった。それも黄興が日本にたびたび滞在したもう一つの理由であろう。

まもなく帰国して、革命活動に携わることになる。宏文書院には僅か一年間の留学であったが、黄興は反清運動のリーダーとなり、彼の革命生涯と日本との関係はそこから始まったのである。

黄興は、1903年6月4日に、中国に帰ったところ、胡元淡から長沙の明徳学堂で教鞭

▶黄興旧居（新宿区若宮町二十七番地にて　旧　牛込区若宮町二十七番地）

を執るよう求められた。彼はそこで学生達に歴史や体育を教えるとともに、革命をも宣伝した。この明徳学堂を活動の場として、11月劉揆一、陳天華、宋教仁等とともに華興会を結成し、会長に推された。また会党（秘密結社）と共同のため、有力な指導者である馬福益に働きかけ、同仇会を結成、その会長になった。

帰国後の1904年2月15日、宋教仁・陳天華らと革命団体「華興会」を組織、会長に推挙されるが、同年11月、長沙における革命蜂起の計画が事前に漏洩し、再び来日する。しかし今回は留学ではなく、日本を根拠地とした清朝転覆が目的であった。そこで注目すべきなのが、宮崎滔天ら大陸浪人及び中国の民主革命を応援する民間人との出会いである。もう一つは、孫文と知遇を得たことであった。そのきっかけは、1905年7月19日、宮崎滔天が、欧米を周遊して来日した孫文に黄興を紹介したことで、孫文は彼と共に黄興と会う。この中国近代革命運動二巨頭の出会いによって、孫文の革命運動は留日学生の革命運動と連合し、また中国同盟会の成立に拍車をかけることとなったのである。8月20日、頭山満が提供した赤坂区の民家の2階で興中会の孫文・胡漢民、光復会の陶成章・章炳麟・蔡元培・秋瑾、華興会の黄興・宋教仁・陳天華などが合併して中国革命同盟会が成立する。孫文を総理、黄興を庶務に選出すると同時に『軍政府宣言』、『中国同盟会総章』及び『革命方略』などの文書を採択し、国内外に支部及び分会を設置、華僑、会党、新軍と連絡し全国規模の革命組織となった。

当時、日本が近代に向けて走り始めた時代にあって、理想の日本、理想のアジアをつくるために活躍する一方で、中国革命運動の協力者であった代表的な存在が、熊本県荒尾出身の「宮崎三兄弟」である。「民権兄弟」として名高くいずれも、アジアの自由と平等の実現に人生をかけた人たちである。

「宮崎三兄弟」中、民蔵が生涯を傾けたのは地権回復運動である。彼は貧農救済の立場から、土地均分を主張し、運動を進めた。1912年、「平均地権」という同じ思想をもった孫文が描く新しい国に夢を託し、中国に渡り、孫文と親交を持ち、辛亥革命後の孫文を支援した。

宮崎彌蔵は、列強植民地支配脱却のためにはまず清国革命を支援して、そこを拠点に対抗すべきだと主張していた。また世界民権革命の一里塚として「革命的アジア主義」を提唱、兄弟の中でも屈指の思想家であり、末弟の滔天の目を中国に向けさせたのも彌蔵である。彌蔵は中国革命に参加するための方法論として、中国商館のボーイとして働くようになった。1895年、辮髪で中国名、管仲甫と名乗り、陳少白と知己を得る。1896年1月には陳と再会して、宮崎滔天に横浜へ来ることを促していた。ひたすら中国の言語・習俗の習熟に励んだが、志なかばで病に倒れ急逝した。享年二十九。その後、兄の民蔵・弟の虎蔵（寅蔵、のちの滔天）は彼の遺志を継いで孫文の革命運動の有力支援者となる。

兄の思想や精神を受け継いだ宮崎滔天はフィリピンの独立、中国革命などアジアを舞台にさまざまな運動を行った。中国革命の必要性を説き、中国国民の解放のために活動していた孫文を貧困の中にも日本から物心両面で支えた。1897年、犬養毅の依頼によって、亡命中の孫文を生家にかくまった。1899年には、孫文とともにフィリピン独立戦争を助け、翌年には孫文の恵州蜂起を援助した。蜂起失敗後、一時革命運動の戦列をはなれて浪花節語りとなって生計の途を講ずる。この間に自伝「三十三年之夢」を書いて革命家孫文を世に紹介した。また、中国革命の一方のリーダーである黄興たちと孫文を引き合わせ、中国同盟会成立に尽力した。1905年、宮崎滔天は、孫文と黄興とを提携させて中国同盟会の成立をうながしたが、同会機関誌「民報」の発行所は、宮崎滔天の自宅にあったという。1911年の辛亥革命時には、孫文や革命同志を助けるために中国に渡り、南京政府の成立などに奔走したのである。彼は孫文、黄興と、終生の友人関係を貫いた。

黄興は同盟会の結成と孫文の革命運動に大きな役割を果たしたことになる。それは、黄興の革命経験や指揮能力と密接な関係があるが、宮崎滔天らの協力と、日本政府が活動の空間を与えたことも直接的な原因があったと考えられる。

長沙市出身で孫文と共に辛亥革命の領袖であった黄興は、1909年、盟友の宮崎滔天に案内され、東京から鹿児島を訪れ、南洲墓地を参詣している。

以上、黄興にとっては日本との関係を第一期とすれば、1905年の同盟会の成立から1911年の広州蜂起までが第二期と言えるだろう。

この時期において、中国の西南と華南地域の武装蜂起を準備するため、孫・黄は全力を尽くして軍事資金と武器を調達した。

黄興は五回、日本に出入りした。1907年から1908年の間、黄興は欽州(きんしゅう)・防城・鎮

▶西郷南洲墓地（鹿児島県霧島市溝辺町）

◀西郷南洲顕彰館（鹿児島市上竜尾町にて）

南関などにおける武装蜂起の指揮に奔走する。宮崎滔天夫人の槌子の回想によると、萱野長知・三上豊夷・宮崎滔天等の援助協力で「ピストル三百、日本刀七十の調達ができた」という。日本は黄興にとって、身の置き所、蜂起の策源地となっている。接触した人物は、孫文と違い、日本政府や軍部とは直接的な関係があまりなかった。1909年（宣統元年）秋、孫文に委託され、香港に同盟会南方支部を設立、広州新軍による蜂起を計画するも失敗、後、広州での大規模蜂起を謀って、1911年には香港にそのための指導機関を設け、自ら陣頭指揮に立つ。4月の黄花崗の役では敢死隊数百を自ら率いて総督公署を攻撃したが、失敗し、多くの優れた青年を失った。この死者を「黄花崗七十二烈士」を呼ぶ。黄興自らも手に重傷を負い、香港に戻る。この時、看護に当たった徐宗漢と結婚した。

1911年10月10日に辛亥革命勃発、1912年1月民国樹立、南京臨時政府成立後、陸軍総長兼参謀総長に就任。1912年8月、同盟会は国民党に改組し黄興は推されて理事となった。袁世凱から川粤鉄路督弁に任じられたが12月には辞職している。これより先の10月、黄興は故郷長沙に帰り、そこで「国家の発展は教育による他はない」としばしば国民教育に関する講演などを行い、軍国民教育の啓蒙を提唱したのである。

1913年7月、二次革命が勃発、南京にて江蘇討袁軍総司令を自任するも失敗、香港を経由して8月9日、日本に亡命した。27日から1914年6月30日まで三百六日間在日した。この間、萱野長知・宮崎滔天らは黄興と頻繁に接触した。他には頭山満・犬養毅・山田純三郎・菊池良一らがいた。

▶黄興ノ動静
日本外交史館所蔵

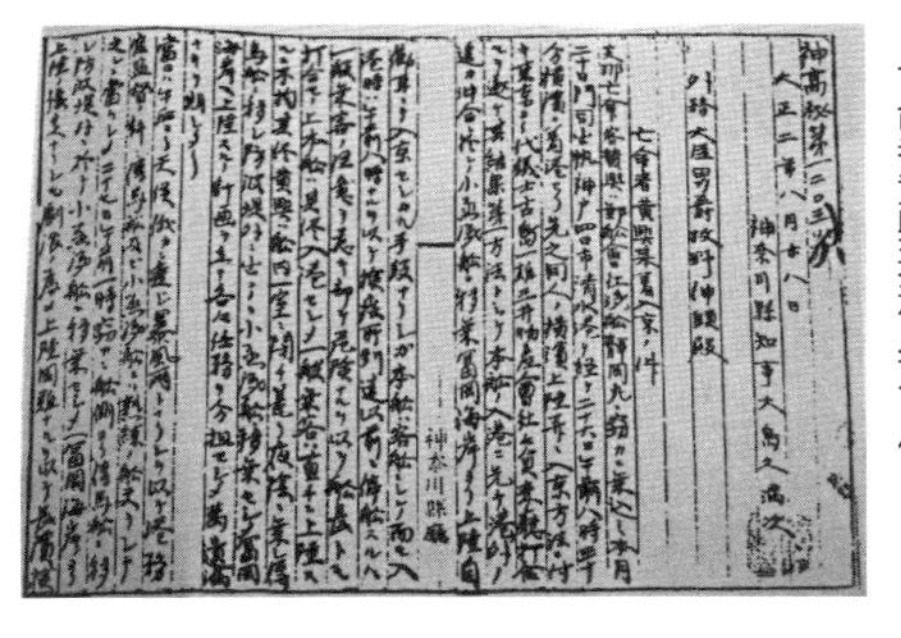
大正二年八月十八日
神奈川県知事大島久満次
外務大臣男爵牧野伸顕殿
亡命者黄興来着入京ノ件

◀亡命者黄興来着入京ノ件

『黄興動静』乙秘第１２７３号によれば、９月11日、「……本日午前11時頭山満、鷹取忠門同伴来訪シ、奥座敷ニ於テ何事カ密談スル所アリ。午後１時50分寺尾亨来訪シ同会議ニ列シ……」との記録が残されている。この時期において黄興は、「浩然廬（こうぜんりょ）」という名の軍事士官学校と政法学校の創立に協力した。政法学校は政治幹部を養成するため、１９１４年２月９日、現在の東京神田区錦町三丁目十号東京工科学校敷地に設置され、校長は寺尾亨、学生百八十人、ほとんどが革命党員およびその子弟である。

「浩然廬」は、中華民国留日学生のため設立、政治・経済および法律学科等を設けた軍事学校であるが、それは黄興の軍事と教育思想を活かすための実践場と言えよう。

一方で黄興は、友人の宮崎滔天のために住宅購入の資金援助もしている。宮崎滔天は中国の革命のため、長年にわたって家財を尽して積極的に援助したため、生活は貧困に陥った。良友の助けによって東京北豊島郡高田村元巣鴨三六一六号（現・東京都豊島区西池袋二丁目一五～一六号）に新居が建てられ、黄興は、それに「韜園（とうえん）」という名を付けた。宮崎滔天の六韜三略、才能と情操を称賛したのである。この跡地は黄興と宮崎の友情、あるいは中日の友好を表している。

１９１４年７月、黄興は日本を離れアメリカに向かった。その理由については「同じく日本に亡命していた孫文は１９１４年に中華革命党を組織するが、黄興は孫文への絶対的無条件的忠誠などの党規則に反対し、参加を拒否、党内の紛糾するのを避け、アメリカへ出国すると決断した」とされている。それは一つの要因であるかもしれないが、他には当時、日本政府筋が敗北した革命党人に対してよそよそしい態度を取ったため日本に失望したこと、またアメリカへの好感もあろう。５月21日の宮崎滔天への書簡の中で、「これから世界を一周して見識を広め、積極的な手段で中国の政治を改革しよう……」と述べている。闊達な気持ちを持っている黄興の、革命失敗の苦悶から脱し、光明に満ちた道を探そうという方策であったろう。

亡命後は孫文と意見が合わず，孫文の中華革命党には加入せず、資金の調達と宣伝活動のためアメリカに渡ったのであった。

アメリカ滞在中、新しい革命勢力の育成につとめ、反袁活動に従事、護国戦争時には護国軍のために軍費の調達に励む。時まさに欧州戦争（第一次大戦）が勃発、中華革命党に参加しなかった元同盟会会員の多くは日本に「欧事研究会」を発足させ、黄興もまたその会に名を連ね、実質的には会長の地位を占めた。第三次革命では孫文に呼応し、袁世凱の死後は上海に戻ったが、１９１６年10月31日42歳で病死する。

黄興が死亡した１９１６年10月31日直後の各新聞は、それぞれ競って黄興と交際のあった名士達の思い出を掲載している。例えば内田良平、古島一雄等は皆「実行の人、日本を好く解して、西郷南洲崇拝の士」「一口で彼を評せば底力の知れぬ丁度我が西郷南洲の如き人物であった。彼は平成から深く南洲に私淑し、南洲の経歴言行等に就いて細大と無く調べて居ったが、彼の南洲に髣髴たる偶然で無い」と語っている。

黄興の墓は湖南省長沙の岳麓山にある。享年四十二であった。彼を記念するため、11月17

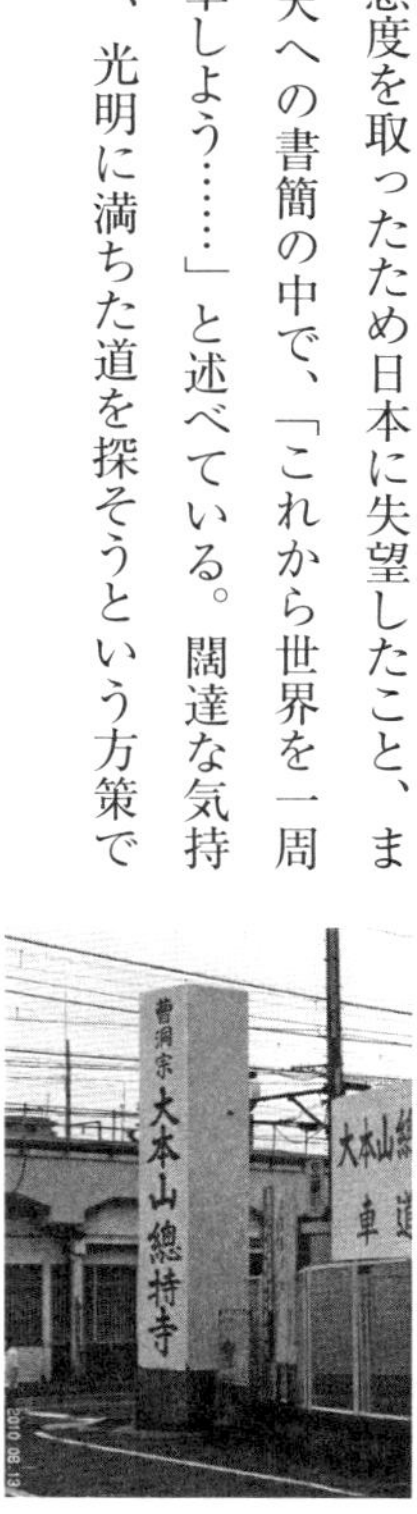

▶大本山總持寺

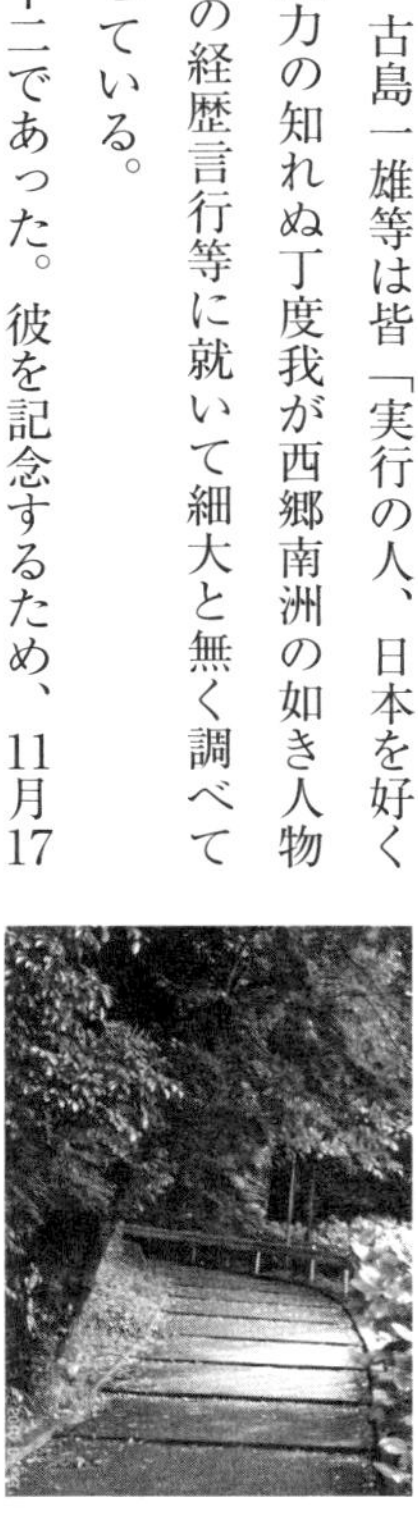

◀手枕坂（鶴見總持寺にて）

日、東京芝区青松寺で盛大な「黄興追悼会」が営まれた。出席者は外務大臣後藤新平、元外相加藤高明、田中義一、秋山真之、犬養毅、床次竹次郎、頭山満、寺尾亨、澁澤榮一、章宗祥公使、其の他政界実業界の諸名士500余名、中に黄興夫人もいた。須彌擅に「中華民国勲一位陸軍上将黄公克神霊」と書いた霊を置き、朱臘の明り辺には黄興の大写真を立て、有志より贈られた花環、盛花が堆高く供えられた。長谷川天顗導師が献茶湯の式を行い、次いで導師の法語朗読、20余名の僧侶の読経、発起人犬養氏の追悼文、寺尾博士の弔文朗読があり、趙氏発起人を代表し来賓に謝辞を述べた。12月7日には、横浜市鶴見区にある大本山總持寺の「手枕坂」で黄興の記念碑の除幕式が行われた。石碑は高さ約2・1メートル、幅0・8メートル。刻まれた「黄君克強之碑」六字は犬養毅が書いたものである。筆勢が枯れていて力強く感じられた。

犬養毅（いぬかいつよし）（安政2年4月20日～昭和7年5月15日（1855～1932））、日本の政治家、第29代内閣総理大臣（1931年 — 1932年）。岡山県出身。政党政治家。父は岡山藩士。慶応義塾に学ぶ。郵便報知新聞の記者として西南戦争に従軍。東海経済新報記者をへて、立憲改進党創立に参画。大同団結運動で活躍。明治23年（1890）第1回総選挙で衆議院議員に当選、以後第18回総選挙まで連続当選。第1次大隈内閣文相、第2次山本内閣逓相をつとめる。大正11年（1922）、革新倶楽部を組織し、13年（1924）加藤高明らと護憲三派内閣を結成、逓相に就任。昭和4年（1929）立憲政友会総裁。五・一五事件で凶弾に倒れた。

黄興石碑の裏には、

▶「黄君克強之碑」（雑草の中）

◀「黄君克強之碑」（裏側）

「中華民国元勛黄君諱興字克強革命之五年丙辰十月三十一日逝於上海之別第距其生清同治

甲戌享垂四十三本邦諸友胥議立石碑并鐫遺墨於背陰以寓永懐之意

無呈世礙天地塵埃

立此偶於総持寺

大正七年十月　犬養毅撰并書」と刻まれたのである。

ところで、總持寺については、鎌倉時代、道元によって日本に伝えられた曹洞宗の寺院として、1321年現在の石川県能登に作られ、翌1322年に総本山となった。しかし1898年の大火によりその伽藍を失ったこと、また明治新政府の発した神仏分離令（1868年）の影響もあり、横浜鶴見に総本山を置くことになり、1907年に移転の官許を得て1908年着工、1911年に移転式が挙行された。總持寺が京浜間に位置していたという利便性も含めて、総持寺ネットワークが横浜に中国の革命家たちを呼び寄せたとも考えられる。總持寺には、「黄興君克強之碑」の他、孫文が書いた扁額「大観」をはじめ、「日本同志援助中国革命追念碑」（1931年、式典には山田純三郎ら出席）がある。また、上海で暗殺された陳其美の追悼会が1916年に總持寺で行われ、それには寺尾亨、頭山満などが出席していた。

一方では、明治・大正時代の社会詩人・民衆詩人の先駆者として高名を馳せた、バイロンばりの情熱詩人児玉花外も黄興に対する哀悼文を書いている。

…

ああ雨か嵐かさりながら男児
君幸に湖南の辺に思ひ切り
蛟龍のやう溌剌跳躍を試み
……
支那の西郷黄興よ
革命の将軍豪傑雲の如し
日本志士仁人霞と巻かん
黄興、君はよき名の持主
黄な手と手握る若葉の季節
我国土は山河も人も手を伸せり
五月の強き男性的の光かがやかす
紅太陽と共に英傑黄興を謳歌はん。
……

児玉は詩の中で、度々黄興のことを日本の明治時代の政治家西郷隆盛に譬え称賛した。花外は、20世紀初頭の中国の社会変動に関心を持ち、大陸の政治家・軍人たちを英雄として歌いあげる詩を頻繁に著している。1913年から1916年にかけ、「孫逸仙に與ふる詩」「亡命客と日本」「奇傑陳其美の死を悼む」「若葉に光輝く黄興君」「蔡鍔将軍来」及び章炳麟・黎元洪・秋瑾と張作霖・袁世凱・胡漢民・蔣介石、また、丸橋忠弥・西郷隆盛など多くの人物に及んだ新体詩を書き、『太陽』『雄辯』『読売新聞』『新日本』『日華学報』『東方時論』『冒険世界』『新公論』などに多数の発表をしている。その間に花外は、『太陽』19巻19号の1913年3月から1922年第28巻第3号までに、合計23篇の中国に関する詩を発表している。他には『雄辯』4篇、『読売新聞』1篇、『新日本』1篇、『日華学報』7篇、『東方時論』4篇、『冒険世界』3篇、『新公論』2篇など計45篇がある。これらの長短の新体詩は、十四連の長詩や四・五言の短詩、また、句数は四句・八句その他と句々、或は、散文詩形式の叙事詩もある。とにかく、形式にこだわらない独特の形式の新体詩である。「孫逸仙に與ふる詩」の冒頭には「大正二年春風に梅花や々綻ぶ所、隣邦の巨人孫逸仙来る。嗚呼多年自由の火の兎は獅子と化り、革命の大塊孫逸仙来る」、また「中国の西郷隆盛―黄興」の中で「支那の西郷黄興よ、革命の将軍豪傑雲の如し、日本志士仁人霞と巻かん」、これらの自由主義、深い正義感、博い人道愛を基調とする詩の中で、自由・英雄・義・侠人・民権・革命といった文字をあえて用い、新しい社会・世界を待望する自由民権を明確にしている。

まさに、人類平等、民権を求める、革命運動を唱えた社会主義詩人児玉花外誕生の宣言書とも言うべき内容の新体詩であり、明治・大正時代の稀有な作品でもある。日露戦争後のナショナリズム全盛時代に、あえて革命の言葉を用いた日本最初の社会主義詩人の誕生であった。これら「革命」を主題とした作品は、花外にとっては最も画期的な作品と言える。この時期の新体詩は、詩人としての花外の生涯、彼の信念、・信条に対する研究にも関わらず、当時の中国革命者の日本での活動に関する貴重な資料にもなっている。

そこでは、花外は黄興のことを中国の西郷隆盛と称賛している。また、犬養毅も、革命組織「華興会」の創立者である黄興を評して「将来、大総統になる器である」と思っていたと語って、日本人同志は彼の包容力と風貌から「シナの西郷」と呼んだ。

前述したように、１９０９年に黄興は、盟友である宮崎滔天とともに鹿児島を訪れ、南洲墓地に詣でていた。

２００７年9月23日、鹿児島市日中友好協会、西郷南洲顕彰会により、鹿児島市と湖南省長沙市の友好都市締結25周年を記念して碑が建ち、鹿児島市西郷南洲墓地公園で「黄興先生南洲墓地参詣之碑」の除幕式が行われた。黄興が西郷の墓前で詠んだ詩が陶板に焼かれていた。黒御影石のスウェーデン産の班レイ岩の台座に貼られた白磁陶板には黄興の略歴が焼き付けられている。湖南省産の白御影石・花崗岩により、高さは敷石部分から主碑まで2メートル40センチ。碑文は以下の通りである。

「黄興先生略歴

孫文と共に中国辛亥革命の代表的志士であった黄興先生は、１８７４年、湖南省長沙市の学者の家に生まれた。性格は寡黙で沈着豪胆、体格も偉大で英雄の風格があり、名文家、能筆家としても有名であった。

１９０２年、選ばれて日本に留学し、東京の弘文学院に入学したが早くから民族主義に目ざめ「華興会」の会長に推挙されるや、孫文の「興中会」と日本で統合を図り、１９０５年「中国同盟会」を結成して、清朝を打倒し、中国の民主化を目ざす革命運動の推進力となった。

▶黄興先生南洲墓地参詣之碑・左は台座の黄興略歴

黄興先生略歴

孫文と共に中国辛亥革命の代表的志士であった黄興先生は、一八七四年、湖南省長沙市の学者の家に生まれた。性格は寡黙で沈着豪胆、体格も偉大で英雄の風格があり、名文家、能筆家としても有名であった。

一九〇二年、選ばれて日本に留学し、東京の弘文学院に入学したが、早くから民族主義に目ざめ「華興会」の会長に推挙されるや、孫文の「興中会」と日本で統合を図り、一九〇五年「中国同盟会」を結成して、清朝を打倒し、中国の民主化を目ざす革命運動の推進力となった。

一九〇九年（明治四十二年）、友人の宮崎滔天の案内で鹿児島を訪れ、ここ南洲墓地を参詣した際、次の詩を賦した。

八千子弟甘同塚　世事唯争一局棋
悔鋳当年九州錯　勤王師不撲王師

黄興先生は一九一六年、志半ばにして上海でその波乱に満ちた生涯を閉じ、後に故山の長沙市岳麓山に国葬を以って埋葬されたが、終生、中国の西郷南洲を自認し、南洲翁の人格と思想に傾倒した。

黄興先生の憂国の至情を追慕すると共に、その出身地、長沙市と鹿児島市との友好都市盟約締結二十五周年に当り、両市の交流が更に深まることを切望して已まない次第である。

2016/11/19

1909年（明治42年）、友人の宮崎滔天の案内で鹿児島を訪れここ南洲墓地を参詣した際、次の詩を賦した。

八千師弟甘同塚　　世事維争一局棋
悔鑄当年九州錯　　勤皇師不撲王師

黄興先生は1916年、志半ばにして上海でその波乱に満ちた生涯を閉じ、後に故山の長沙市岳麓山に国葬を以って埋葬されたが、終生、中国の西郷南洲を自認し、南洲翁の人格と思想に傾倒した。

黄興先生の憂国の至情を追慕すると共に、その出身地、長沙市と鹿児島市との友好都市盟約終結二十五周年に当たり、両市の交流が更に深まることを切望して已まない次第である。

二〇〇七年（平成十九年）九月
鹿児島市日中友好協会
西郷南洲顕彰会」

黄興の七言絶句訳してみると

八千師弟甘同塚　何千という志士　師と同じ墓に眠る
世事維争一局棋　世事の争いはこれ　一局の将棋と同じ
悔鑄当年九州錯　悔やまれることよ　その年の西南の役の敗北

◀西郷隆盛像（東京上野公園にて）

勤皇師不撲王師　　勤皇の志士達　皇軍を破ること叶わず

と、南洲翁と「中国の西郷」黄興に対する精神的、思想的なきずなを回顧し、敬天愛人の精神を称賛、追慕の意が表れ、日本と中国との隣邦関係の友好な誠意が溢れている。

黄興の15年間の革命生涯を振り返ってみると、改めて国事に全力を傾けていたことが分かる。しかし日清戦争以後、英国の代わりに日本が中国を脅かし、山東半島への侵略、二十一ヵ条の要求などによって、中国の反日運動は社会潮流となった。黄興が日本政府に援助を求める戦術は、一時役に立ったものの、しかし中国国民による革命勢力の成長が立国の大本であることを認識しなければ、流れに逆らって舟を進めるように、遠大な理想を実現することは難しいといえよう。

〈参考資料・文献〉
（1）『黄興集』湖南社会科学院編纂、中華書局出版　1981年
（2）李雲漢『黄克強先生年譜』台北・中央文物供応社　1973年
（3）『原敬日記』福村出版社　1965年
（4）黄彦等『孫中山蔵档選編』中華書局　1986年

(5) 萱野長知『中華民国革命秘笈』帝国地方行政学界 1970年
(6) 毛注青『黄興年譜』湖南人民出版社 1980年
(7) 羅家倫『黄克強先生書簡墨跡』台北 1973年
(8) 薛君度等『黄興新論』新華書店 1988年
(9) 馮自由『革命逸史』中華書局 1981年
(10) 上村希美雄監修『夢駆ける−宮崎兄弟の世界へ』荒尾市宮崎兄弟資料館、1995年
(10) 左舜生『黄興評伝』台北 伝記文学出版社 1968年
(11) 林増兵等『黄興研究』湖南師範大学出版社 1990年
(12)『宮崎滔天全集』第4巻 平凡社 1973年
(13) 柏文蔚「五十年経歴」『近代史資料』年第3期 中華書局1979年
(14) 黎東方『細説民国創立』上海人民出版社 1997年
(15)『曹洞宗大本山総持寺』大本山総持寺、1996年
(16) 児玉花外著 岡野他家夫編『社会主義詩集』日本評論社 1949年

蒋介石　―日本軍事学校への留学

清朝末期に登場した風雲児である蒋介石は、中国の歴史に大きな影響を与え、中華民族の存亡にかかわる権力を握り、天下の形勢を一変させた人物であった。

蒋介石（１８８７年10月31日～１９７５年４月５日）は、原名瑞元、譜名安泰、学名志清、字は中正である。浙江省奉化県渓口鎮の塩商人の家庭に生まれた。八歳の時、父が亡くなり、母の王采玉は女手一つで蒋介石を育てた。王采玉は頑強且つ物事に屈しない女性で、蒋介石を厳しく教育、彼女の言伝身教（口で教え、身をもって手本を示す）は蒋介石に強い影響を与えた。蒋介石は六歳から郷塾で四書五経等を学び、儒学思想の教育を受けた。その後、奉化鳳麓学堂、寧波箭金学堂、奉化龍金中学校等に学んだ。その時期は、中国がちょうど近代教育を実施している頃であった。この期間、蒋介石は英語や数学などの「西学」を学ぶ。特に、箭金学堂では、開明的な恩師顧清廉から「富国強兵」という国策や「孫子の兵法」、また、孫文の革命思想も学ぶ。顧清廉は蒋介石に、留学し軍事を修得することを勧めた。箭金学堂での学習は、蒋介石の人生に大きな影響を与えた。

蒋介石は日本に留学し、軍事を学ぼうと決心したとき、親戚には強く反対されたが、母親

▶民国総統の蒋介石

◀台北の蒋介石記念館

は一人彼を支持し、費用まで工面した。1906年4月、19歳の蒋介石は初めて日本に渡る。この渡日の目的は、東京振武学校（しんぶがっこう）留学を経過した後、陸軍士官学校で学ぶことであったが、保定陸軍速成学堂の関係者以外は振武学校への入学を許可されていなかったため、東京の語学学校清華学校で8ヵ月日本語を学んだ。その後、所用で国に帰り、この時に保定通国陸軍速成学堂入学の学生試験に合格、入学した。

当時、軍事を学ぼうとする中国留学生は、ほとんどが陸軍士官学校を希望したが、入学することは他の大学や専門学校よりもずっと難かしいことであった。その原因は主に、清政府が留日軍事学校の人数を厳しく制限していたことにあった。「日本の各学校への留学生派遣人数は、農学・工学・商学など実業学科及び文科・医科には人数限定はしないが、政治・法律及び武備（軍事）三科目の留学人数は毎年若干名に制限する。特に武備は官僚しか派遣しない」としていたからである。つまり、私費生は除かれること、また陸軍士官学校留学に於ける順序は、第一に予備教育段階としてまず成城学校で学び、次に振武学校で学ぶ。第二に正式教育。予備教育を終え、士官候補生となり、下等兵と下士の訓練を受ける。その期限は半年ないし一年とする。第三、後期教育。候補期の訓練を終え、下士の資格を得てから、正式に士官学校の授業を受ける。期限は一年或いは一年以上とする。第四、士

▶振武学校留学時の蒋介石
▲東京振武学校跡地の現状
跡地（現：東京女子医科大学）
現　新宿区若松町二番
旧　牛込区若松町三十三番地陸軍用地内

官見習。士官生卒業後、希望により再び聯隊で実践訓練を受ける。期限は三ヵ月から半年までで、満期後少尉に任用する、としていた。

これらの規則で蒋介石は「1906年、私は一人で日本に行った。日本の軍事学校に入学したいが、半年経ってもできなかった。仕方なく帰国して、保定軍官学校で勉強した。成績が優秀であったので日本に留学することができた……。日本で軍事を学ぶ夢がやっと実現した」と、当時の日本軍事学校留学の難しさと合格の嬉しさを語っている。

1907年春、陸軍省の日本留学公費生試験に合格。

1907年春、再び東京に赴き、振武学校に入学、十一期生となった。日本に着いて間もなく、彼は前回の留学中に知り合った革命党の陳其美の紹介で、中国同盟会に参加している。

この振武学校は1903年7月、清朝政府と東亜同盟会が、福島安正少将の提唱により、専ら日本の陸軍士官学校、また陸軍戸山学校に入ろうとする清朝からの留学生ための予備軍事教育を目的として、牛込区市谷河田町33番地の陸軍省付属地に設立し、東京振武学院とも呼ばれた。その前身は1900年、「知・仁・勇」を備えた男子を育成する目的とする成城学校である。修業年限は当初1年3ヵ月、後に3年に変更、それぞれ5ヵ月ずつの3学期制をとった。学生は官費生に限られ，清朝は中国各地から18歳～22歳の若者を毎年100名派

▲蒋介石旧居　現　新宿区新宿七丁目二十六番

▼高田駐屯地（新潟高田）

遣し、入学させることとなった。著名な卒業生には蒋介石の他、蔡鍔、陳独秀、唐継尭、李烈鈞、孫伝芳、張群、何応欽等がいる。

当時、蒋介石は現在の新宿区新宿七丁目二十六番地に住み、ここから振武学校に通う。また豊香園（現　植物園敷地）内にも下宿している。

蒋介石はこの学校で、予備教育である日本語の他、典礼教範、歴史、地理、算術、代数、幾何、三角法、物理、化学、博物（動物、植物、礦物、生理衛生）、図画、体操等の教科も履修しなければならなかった。しかし蒋介石にとって、この三年間の学校生活は、現代科学文明の教育を受ける最初の経験となった。

ところで、当時の陸軍士官養成の制度によると、陸軍士官学校に入学するには、事前に一年間の入隊経験が必要であった。

１９０９年11月、蒋介石は振武学校を卒業し、12月に張群らと共に陸軍士官学校の士官候補生として新潟高田の日本陸軍第十三師団野砲兵第十九連隊へ入隊、隊付将校として一時期、実習を受け、在籍していたが、辛亥革命が勃発すると帰国して革命に参加する。10月30日に上海に着いた彼は、杭州での蜂起に参加、その後陳其美と行動を共にする。結局蒋介石は、陸軍士官学校には入学できなかった訳である。

中国の学生が来日し軍事学を専攻することは、当時の一種の流行現象であった。それは、日清戦争で敗れた清政府が、一層日本の軍事に注目したからである。日本外務省の記録によれば、１８９５年から１９００年まで、中国の視察団が九回日本を訪問しているが、そのう

▶高田連隊時代の蒋介石

◀第13師團蒋介石の記録

ち約半分が軍事学校・軍事組織・軍隊などの考察を目的としている。視察者たちが書いた『東遊日記』の八編のうち、五編が専ら軍事に関することに費やされている。例えば孫詒讓は、兵事と学事とは密接な関連があるとし、「興学と治兵は互いに依存しており、日本が東亜で強くなったのは、学校の隆盛と武力の強化が応じたからである」と指摘した。また丁鴻章は日本の徴兵制と軍事教育制度に賛成した。「日本の軍人は皆学校から徴募し……民間の子弟は二十歳になれば軍隊に入り、兵種はそれぞれの学校の教育により、歩・騎・砲・工・輜重等の最も適った部署に配属される。入隊の資格は小学校卒業、或いはそれ以上の教育を受けた人々を前提としている。とにかく、徴兵は各学校卒業生から選んでいる」と、徴兵制度は学校教育と密接な関連があることを唱えた。いずれにせよ、軍事・武器で「国強」を求め、日本の軍事・教育を学んだうえで日露戦争後における一種の軍国主義思想教育への道へと踏み出したのである。

一方、蒋介石は日本の武士道について次のように語っている。「……日本人は『忠君愛国』『義侠』の武士道精神を持つ。義侠を学び、生死を軽く見て、忠孝を尽くし、国家を愛し、民族を守ることによって東アジアの覇権を取ることができたのである」と、日本が強盛に向かった原因の一つを分析している。また、「中国の儒教の根本的な精神と言えば、忠・孝・仁・愛・信・義・和・平の八徳があり、その治国の綱としては礼・義・廉・恥であり、一方、軍人精神は智・仁・勇であるが、その核心は『仁』である。しかし日本の武士道は中国固有の道徳の核心を認識せず、『仁』を忘れ、ただ『智』と『勇』だけを取った。しかも『勇』

を『熱血の勇』しか取らず、『礼儀の勇』を否定した」と、中日の儒学に対する理解の相違を分析している。おそらくこの認識も、蒋介石の陸軍士官学校における実践経験と関係したであろう。

蒋介石は高田で一年間の軍事訓練を受けた。彼は当時の生活についてこう語った。「高田の冬は大変寒いが、どんなに寒くても、毎朝五時に起床しなければならない。起きてから、井戸の水、或いは雪で体を摩擦する。それから厩舎に行って、馬の全身を稲わらで一時間ぐらい摩擦してやると、自分の体も温かくなるし、時には、汗も出る。馬に餌や水をやり終えてから、朝食をとる。飯の上に二、三枚の大根の漬物或いは一枚の塩漬魚（だけ）で、野菜や豆腐、肉などは、日曜日しか食べられなかった。また、食事の量も制限されている。最初、皆飯が足りないと言ったが、二週間経ったら慣れた」。また、日本軍の質素耐乏精神もよく部下に教育した。

蒋介石の日本留学は、前後四年にわたるが、この四年の間、彼の軍人としての体、特に意志の強さを練磨し、国家の軍隊を強力にするため、国家や上司の命令には絶対に服従しなければならないという一種の「信仰」の政治的訓練を受け、そしてそれが軍人として最も重要な基本的な資質であることを体験した。彼の鋭い観察力によって、日本から正式な軍事教育以外のことを多く学び、それを活かして、中国の軍制・学術の基礎を築き上げたのである。

１９２７年、来日した蒋介石は留学当時の陸軍第十三師団師団長であった長岡外史を訪問し、野砲第19連隊へ軍事留学で受けた厳しい軍事教育に感謝し、自筆した「不負師教」（師の教え

▶第13師團旧跡

不負師教

蒋中正

◀「不負師教」題辞

にそむかず）の掛け軸を長岡に贈った。

台北にある中正記念堂（蒋介石記念館）の「蒋公大事年表」はこの渡日を「公（蒋介石）参加革命運動之始」としている。

蒋介石の高田の第十九連隊における生活と性格について、楊樹標は「五名の中国留学軍官が第十九聯隊に派遣された。彼らは皆優秀であった。大砲の構造や附属品など、詳細に研究している。しかし蒋介石に厩舎の掃除をさせると、すぐ悲憤の表情が現れた。しかし軍隊の規則というものは、すべて指揮官の命令に従わなければならないので、やむなくやっていた」、「蒋は普段あまり話さなかった。特に目立つことはなかった」と記載している。しかし次の一篇の詩は、蒋介石の粘り強さと不屈の性格、そして偉大な志を表している。

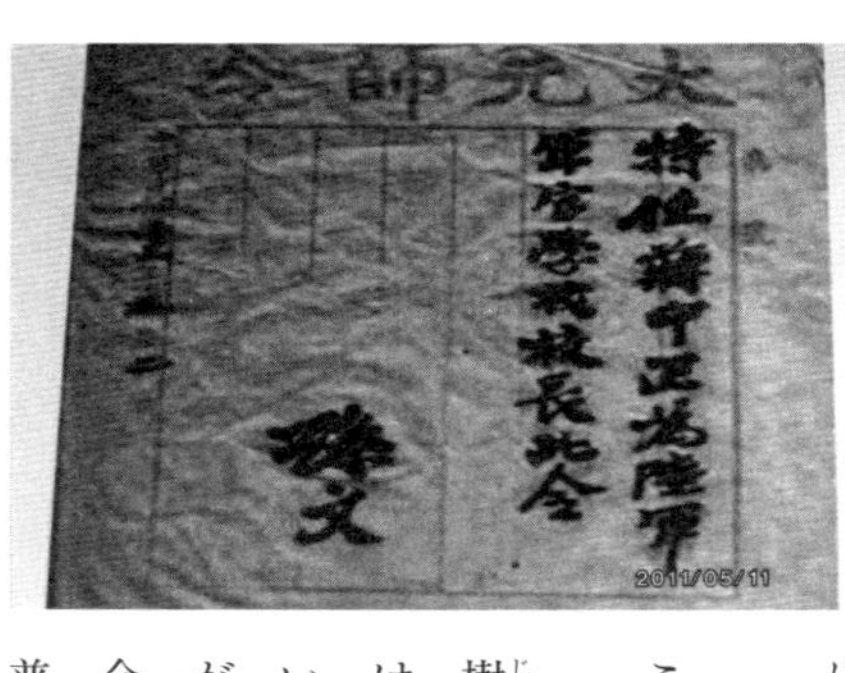

▲孫文による陸軍軍官学校校長特任状

騰騰殺気満全球　　殺気は世界にみなぎり
力不如人万事休　　才能、力が人に及ばなければ万事休す
光我神州完我責　　わが国を振興するは、我が使命
東来志豈在封候　　日本への留学はあに封候のためならんや

▲黄埔軍官学校の開校式（1924年6月）（右から宋慶齢・総理孫文・校長蒋介石・党代表廖仲愷）

蒋介石は「私はいつも日本軍の尽忠報国(じんちゅうほうこく)の精神を心にかけており、また日本人の親孝行・尊師・義侠などを尊崇している」と言ったが、しかし、日本の軍事学校や軍隊の上下等級の差別と暴力、そして、伝統的尚武精神と大和民族優越思想をも批判したのである。

彼は陳其美を通して在日の孫文と知り合い、同盟会に入会した。これによって彼の人生は大きく変わる。1911年10月30日、長崎から上海に戻り、杭州の武装蜂起を指導、それをスタートとして波瀾万丈の軍事家・国民党最高指導者としての人生が始まったのである。母親は蒋介石に「毋以家事為念」、つまり、「家のことは心配すべからず」という一通の手紙を送り、再び彼の事業を援助したのである。

一方、中国の近・現代において、軍官学校として最も有名なのは保定(ほてい)軍官学校と黄埔(こうほ)軍官学校であるが、保定軍官学校の校長は日本陸軍士官学校の第三期卒業生の蒋百里(しょうひゃくり)である。黄埔軍官学校は中国国民党の陸軍軍官学校。1924年6月、ソ連の援助の下に、孫文を総裁，蒋介石を校長として広州郊外の黄埔に設立された。蒋介石は、軍官学校を中心とする党軍を掌握し、国民政府内における自己勢力を形成していくのである。

▶陸軍軍官学校（広州長洲島にて）

黄埔精神　蒋中正題

◀蒋介石「黄埔精神」

〈参考資料・文献〉

（1）戴逸『中国近代史通鑑』紅旗出版社　1997年

(2) 陳布雷『蒋介石先生年表』 台北 伝記文学出版社 1978年
(3) 黄仁寧『読蒋介石日記』 台北 時報文化出版社 1994年
(4) 『先総統蒋公思想言論総集』「革命哲学之重要」 国民党中央委員会 1984年
(5) 外務省外交資料『外国官民及朝・満視察雑件』「清国之部」 明治31年9月20日
(6) 朱寿朋『光緒朝東華録』 中華書局 1958年
(7) 森下修一『国共内戦史』 三州書房 1970年
(8) 李敖『蒋介石研究』 華文出版社 1988年
(9) 楊樹標『蒋介石伝』 団結出版社 1989年
(10) 『史学雑誌』 黄福慶「清末における留日学生派遣政策の成立とその展開」 1972年
(11) 中国第二歴史当档案館編『蒋介石年譜初稿』 北京档案出版社 1992年

柏文蔚　―長崎の「龍吟橋」と「無字之碑」

柏文蔚（１８７６年６月８日～１９４７年４月26日）中国安徽省鳳陽府寿州南柏家寨で私塾教育の家庭に生まれた。字は烈武、号は松柏居士。中国国民党政治家・軍事家である。

幼い時から儒学教育の薫陶を受け、科挙試験で秀才になった。その後、康有為・唐才常の変法思想に傾き、儒学から新学に向かった。１８９９年から１９０３年まで求是学堂（後、安徽大学堂）で学習、途中退学し、安徽武備学堂に転校し、１９０４年卒業した。１９０５年、同じ安徽省出身の陳独秀と一緒に反清の革命秘密団体「岳王会」を組織し、革命運動を行った。のち南京分会の会長となった。同年９月、蕪湖の安徽公学で教壇に立った。江南新軍第九鎮新兵の隊長になり、同年の冬、孫文の中国同盟会に参加し、南京革命の活動に身を投じた。その後、吉林省の馬歩隊総教習・新軍第一鎮鎮統・奉天督練公所参謀処の二等参謀などを経て、１９１１年辛亥革命の中で張勲軍との戦闘を指揮した。中華民国誕生後、陸軍第一軍の軍長、のち安徽都督兼民政長に就任した。

柏文蔚の記念碑などが日本に残ったのは、袁世凱を打倒する第二次革命失敗の後、日本の長崎に亡命していたからである。

▶将軍柏文蔚

1913年、袁世凱は上海で宋教仁を暗殺し、4月「善後大借款」を行い、『中華民国臨時約法』を破って独裁体制を築こうとした。更に、それに反対する三都督、江西の李烈鈞、広東の胡漢民と安徽の柏文蔚を解任した。1913年7月、袁世凱を打倒する武装蜂起が起こった。いわゆる第二次革命である。しかし国民党内において、意見の分裂と武力の劣勢等により、僅か一ヵ月余りで鎮圧された。孫文は東京へ、柏文蔚は八幡丸で上海から長崎に、分散して亡命したのである。

柏文蔚が長崎に着いた時期については多説あるが、日本の外交文書、乙秘第一三六〇号（9月28日）によれば、「柏文蔚は8月29日に上海を離れ、30日に長崎に到着。9月6日京都に行き、柊屋に泊った。9月14日に長崎に戻り、福島屋に泊った」と記録されている。また、長崎に亡命したのは四十三名、柏文蔚については前安徽都督、元南京司令官として注目し、また彼と白逾桓（はくゆかん）・李雨霖（りうりん）の三名は「特に重要な人物」と記載している。

柏文蔚は長崎に潜入している間、居所を転々と変えている。柏文蔚の「五十年経歴」と外交文書の記録によれば、長崎南山手・浦上山里村など何ヵ所かになっている。縄田（旧姓下見）順子氏の「カルルスの頃」によると、柏文蔚は彼女の祖父が経営していた「カルルス」という茶屋に滞在していたことがある。「大正三年頃、孫文の同志の一人、柏文蔚という青年が長崎に亡命し、カルルスの庭園の茶屋に半年間ほど滞在した」と書かれているのである。

筆者が長崎で調査のとき知り合った陳東華氏（孫文研究家、泰益興産株式会社社長）には、長崎には柏文蔚に関する石碑があったということを教えて頂くと共に、現地での調査も手配し

▶旧「カルルス」茶屋の跡

て頂いた。その石碑の調査で意外な事実が判った。石碑は下見直哉氏（長崎大学生涯学習教育研究センター研究員）の自宅の庭にあり、「龍吟橋」三字が刻まれている。下見氏の話によると、柏文蔚は大正三年の初夏、祖父の伊太郎氏が経営していた中川町の「カルルス」という茶屋に逗留したのは二ヵ月ほどだったという。これは、下見直哉氏の父上が生前それについて、確かに二ヵ月ほどと回想して録音しており、その録音テープを下見直哉氏はずっと保存しているという。茶屋の庭園と本館を結ぶ一本の橋があり、柏文蔚はこの朱塗りの木橋を特に愛し、「龍吟橋」と名付けた。中国では赤色は最もめでたい、縁起がよい意味と考えられている。おそらく、異国に亡命している柏文蔚はこの橋を見て、昔は「龍」にたとえられた祖国のこと、自分自身も臥薪嘗胆している臥龍と自負し、そして、何時か龍のように海を飛び超え、祖国のために戦い続ける志を示していたのだろう。下見氏の祖父は、柏文蔚が将来衆を抜きん出る人材に間違いないと信じて、柏文蔚自筆の「龍吟橋」三字を刻んだ石碑を建てたという。

　更に、もう一つ「無字之碑」があるが、それは柏文蔚が手柄を立てて名をあげたとき、彼の功績を刻むためにと下見氏の祖父が用意されたもの。また、『カルルスの頃』の著者である縄田順子氏は下見氏の姉上であり、下見家三世代はこの「龍吟橋」の石碑を保存してきた。「祖父からずっとこの石碑を大事にしてきたので、きっと重要な意味があるのではないかと思い、引越しの時も、必ず碑を一緒に移していた」と下見氏は語ってくれた。下見氏の自宅から少し離れている市内中川町にある「カルルス」茶屋の旧跡で、「無字之碑」を見た。静

▶「龍吟橋」記念碑（右より下見氏、彼のいとこ、筆者）（於　下見氏の自宅庭）

◀無字之碑

かな小川の傍にある。場所は、長崎の名所のひとつ眼鏡橋が架かる中島川の上流の長崎市中川町。この眼鏡橋は、1634年、興福寺の黙子如定禅師により架設された。川面に映った影が双円を描き、「メガネ」に見えるため、この名前がついたと言われている。橋は長さ22m、幅3・65m、川面まで高さ5・46mで、日本初のアーチ式石橋として有名、「日本橋」「錦帯橋」と並び日本三名橋に数えられる。1960年に国の重要文化財に指定された。

　この眼鏡橋の川岸に沿って、かつて「龍吟橋」と呼ばれた八幡橋がある。この地域は、カルルス中川と呼ばれ長崎の桜の名所だった場所で、カルルスとは、明治の中期に名づけられた。

　高さ約1・8メートルの碑は、九十年近い風霜を経て、依然として無字ではあるが、時代の風雨と変遷の跡がこの碑に深く刻み込まれ、そして、中日両国の切っても切れない縁を立証しているかのようであった。

　一方、柏文蔚は長崎に滞在した間、孫文や黄興らとの連絡のため、たびたび東京に行った。

　1914年7月、日本亡命中の孫文は東京で国民党を改組して中華革命党を組織したが、「党員になる者は全て自分の指示に従わなければならない」と極端な要求をした。そのことについて柏文蔚は、「孫中山は東京に着いた後、革命失敗の原因を反省し、国民党を中華革

▲八幡橋
◀眼鏡橋

命党へと組織すると決め、国民党員に自分に服従する誓いを要求し、更に拇印をも要求した。黄克強を始め、他の人もそれに反対した……」と、孫と黄の意見の分裂を書いている。孫文は当時、黄興に次のように言っている。「二年間、私に全責任をまかせてくれ。失敗したら、あなたに譲る」と。柏文蔚は「私は孫と黄を仲直りさせることが自分の任務だと思った。……克強はどうしても押印は承諾できないと強く強調した。それからまもなく、アメリカに発って行った。……私は彼らと別れて長崎に帰った」と、つらそうに「五十年経歴」の中で書いている。また、「日本の朝野は中国の革命党人士に次第に冷淡になってきた。克強もアメリカに行ってしまった。……長崎南山手にいるのは、私と白楚香二人だけである。やはり南洋に渡ろう」とも書いてあり、そこに柏文蔚の失望、悲愁が読み取れる。そして1915年5月26日、悲しみを抱いて南洋に向けて長崎を発ったのである。

柏文蔚の一年九ヵ月の長崎滞在は苦悶の日々ではあったが、下見氏のところに残った「龍吟橋」三字のように、「臥龍」の志を持った彼は革命の挫折に屈することはなかった。その重い困難を乗り越え、南洋で軍費を調達するため、「水利促成社」という組織をつくり、1915年年末に中国に戻ったのである。

下見氏の祖父が見込んだとおり、柏文蔚はやはり「龍」であった。帰国後、彼はただちに反袁世凱運動に投じた。彼の魅力と胆力、見識、威望は蔡鍔（傑出した軍事家。護国運動の指導者）が彼に宛てた一通の電文から知ることができる。

1915年12月、袁世凱の帝政を打倒するため、蔡鍔は雲南で独立し、護国軍をつくって第三次革命を起こした。柏文蔚の力を借り、軍費調達を依頼するため12月25日、「致柏文蔚電」を送った。その中で彼は、「……かつて先生の威望は山のように重く、義は雲のように高く、海内の豪傑と称されている。先生が全国に呼びかければ、必ず大勢の人が一斉に起ちあがる。今、先生に南洋における金策総代表のご就任と軍費調達をお願い申し上げます……」と、崇敬な気持ちと信頼を表している。

　柏文蔚は、1917年孫文の護法運動に参加し、20年鄂軍（湖北省軍）の総司令官に就任、革命の前線で活躍した。1924年と26年、二回に亘って中国国民党の中央執行委員に当選、26～28年、国民革命軍第三十三軍の軍長として北伐に真っ先に進攻した。その後、地方委員から中央執行委員や中央政治会議委員を連続して勤めた。功なり名を遂げたのである。1947年4月26日に心臓病のため、上海の南洋病院で死去、享年七十一。下見氏の祖父の、柏文蔚の名前と功績を「無字之碑」に彫り込もうという意に叶う彼の生涯であった。何時の日か、この「無字之碑」の由来が天下に知られるものと期待している。

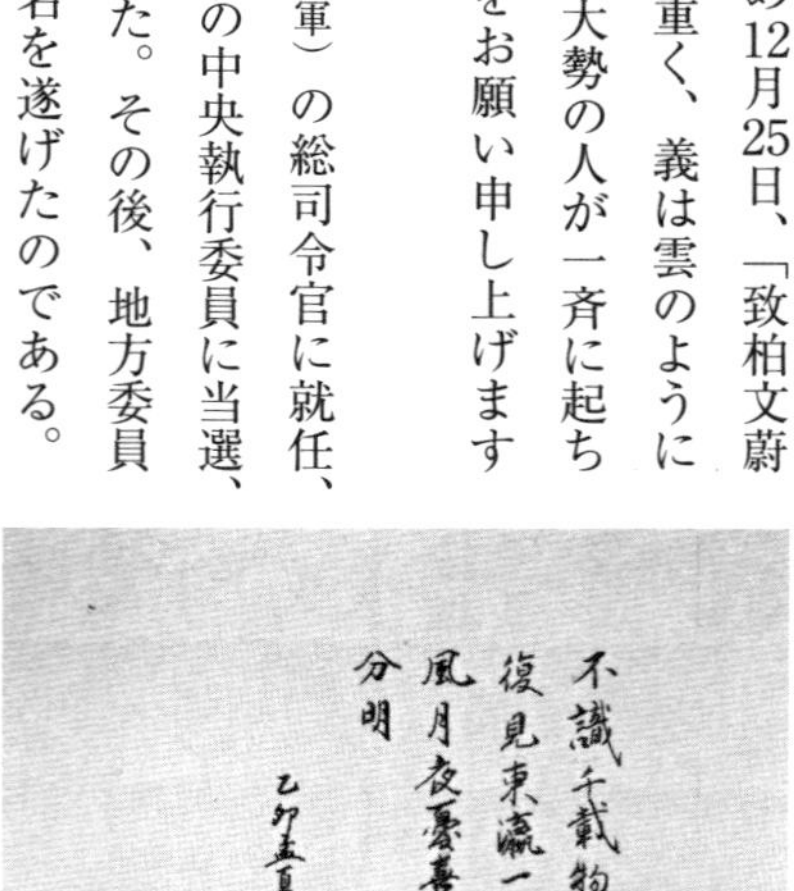

　ところで2002年3月、下見直哉氏から一通の手紙と「柏文蔚題」という漢詩が筆者のもとに届いた。詩体は五言絶句である。内容を見てみると、

不識千載物，　千載の物事を知らず、
得復見東瀛；　再び日本と相見えることができた
一曲風月夜，　一曲奏す風月の夜、

▶柏文蔚の詩

憂喜写分明。　憂いも喜びも脳裏に去来する。

乙卯孟夏柏文蔚題

（乙卯は干支の1915年、孟夏は陰暦四月）

日付は乙卯（きのとう）孟夏。乙卯は1915年、孟は季節の初めの月、孟夏は旧暦の4月、西暦の5月頃である。その日付からみれば、1915年5月頃、ちょうど柏文蔚が南洋に発つ直前に書いたものである。

柏文蔚はこの長崎出立の直前、友人、川原家で碁を打ち、漢詩を書いた。この五言絶句は、長崎への惜別の意味合いがありながら、全革命いまだ成り得ずという惜年の思いを表したのである。漢詩の墨跡された琵琶は、2011年10月1日～2012年3月25の長崎歴史文化博物館開催された「孫文・梅屋庄吉と長崎～受け継がれる交流の架け橋～」特別企画展に展示された。この詩の書かれた写真の琵琶の漢詩について、上西山町にお住まいの松島夫人は琵琶に書かれた詩の由来について、次のように語った。

「昔孫文が中川町の実家である川原家に来て祖父と碁を打っていたが、漢詩の墨跡はその時に書いてもらった、と聞いています。」と。

確かに、柏文蔚の『柏烈武五十年大事記』によれば、1915年（民国4年）5月、日本の（対華）二十一ヵ条の要求を突きつけられた袁世凱がそれを受け入れたことを知り、日本に亡命した黄興、李烈鈞らと共に袁を非難する態度を表明する。その直後に孫文の「中華革

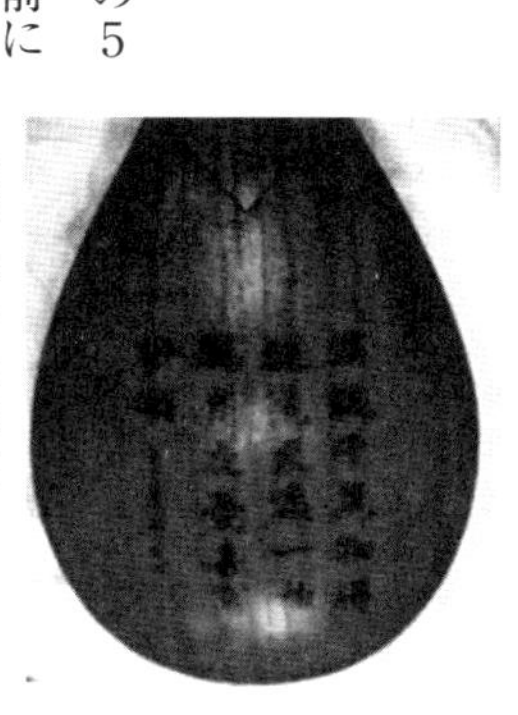
▶琵琶に書かれた詩文

命党」組織に参加、同5月下旬には、反袁革命運動の募金のため日本から出発、南洋に向かった。

碁を打ちに来ていたのは、孫文の盟友である柏文蔚であった。この琵琶の存在は、まさしく亡命革命家と長崎市民の親しい交流を証明する貴重な記念品となっている。

柏文蔚の住居は、南山手と山里村以外にもあって、中川町のカルルス温泉にも半年間滞在していたという回想の記録（縄田順子「カルルスの頃」）があり、実際そこには、柏文蔚が揮毫し、名前が刻まれた「龍吟橋」の石碑が残っている（現在は鳴滝に移設）。彼はしばしば、このカルルス温泉を訪れている。

当時、１９１３年（民国2年）5月、柏文蔚は湖南都督譚延闓、江西都督李烈鈞、広東都督胡漢民と連名で、袁世凱に対して善後大借款に反対する電報を打った。これにより6月、袁は柏・李・胡の3都督を罷免し、あわせて軍を南進させた。7月、柏ら反袁派の都督は省の独立を宣言、挙兵した。これが二次革命（第二革命）である。しかし、まもなく反袁派は敗北し、柏は日本へ逃亡した。１９１４年（民国3年）、中華革命党に入党する。１９１５年（民国4年）12月に護国戦争（第三次革命）が勃発すると、柏文蔚は南洋で護国軍のために資金募集に従事した。

その時、孫文と黄興との主張が分裂し、黄興は孫文の中国革命党への参加を拒否して日本を離れた。そして柏文蔚が一生懸命に二人の仲をとりもとうとして失敗した。二人の間に立った柏文蔚の立場は非常に辛いものがあった。そのうえ、革命同志たちがばらばらになってしまい、まるで万丈の失望の深淵に落ちてしまった、その時に、この一曲の詩を書いたのである。その風月の夜に「憂」を抱いた柏文蔚の心情はどんなに憂え、悩んでいたことであったか。結語の「分明」は、当時の革命の失敗で迷路に陥った革命党人に道を指示そうとした、柏文蔚の気持ちを表明したかったものでもあろうか。

その後、1918年（民国7年）10月、孫文が護法戦争を発動すると、柏文蔚はこれを支持し、靖国軍川顎聯軍前敵総指揮に任命された。1921年（民国10年）5月、総統府顧問に任命される。1924年（民国13年）1月には北伐討賊軍第2軍軍長となり、この月に、中国国民党の中央執行委員にも選出されている。孫文死後の1926年（民国15年）8月、国民革命軍第33軍軍長に任命され、安徽省各地を転戦した。1927年（民国16年）4月12日の、蒋介石による反共クーデターでは、柏文蔚はこれを非難する声明を発した。9月、寧漢合流後に、第33軍軍長を罷免され、国民政府委員に異動する。1947年（民国36年）に引退し、同年4月26日に柏文蔚は上海で死去した。清貧な生活を余儀なくされ、困窮の中での病没であった。享年72。

〈参考資料・文献〉

（1）陳錫璋『細説北洋』伝記文学出版社　1971年

(2) 朱来常等『北洋軍閥と民国将領』安徽人民出版社　1981年
(3) 黎之供「黎之供致四都督及黄興電」『黄興集』中華書局　1981年
(4) 孫文「致黄興函」『孫中山全集』中華書局　1984年
(5) 外交文書「支那亡命者の旅行に関する件」1914年8月7日
(6) 張雷「柏文蔚年譜簡編」『民国档案』1986年
(7) 毛注青「致柏文蔚電」『蔡鍔集』湖南人民出版社　1983年
(8) 中国社会科学院近代史研究所『民国人物伝』第12巻「柏文蔚」劉敬坤中華書局　2005年
(9)『長崎日日新聞』1913年9月2日~16日「柏文蔚の通過」
(10) 楊松等『中国近代史資料』三聯書店香港分店出版　1979年
(11) 徐友春『民国人物大辞典』増訂版　河北人民出版社　2007年
(12) 白蕉『袁世凱與中華民国』文星書店　1962年
(13) 外交文書「支那亡命者一覧表」1913年11月18日
(14)「在長崎支那亡命者現在調」1914年4月25日
(15) 柏文蔚「五十年経歴」『近代史資料』第3集　中華書局
(16)「支那革命党集会の件」1914年8月20日
(17) 縄田順子「カルルスの頃」『白桃』133号　1996年5月
(18) 劉寿林ら『民国職官年表』中華書局　1995年

蔡鍔　―将軍の日本留学とその死

中華民国初期の将軍・政治家蔡鍔（さいがく）は、時務学堂に学び，日本の陸軍士官学校に留学。帰国後、雲南歩隊の協領（旅団長）となり、辛亥革命では武昌蜂起に呼応して新軍を率い、全雲南を平定。辛亥革命後、中華民国の政権を守り、袁世凱（えんせいがい）の帝制政治に反対するため、1915年12月、雲南の独立を宣言し、袁世凱打倒の討袁護国運動を起こした。まさに時代の風雲児となった、中国の近・現代史における偉大な存在である。

蔡鍔（1882年12月18日～1916年11月8日）、原名は根寅（こんいん）、字は松波（しょうは）。湖南省邵陽県の農業と裁縫を業とする家庭に生まれ、六歳から私塾に通って伝統的な教育を受けた。天稟に恵まれた蔡鍔は、十四歳で科挙試験を受け、生員となった。

彼の軍人としての生涯に大きな影響を与えたのは梁啓超（りょうけいちょう）である。梁啓超（1873年2月23日～1929年1月19日）は中国近代思想界の先駆者でありジャーナリストである。1898年、湖南省長沙の時務（じむ）学堂に入った蔡鍔は、民権・共和主義を提唱する主任教員梁啓超の強い影響を受けた。しかし戊戌（ぼじゅつ）の変法に失敗した梁啓超は1899年日本に亡命し、反清政府の人材を養成するため、東京に「大同高等学校」を創立し、彼は蔡鍔に日本への留学を勧めた。

▶蔡鍔

蔡鍔はその誘いに応じ、范源濂（はんげんれん）（後に中国の教育総長、教育行政専門家）と一緒に日本に渡り、大同高等学校に入学、続いて横浜の東正商業学校に学んだ。1900年秋、蔡鍔は唐才常の自立軍蜂起に参加のために帰国したが、蜂起は失敗した。国内での一連の蜂起の失敗に蔡鍔は、封建的清朝を打倒するために重要なのは人材だということを痛感した。そこで彼は日本の軍事学校に入学し、近代的な軍事知識と実力を身につけ、祖国を救おうと決意した。

1901年、陸軍士官学校の予備校である成城学校に入学した。この学校は、1885年、日本陸軍参謀総長川上操六が軍人養成のため創設したもので、1898年に「清国留学生部（しんこくりゅうがくせいぶ）」を設け、最も早く留学生を受け入れ1937年まで続いた。呉稚輝（ごちき）・呉玉章（ごぎょくしょう）・陶成章（とうせいしょう）等もそこで学んだ。

蔡鍔は成城学校で日本語と軍事基礎知識を学び、1902年に卒業、その後連隊実習を経て、中国人留学生の第三期生として陸軍士官学校に入学した。同期で入学したのは、蔣百里（しょうひゃくり）、李烈鈞（りれつきん）らであった。蔡鍔は騎兵科、蔣百里は歩兵科、李烈鈞は砲兵科である。

この日本陸軍士官学校は戦前の陸軍将校の養成機関であり、1874年、東京で開校した。その後、朝霞の予科と座間の本部に分かれて教育を行っていた。この学校は、中国の留学史において重要な地位を占め、多数の中国の軍事家がこの学校に学び、卒業している。例えば、

▲成城学校跡（現成城学校中・高等学校）
旧　牛込区原町三丁目八十七番地
現　新宿区原町三丁目八十七番地

◀陸軍士官学校跡

閻錫山（えんしゃくざん）・張群（ちょうぐん）・何応欽（かおうきん）等もこの学校の出身である。

筆者は調査のため、旧陸軍士官学校本部の跡地である東京市ヶ谷の記念館（防衛省）を訪れた。

1934年、この陸軍士官学校の校舎として、「市ヶ谷1号館」は建設された。現在では防衛省となっている敷地内の建物は、もともと自衛隊駐屯地にあったものを旧防衛庁となる際に移転したものである。この記念館は一号館の一部と講堂を組み合わせて建てたもので、正面には庁舎A棟を中心に庁舎B・C・D棟が左右対称に美しくレイアウトされ、その北側には隊舎・厚生棟・グラウンドが配置されている。市ヶ谷地区の敷地は約23ヘクタールである。庁舎A棟は延床面積11万㎡、地上19階・地下4階、屋上にヘリポートを二面設置している。

一階の大講堂は陸軍士官学校の講堂として作られた。1946年5月3日から1948年11月末までの間、極東国際軍事裁判（東京裁判）の法廷として使われた。床は30センチ角のナラ材約7200枚からなる。そり、ゆがみが出た399枚以外は、創建当時の部材を組み合わせて復元しているという。大講堂には当時の「大本営陸軍部」「陸軍士官学校」などの標札・日本刀・軍服・教科書及び代表的な成績表と卒業証書などが展示されている。それらを見て、複雑な心境になるとともに、これらを戦争の歴史的遺物として保存公開し、悲惨な戦争を二度と繰り返さないことへの教訓として、また貴重な資料としてずっと残してほしいと願った。

▶陸軍士官学校の大講堂

◀大本営陸軍部、陸軍士官学校の標札（東京市ヶ谷　防衛省にて）

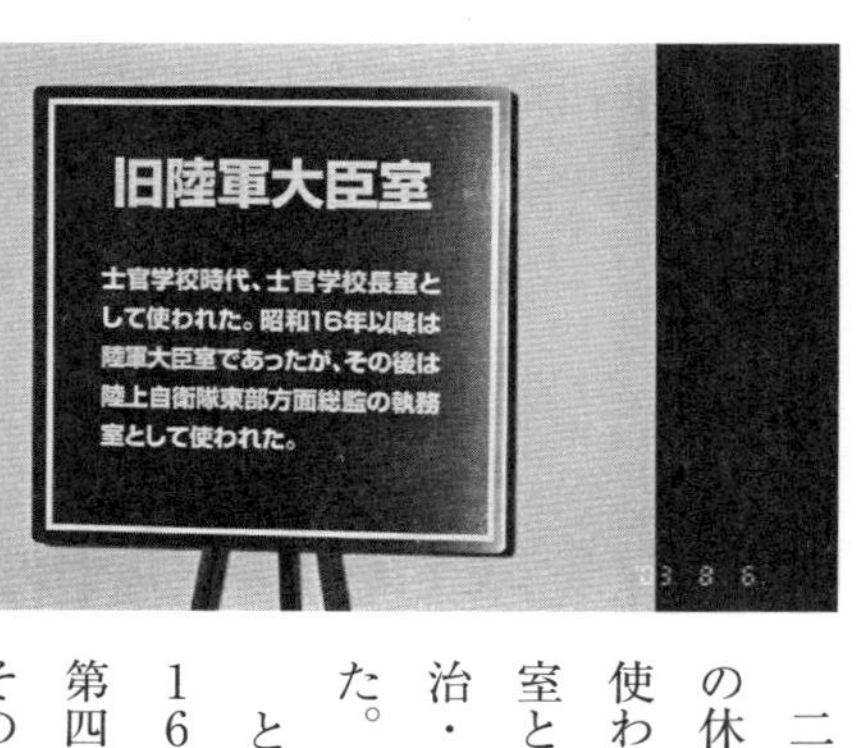

▲旧陸軍大臣室

二階に保存されている「便殿の間」は士官学校時代には天皇の休憩所であった。その後は陸上自衛隊幹部学校校長室として使われた。また「旧陸軍大臣室」は士官学校時代、士官学校長室として使われていた。市ヶ谷記念会館の見学は、日本の明治・大正・昭和及び平成各時期の縮図の一端を垣間見せてくれた。

ところで、この日本陸軍士官学校の変遷を見てみよう。１６５６年、徳川御三家の一つである尾張徳川家第二代光友が第四代将軍家綱より五万坪を拝領し、市ヶ谷に上屋敷を築いた。その上屋敷が明治維新後、尾張徳川家から返上され、１８７４年、京都兵学寮が市ヶ谷に移設された。この年10月、陸軍士官学校条例が制定され、陸軍少将曽我佑準が校長となり現在の市ヶ谷駐屯地に創設された。当時は市谷台と呼ばれ、士官学校の代名詞となっていた。このときの生徒は士官生徒と呼ばれ、十一期まで続いた。教科には戦術学・軍制学・兵器学・築城学・地形学・馬術学・外国語（独・仏・英・中・露）があり、三年で卒業する。１８８７年に学制が変わり、士官生徒は士官候補生と呼ばれるようになり、１９４５年8月、終戦によって解散するまで六十一期生まで続いたのである。それ以前、１９３７年、生徒数が増えたため、本科が座間（現相武台）へ、１９４１年予科が朝霞（現振武台）移り、代わって大本営陸軍部・陸軍省・参謀本部が市ヶ谷台に置かれたのであった。

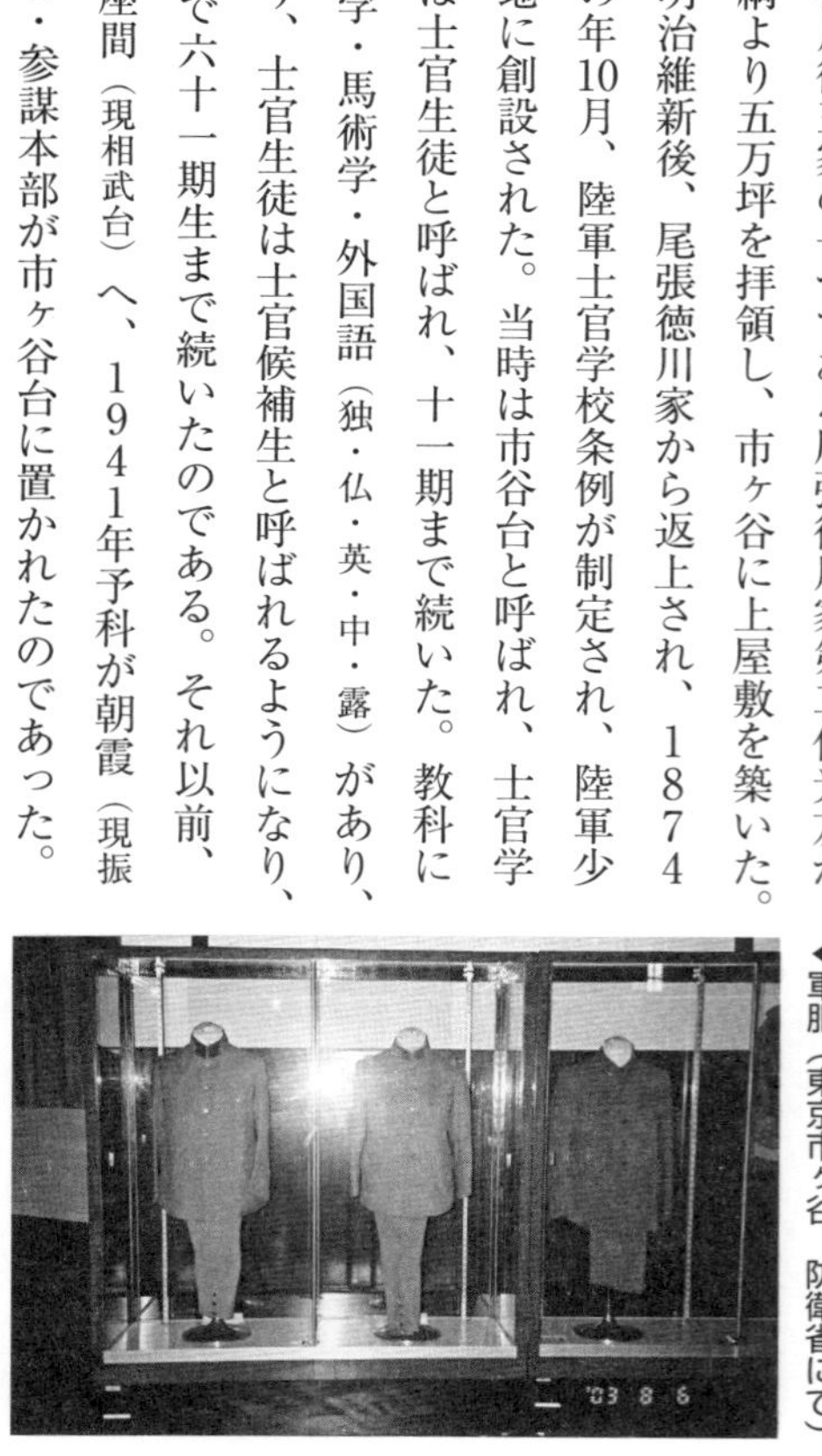

◀軍服（東京市ヶ谷　防衛省にて）

その後ずっと後の平成12年5月には、防衛庁が六本木の檜町から移転して現在に至っている。

一方、他に陸軍に関連のある学校もある。例えば「陸軍経理学校」である。1886年、市ヶ谷河田町の尾張徳川家中屋敷跡に開校され、1889年経理学校とした。学生を監督学生、軍吏学生の二種とし、修業年限は二年になっていた。この学校は1894年の日清戦争のため一時閉校したが、その後再び開校して1945年まで続いた。その跡地は現在の東京女子医大病院と韓国学園になっている。また「陸軍砲工学校」は1889年5月、若松町の旧武家屋敷跡に開校した。砲工兵科の少・中尉を学生とし、砲工兵科の勤務に必要な学術を教授した。1941年8月に陸軍科学学校に改め、教育内容も兵器の近代的科学化に備えたが、1945年、終戦で廃校となった。さらに、陸軍兵務局分室・軍医学校・陸軍戸山学校・軍楽学校などがあった。

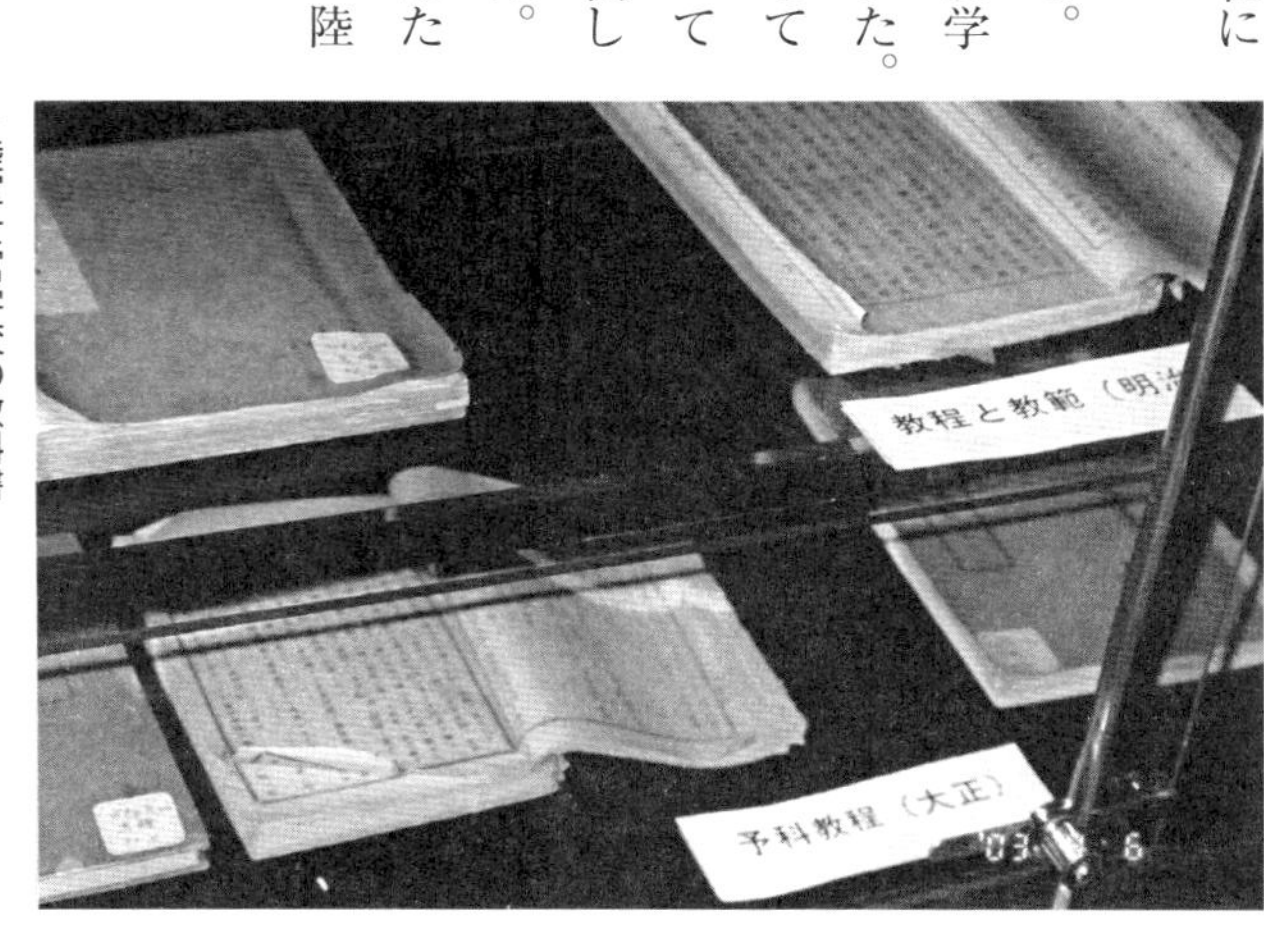

▶陸軍士官学校の教科書

次表は、1900年を第一期とし1934年第三十一期生までの、中国留学生が陸軍士官学校に入学した一覧表である。

日本の陸軍士官学校の中国留学生分科一覧表

兵科 人数		歩兵	騎兵	砲兵	工兵	輜重兵	野砲兵	野戦重砲兵	山砲兵	合計
期数	年									
1	1900	23	4	9	5					41
2	1901	16	2	4	3					25
3	1903	36	12	28	16	4				96
4	1906	37	14	20	9	3				83
5	1907	23	8	11	12	4				58
6	1907	115	24	41	17	8				205
7	1908	28	10	12	5					55
8	1909	28	10	12	5					55
9	1910	30	7	1	1					39
10	1913	13	18	1	3					35
11	1914	6	3	6	2	2				19
12	1917	8	4	4	2	2				20
13	1920	5	2	7	2	2				18
14	1921	4	3	7	3	2				19
15	1922	7	3	7	5					22
16	1923	2								2
17	1924	2		1	1					4
18	1925	21	2		1					24
19	1926	36	6	24	11	2				79
20	1927	78	17	42	16					153
21	1928	39	8	2	8		39	6		102
22	1929	67	12		15		24	10	4	132
23	1930	47	9				26		5	87
24	1931	34	10		17		23		6	90
25	1932	16					8			24
26	1933	8					10			18
27	1934	14					11			25
28	1935	16					11			27
29	1936	13					11			24
31	1942	36	10							46
合計		808	198	239	159	29	163	16	15	1,627

舒新城『中国近代留学史』上海文化出版社　1989年
『中華民国史檔案資料匯編』江蘇古籍出版社等により作成

陸軍士官学校は初級軍事知識を教える学校である。兵科は歩兵科・騎兵科・砲兵科・工兵科・輜重科・野砲科・野戦重砲科と山砲科の八つに分けられている。上表を見ると、中国留学生は歩兵科に入学した者が八百八名で首位を占めている。次いで砲兵科二百三十九名、騎兵科百九十八名であるが、山砲科は十五名、野戦重砲科は十六名で歩兵科と比較すると極めて少なかった。これは、両科の入学が１９２８・１９２９年と大分遅れたことによる。

一方、中国同盟会成立後の二、三年間で、日本陸軍士官学校の留学生は三百人余りに達し、その三分の一は同盟会に参加していた。彼らは帰国後、各省の新軍で下士官となり、新軍全体に革命の種を植え付けることとなった。また彼らは、１９０７年から１９１１年の辛亥革命までの間、多くの武装蜂起で中心的な役割を果たした。

蔡鍔は入校後まもなく、優れた軍事に関する論文、遠大で卓越した見識者として有名となり、同期の蒋百里、張孝淮（ちょうこうわい）とともに「士官三傑」と呼ばれている。１９０２年春、蔡鍔は東京宏文書院に留学していた近代民主革命家黄興（こうこう）と知り合った。同じ湖南出身の黄興と共に「游学訳論」を編集、出版し、日本や欧米の政治・経済・文化・教育・軍事など、あらゆる面について紹介しつつ、清朝の腐敗を批判した。一方で蔡鍔は『軍国民篇』を梁啓超の『新民叢報（しんみんそうほう）』に連載し、その中で「教育は国家の基礎であり、社会の精神でもある。世界風潮の変遷、流れはすべて教育から始まった」と、国民教育の重要性を強調した。

１９０３年秋、蔡鍔は陸軍士官学校を第五位の優秀な成績で卒業、二十二歳であった。

１９０４年初め、帰国した蔡鍔は、江西の随軍学堂と材官学堂の総教習に任命され、その後、湖南の武備、兵目両校の教官を兼ねて湖南兵備処の総督、広西新練軍総参謀長、広西兵備処新軍標統、雲南陸軍第十九鎮第三十七協統などの要職を歴任した。

1911年10月、辛亥革命が勃発し、蔡鍔は11月、雲南軍政府都督に就任し、雲南の最高指導者として全力を尽くした。彼が当時の政治の中心地である南京を遠く離れた原因はいろいろあったが、主なものは恩師である梁啓超ら立憲派との関係が深かったこと、また、孫文らの国民政党一党制にあまり賛成できなかったことも挙げられよう。さらに、蔡鍔は、軍人の参党を禁止すべきであるとして「今、全国の軍人が参党して権力闘争に参加すると、必ず戦争が起きる。国家は覆る危険大である」と主張した。しかし彼の主張は、社会に重視されなかった。

1913年10月、蔡鍔は袁世凱の要請で北京中央政府の陸軍部編訳処副総裁に就任した。

1915年1月、袁世凱は帝政を復辟するため日本の二十一ヵ条の要求を受諾した。その際に蔡鍔は密かに梁啓超と連絡をとり、反袁を約した。

1915年末、病気療養と称して天津の日本共立病院に入り、先ず北京を離れる。数日後、陳儀（蔡の陸軍士官学校時の同窓生）・蒋百里・張宗祥等友人の助けにより、日本を経由、広東・広西の回り道をして雲南昆明に潜行、唐継尭（とうけいぎょう）・李烈鈞・梁啓超等と共に護国軍を組織し第三革命を起こした。蔡鍔は自ら護国第一軍総司令になり、第二軍には李烈鈞、第三軍には唐継尭が就任した。

1916年11月、蔡鍔は「全国同胞に告げる文」を公布した。「袁は不道、皇帝制の復辟

▶日本の二十一ヵ条の要求を受け入れた袁世凱の署名
1915年6月1日

◀護国第一軍総司令になった蔡鍔

▲旧　九州大学医学部附属病院
旧称　九州帝国大学医科大学付属病院

を行い……袁を打倒し、国を救い、われわれは皆心を一つにして共和国をつくろう」と全国に呼びかけた。蔡鍔は第一軍を率いて四川へ前進し、四川省南部の北洋系の軍隊と苦しい戦いを繰り広げた。この雲南の護国運動は中国全土に影響を与え、浙江・広東・江西等が独立の動きを見せることにより袁世凱は次第に四面楚歌に孤立していき、1916年6月、悲憤のうちに没したのである。

しかし、蔡鍔は、長年の馬上生活による疲労から、咽喉疾患が急速に悪化していた。1916年7月20日と22日、梁啓超に二回電信を送っている。「……咽喉の治療をドイツ医師より受けた後、更には腫痛があり、声はかすれ、元気がなくて食欲も減ってしまった」と病状を伝えた。1916年8月、治療のため四川を離れ、日本に向かうことになるが、その時蔡鍔は「蜀の人々への別れを告げる文」を書いている。「私は蜀に入ったが、七ヵ月経っても戦争、緊急事態のため、皆様にあいさつさえできなかった。大変ご迷惑をおかけしてしまい、申し訳なく思います。……皆様のご協力に心から感謝しております。……」とお礼の気持を伝えている。

多くの資料や辞書には、蔡鍔が入院した病院は福岡大学病院と記載されているが、筆者は九州大学医学部附属病院処務掛松尾氏を通して、医院に調査に行った。その結果は福岡大学

◀現　九州大学病院（福岡市馬出にて）

病院ではなく、九州帝国大学医科大学付属病院だった。

「九州大学医学部附属病院沿革表」によると、現在の九州大学医学部附属病院の前は、1916年（大正5年）に設置された九州帝国大学医科大学附属病院で、その前身は幾つかの名前に変更されているが、慶応3年福岡藩の藩校の西洋医学医療機関「賛生館」として発足、県立福岡病院（明治10年）、京都帝国大学福岡医学大学付属病院（明治36年）となり、九州帝国大学医科大学付属病院に改称されたのは明治44年4月（1911年）であった。

九州大学医学部付属病院で調査したとき、予想もしなかった蔡鍔の医療記録を発見した。医療記録には、蔡鍔の病状、治療経過、主治医及び蔡鍔の死亡日が記録されている。それによると、蔡鍔が入院したのは1916年9月14日、亡くなったのは同年の11月8日午前2時であった。

4枚の入院記録をみて見ると、

入院記録では

「蔡鍔将軍本日入院の筈。九月十四日入院、蔡鍔、カクリ蔡鍔、入院后経過好良　八度六分（午后八時）咳嗽甚シ」

死亡記録1は、

「蔡氏午前二時（八日）逝去、腸◯（筆者注：判読不明）近因ナリ」となっている。

死亡記録2は、

▼蔡鍔の入院記録（九州大学医学部付属病院提供）

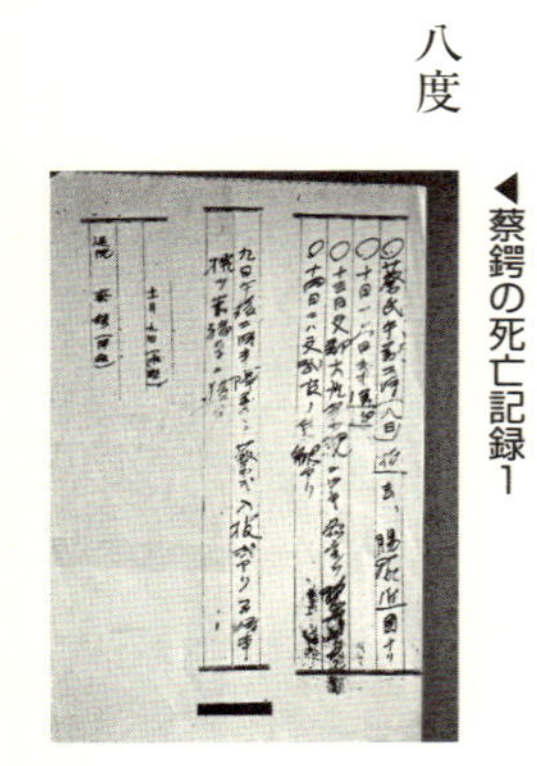

▼蔡鍔の死亡記録1

「十一月九日（木曜）　退院　蔡鍔（隔離）」

死亡記録3は、

「九日午後二時半隔離シテ蔡氏入棺式アリ　二時半棺ヲ崇福寺ニ移ス」

これらの記録から、蔡鍔は9月14日に九州帝国大学医科大学附属医院に入院、その時病状は良好であったが、体温が三十八、六度で咳嗽がひどかった。11月8日午前二時に亡くなり、9日（木曜日）に隔離、午後二時半に遺体を崇福寺（現九州大学医学部の裏隣にある）に移したということである。


劉達武（りゅうたつぶ）の『蔡松坡先生遺書』と毛注青（もうちゅうせい）の『蔡鍔集』によれば、1916年9月9日に梁啓超にあてて文章を書いた後、1916年11月初めに黄興の死亡弔電のため『致譚延闓（たんえんがい）電報』を送るまでの約二ヵ月間、消息に空白がある。その間、蔡鍔は福岡で治療を受けていたのだった。当時のことについて『蔡鍔伝』には、「蔡鍔は日本の福岡病院で治療しており、病状は少しよくなった。この年（1916年）9月、北京国務院で勲章授与式が行なわれた。第一位は黄興、次は蔡鍔・唐継尭・陸栄廷（りくえいてい）・梁啓超・岑春煊（れいしゅんけん）であった。中国の授勲官は蔡鍔のため福岡に行った。日本政府・軍部及び福岡の軍・政・民間団体は盛大な祝賀式典を行なった」と9月の蔡鍔の受勲式の状況が書かれている。その時、蒋百里は蔡鍔のため、授勲官とともに一緒に日本に来ている。

一方、蔡鍔は福岡の病院に入院している間も、国内のことをずっと思い、心配していた。特に黄興が10月31日に上海で死去した報に接した時は、悲しみに堪えず一日中混迷した状態

▶蔡鍔の死亡記録2

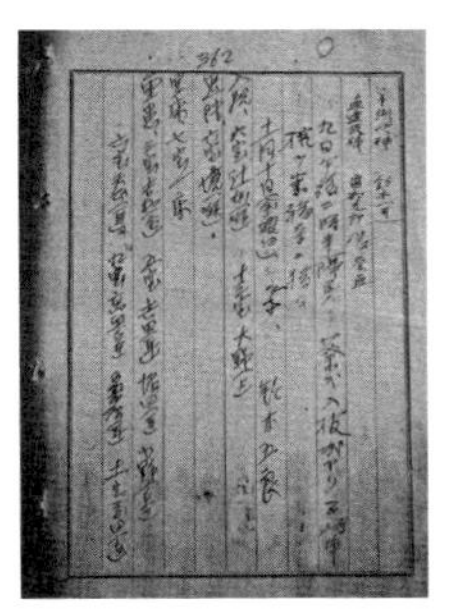
◀蔡鍔の死亡記録3

となり、意識不明に陥った。彼にとっての知己は、恩師の梁啓超の他には黄興のみであった。蔡鍔は黄興のために、祭文を書いている。「嗚呼、悲しむ！　わが国は立ち上がったばかり。数々の困難に、祖国はあなたを必要としている……一年余、私は病気にかかり、あなたに千言万語を費やしても言い尽くせない。だれが聞いてくれるだろう……」と。そして気落ちし、病気が一層悪化してしまい、ついにこの世を去った。享年僅か三十五であった。

１９１６年12月５日、蒋百里らは蔡鍔の霊柩を上海に運んだ。上海で盛大な国葬式典が行なわれたが、これは民国になって初の国葬であった。孫文は「平生慷慨班都護、万里間関馬伏波（一生慷慨し、護国の貢献をし、万里戦場を駆け巡る）という輓聯（ばんれん）を書き贈っている。

蔡鍔の墓と記念碑は、湖南省長沙岳麓山（がくろくざん）の白鶴泉の近くにある。墓には「蔡公松坡之墓」と刻まれている。風光明媚な岳麓山には名勝旧跡が多くある。山頂の近くに、唐の詩人杜牧の詩で命名された愛晩亭がある。蔡鍔が長沙時務学堂で学んでいた時、ある日、友人と一緒に岳麓山の山頂に登った。そのとき、彼は愛晩亭を指しながら「もし僕が維新革命で死んだら、あそこに埋めて欲しい」と言ったという。その後僅か十八年の時を経て、蔡鍔の英霊は故郷に戻った。

▶蔡公松坡之墓（於　湖南省長沙岳麓山の白鶴泉）

〈参考資料・文献〉

（1）「民国蔡松坡先生年譜」商務出版社　1987年
（2）謝本『蔡鍔伝』天津人民出版社　1983年
（3）『護国民将蔡松坡』国家出版社　1982年
（4）王暁秋『近代中日文化交流史』中華書局　1992年
（5）『中華民国名人伝』近代中国出版社　1986年
（6）梁啓超『蔡松坡遺事』北京晨報社　1926年
（7）陶菊隠『蒋百里先生伝』台北　文海出版社　1971年
（8）毛注青等『蔡鍔集』湖南人民出版社　1983年
（9）劉達武等『蔡松坡先生遺集』文海出版社　1972年
（10）劉寿林ほか編『民国職官年表』中華書局　1995年
（11）曾業英『蔡松坡集』上海人民出版社　1984年

郁達夫　―名古屋大学の『沈淪』記念碑

郁達夫（いくたつふ）（1896年12月7日～1945年9月17日）。中国近代の小説家、文章家、詩人である。本名は郁文（いくぶん）、幼名、蔭生、達夫は字である。筆名応生。浙江省富陽県の没落地主の三男として生まれた。三歳の時、父親が亡くなり姉一人、兄二人と母親陸氏によって育てられた。家運が衰えた環境の中で成長した郁達夫は、長兄郁華の文学・思想の影響と厳しい家庭教育によって早熟であった。九歳の時、詩を創って周囲の人を驚かせた。それについて郁達夫は、「自述詩十八曲（二）」の中で

九歳題詩四座驚、　　九歳に題詩し、人々を驚かせ
阿連少小便聡明。　　幼い阿連は聡明と称賛されたが
誰知早慧終外福、　　早慧は必ずしも福とはいえず
碌々瑚璉器不成。　　平々凡々、人材とはならず。

と、幼い時のことを書いている。故郷の富陽県立小学、嘉興（かこう）中学を経て、杭州府の第一中学に転学した。1913年、清政府の外務機関に勤めていた兄は司法制度の視察を命じられ、

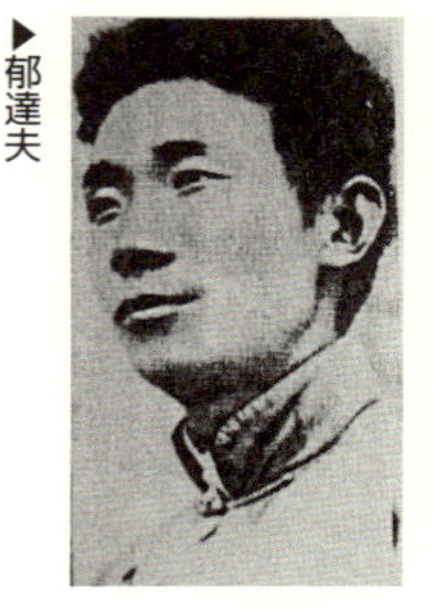
▶郁達夫

十八歳の郁達夫を連れて来日、留学させた。「正則学校」、「一高特設予科」、「八高」及び東京帝国大学というコースを経て、１９２２年27歳で帰国した郁達夫は、九年間を日本で過ごした。その長い日本留学は、郁達夫の「作家形成」にとって極めて大きな意義を持っている。

最初、東京神田の正則学校で勉強する。１９１５年、名古屋の旧制第八高等学校（八高、現在の名古屋大学）に成績上位で合格、官費生の資格を得た。科目により、三つの部に分けられ、郁達夫は第一部の文科を選んだが、兄の郁曼陀の勧めによって第三部の医科に転科した。兄は現在の岡山大学医学部に入学した。当時同窓であった郭沫若は「達夫はたいへん聡明で、英語・ドイツ語いずれも優れていた。中国文学の教養も深い。八高にいた時、よく漢詩をつくった。本当に才子だった。彼はまた、沢山の欧米の小説を読んだ」と郁達夫の才能をしきりに称賛した。これについて郁達夫は、「高等学校の四年間、露・独・英・日・仏などの小説は一千部余りを読んだ。東京大学に入っても、この癖はなかなか直らなかった」と自嘲気味に回顧している。

１９１９年、郁達夫は八高を卒業した後、7月に、東京帝国大学（現在の東京大学）経済学部に入学。１９２２年卒業、帰国した。経済を学びながらも、文学活動を続け、留学期間中多くの外国の小説を読んだ。郁達夫は帰国前、在学中の１９２１年7月、日本に留学している郭沫若、成仿吾、張資平、田漢らと共に文学グループ「創造社」を組織した。この年から、小説を書き始めている。同年10月15日、最初の小説集『沈淪』を出版した。

この小説集には『沈淪』・『銀灰色の死』・『南遷』の三つの短編自伝が収められ、その中で

▶留学時の郁達夫

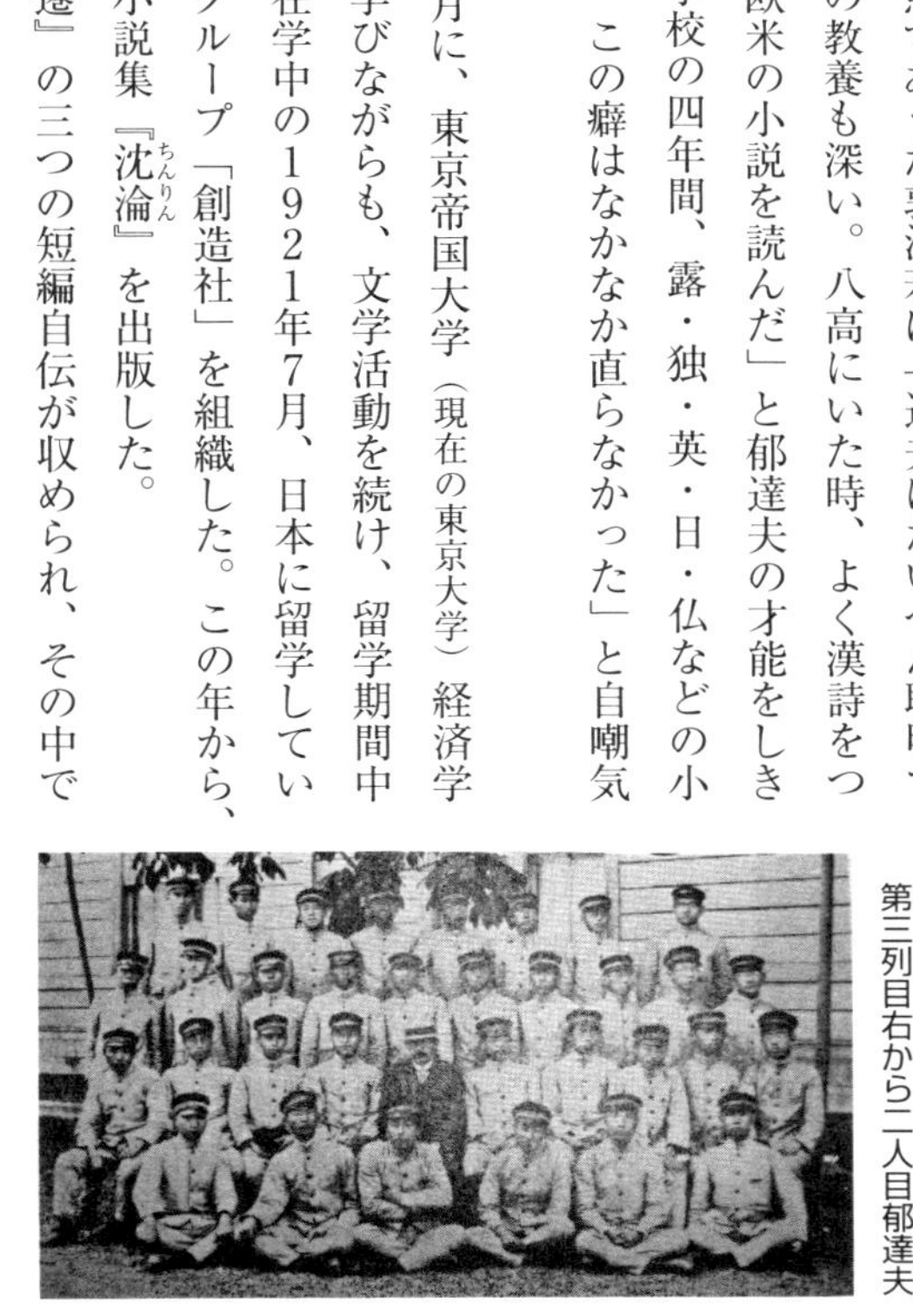

◀１９１９年第八高等学校一部丙類卒業記念写真　第三列目右から二人目郁達夫

『沈淪』は最も代表的な作品であった。「沈淪」といえば、青春の煩悶という題材を取り上げた近代文学らしい作品として、青年の素直な感情が大胆に綴られ、近代中国文学史上、青春小説の先駆と言える。彼は日本滞在中の生活と思想を描き、一留学生の苦悶から、国家の惰弱の悲哀を描いた。また、郁達夫自身をモデルにしており、日本の「私小説」の風格も帯びている。1921年10月、上海泰東書局により出版されとき、当時の文壇を震撼させ、大きな反響を呼び、中国近代文学の記念碑的作品といわれた。

作者の十年近い日本滞在中の自分の留学経験を元に書かれた『沈淪』は、大正初期の名古屋を舞台とし、内容としては、留日時に、日本の女性に恋したことを主題に、異国で純粋な友情と愛情を求めながらも、周囲の人々から冷遇され、憂鬱、苦しみをつぶさに舐め、ついに絶望的な深淵に落ち込んでしまうことを描いたものである。

「彼はますます孤独を感じた。……学校はもうすでに開学半年が経った。……学んでいる教科書はあまりにもつまらないため、彼は好きな一冊の文学書を持って、静かな山深いところへ行った。その瞬間、草木虫魚、また漂っている白い雲を見て、自分が賢人になった気がした。……これで四、五日学校をさぼった。学校に行くと、まわりの人々はいつも自分を横目で見ていると感じた。授業中、皆はおもしろそうに先生の話を聞いているが、彼はただ孤独を思い、やはり一人静かなところで好きな本を読んでいるほうがずっと楽しい……と物思いに沈んでいるときに終業のベルが鳴った」と、中国留学生の孤独感や授業に対する心情を述べている。

▶母校東京大学

◀小説『沈淪』表紙

前述したように、郁達夫は兄の勧めでいやいやながら文系から医学科に転科した。幼い時から早熟で文学や小説に夢中で、医学に興趣を感じない彼にとって授業は、まるで拷問のようなものであった。クラスメイトとの会話もなくなり、自ら孤独、窮地に陥ってしまった。『沈淪』の主人公は名古屋の第八高等学校医科に留学した時、寮の生活で早くも皆との付き合いが辛くなってしまう。

「……山の中に一軒の草葺(くさぶき)の家が見えた。ちょうど一人の五十歳ぐらいの農夫が登って来た。彼は農夫にあいさつをした後、『この家を貸してくれませんか』と草葺の建物を指さしながら聞いた。農夫は『いいよ。一人ですか』と聞き、『一人です』と答えると、『それならやめたほうがいい。以前何人かの学生もここに泊ったが、淋しさに耐えられず、十ヵ月もたたずに出ていった』と言った。『私は大丈夫、静かなところが好きだから』と言うと、『なら、いいよ。で、いつ来るのかね』、『今日の午後』、『分かった』と不思議そうに彼を眺めた」。

郁達夫の経歴を見ると、第八高等学校に入った後、すぐに名古屋郊外の御器所村というところでアパートを借りて過ごしている。医学の勉強に興味のない郁達夫は、数々の詩を作って第八高等学校の『校友会雑誌』に載せた。1916年9月、ついに医学科をやめ、文系法学部の政治学科に転科した。しかし、授業だけでは彼にはもの足りなかったため、授業以外に多くの西洋小説を読んだ。そこから欧米思想の影響を受け、祖国の封建体制について考えた。郁達夫は兄への手紙の中で、「国事は根本的なことを考えるべきで、腐敗した政治を改革するには、必ず社会改革から着手しなければならない」と主張している。『沈淪』の中で、

▶名古屋大学の構内

主人公の「彼」を通じて、たびたび国への憂い、さらに中国が弱国であるが故に孤独感に苦しめられていることを書いている。

「……日本人は皆、中国人を『支那人』と呼んでいるが、これは中国人を一番軽蔑している呼び方だ。中国はなぜ強くならないのだ、と思いながら彼は目に涙を浮かべていた……」

「……その一つの星は私の故郷を見ている。それは私が十八年間生活していたところ、私の故郷よ、帰りたいが帰れない」と主人公は絶望して海に身を投げ、自殺するつもりであった。「……彼は西方の明るい星を見て、顔が涙に濡れている。彼は空を仰いで泣きわめき、祖国よ、私の死はあなたのせいだ。早く強くなれ！　強くなれ！　あなたの子孫たちは数々の苦しい目にあっている」と、その頃の中国人留学生や華人らが受けたさまざまな冷遇や差別、屈辱を訴え、当時の中国の貧弱、社会を混乱のどん底に陥れた苦しみを描き出すともに、愛の渇きと母国の民族的な屈辱感を重ねて、大胆率直な自己暴露と、憂国の情を描き出している。作品は世の不平等の現状に怒り、憎しみ、祖国の運命への憂鬱と期待が鮮明に反映されている。日本も含めて多くの研究者の注目を集めた。

一方で郁達夫は、『沈淪』の中でしばしば恋愛への希求について言及している。

「ある日の放課後の帰宅途中、二人の赤いスカートをはいた女子学生に出会った。その時、彼は声をかけようと思ったが、緊張のあまり何も話ができなかった。……家に入って『卑怯者だ。なぜ緊張するのか？　何が恥ずかしいのか？』と、自分に勇気がないことを悔いている」。

「私は知識や名誉はどうでもいい。ほしいものは女性の慰め、異性の愛である」と大胆率直に愛の欲望を自己表現した。当時の中国においては、自由恋愛、愛の求めは封建的倫理では立ち入り禁止区域であった。たとえば新思想の先駆者胡適(こてき)は、1909年9月から1917年7月までアメリカに留学したが、帰国後、欧米の啓蒙思想を宣伝し、民主主義の導入、封建的文化を打破することを主張したにも拘わらず、親が決めた纏足(てんそく)の女性と結婚している。文明の理論と封建的な行動の矛盾、二千年あまり続いた「婚姻は親が決める」という習俗を打破することは、相当な勇気を持たなければできることではなかった。郁達夫の場合、才能の早熟は皆が認めるところであるが、封建的な囲いを突き破ることは社会によって封殺されてしまった。「性的変態心理」「病的色魔狂」などと、ひどい目でみられてしまったのである。

郁達夫は1920年、留日中に母親の催促で故郷に帰り、やはり纏足の女性孫荃(そんせん)と結婚、二人の娘と一人の息子を持った。『沈淪』の発表はちょうど孫荃と結婚した翌年であった。彼は母親が三年前にすでに決めていた婚姻に大変不満で、ずるずると引き延ばして、結婚を止めようと考えながら、ついに果たすことはできなかったのである。1927年、上海で新しいタイプの女性の王映霞と知り合い、一目ぼれし、一年後結婚した。

彼の一回目の結婚は前述した胡適の結婚の経緯とだいたい似ているが、最終的に郁達夫は、親の命令に反抗して好きな女性を選び、封建的な道徳と礼法に違反したことになる。彼の行動は、社会の規則を破った時代の反逆者と見られてしまった。『沈淪』の中で、彼は何度も繰り返して「私は本当の愛がほしい」と心から訴えている。また「日記九種」の中で、王映

◀郁達夫と王映霞

霞との恋愛、交際を記し、「真っ暗の中でやっと光明の道がみつかった」と述べているが、この光明は王映霞との自由恋愛を指していよう。

『沈淪』の発表は単純に本人の異国に学ぶ孤独な青年の性の悶えを綴っただけでなく、弱体民族の悲哀を描いた小説でもある。

郁達夫が日本で過ごした9年におよぶ留学中は、日本では新浪漫派の隆盛期であった。彼はさまざまな新潮流の作品を読み、何人かの日本の作家と付き合った。当時、留学中の田漢（のちに中国の有名な劇作家となる）の紹介により、佐藤春夫を訪ね、日本の私小説の芸術的な美学や、自我の強調発展と個性の突出という影響を受けている。また一方では、中国元代の劇における開放と悲惨の対比、明清時代の小説の纏綿(てんめん)繊細、奔放不羈(ほんぽうふき)、勇気などを鼓吹した。1915年、陳独秀らの『新青年』雑誌の創刊により、新文化運動が起こり、民主・科学を重視した。新文学を求め、封建的な貞節・倫理を批判し、白話文を提唱した。1918年の魯迅の『狂人日記』、1919年の『孔乙己』など一連の白話文体の小説は、封建的な礼儀の虚偽や、知識人がひどい目に遭わされたことへの抗戦宣言であった。このような社会と文化の大きな変動期に居合わせた郁達夫は、現実を作品の下敷きとし、優美な筆致で感情を込めて知識人らの苦悩と悲憤を表現した。邪悪な旧習に立ち向かって戦い、沈淪から抜け出すことを呼びかけているのである。おそらくそれは、『沈淪』の持つ社会的意義であり、新文化運動における一風変わった先駆けでもあったと思われる。

1922年、郁達夫は帰国後、安徽公立法政専門学校・北京大学・武昌大学などで教鞭を執りながら雑誌を創刊し、小説集や散文などを次々と発表した。祖国滅亡の危機感と未来への憧憬、そして現実に対する鋭い観察と、優れた文筆は当時の青年たちだけでなく、国内の文壇や社会に対しても大きな影響を与えた。

著名な小説は、『蔦蘿行』・『銀灰色の死』・『離散の前』・『遅桂花』・『南遷』・『薄奠』・『春風沈酔の晩』など数多い。また、多数の散文と旅行記を書いているが、代表的な散文作品には、「ある文学青年に与える公開状」・「春愁」「杭州の八月」・「故都の秋」・「江南の冬景色」・「ある文学青年に与える公開状」・「四十歳の志摩を懐かしむ」・「魯迅を懐かしむ」等があり、また、「釣台の春書」・「馬六甲旅行記」・「超山の梅花」ら旅行記も残されている。

郁達夫の一生は中国の文学史上に、素晴らしい一頁を残した。また彼の反ファッショの戦いと功績は、永遠に人民英雄記念碑に刻まれている。

一方、郁達夫は革命運動においても活躍した。１９３８年、郁達夫はシンガポールで雑誌や新聞の編集などの革命運動をしながら、亡命中の華僑たちの生活の援助活動をしている。

１９３６年に、郁達夫は再度日本を訪れ、一ヵ月半わたって日本に滞在した。「読賣新聞」により「中華文壇の雄たる郁達夫来朝歓迎会」という記事の一節を見てみると、「郁達夫氏が嘗ての留学時代から約二十年ぶりで来朝したのを機会に、中国文学研究会主催で24日夜歓迎の小宴が開かれた。同席の作家郭沫若氏とも数年ぶりの邂逅であったが、郁氏は処女作『沈淪』以来叙情、耽溺の浪漫派文士として名声を馳せ、既に全集五巻の他『迷羊』『春潮』等の名作をものした一流の作家である」と郁達夫の創作実績を高く評価している。

▶「中華文壇の雄たる郁達夫来朝歓迎会」「読賣新聞」昭和11年11月28日付より

1982年に、郁達夫の故郷、中国浙江富陽市に「隻松挺秀(せきしょうていしゅう)」という郁達夫記念亭が建てられ、その高さは6・7メートルである。

「隻松挺秀」の記念亭の横額は、中国の偉大な文学者茅盾(ぼうじゅん)が揮毫したものである。「隻松」とは郁達夫と兄の郁華のことである。郁華は1905年に浙江省の師範学校から官費学生で早稲田大学に留学、のち法政大学を経て、清政府の外務部に勤め、大理院地方法院推事・庭長、上海公共租界に設置された江蘇高等法院第二分院刑事庭庭長を歴任した。1932年、日本軍が上海を占領した。郁華は日偽政府（日本による傀儡政権）に関する仕事を一切断わったために、1939年11月23日に暗殺された。

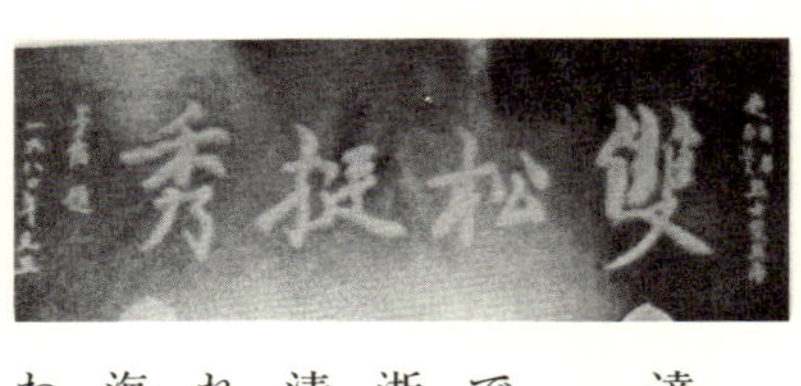

太平洋戦争が日本の無条件降伏で終結した直後の1945年9月17日（もう一説は8月29日）に、郁達夫は日本軍憲兵によって殺害されたが、その理由は、郁達夫が南洋で活躍した時、彼が日本語を話せることを日本軍憲兵隊が知り、彼に強制的に通訳をさせていたが、戦後、秘密裏に日本軍憲兵の凶手にかかって悲劇的な死を遂げたとされている。享年四十九。1952年、中国人民政府は彼と兄郁華の二人を革命烈士と追認した。

1998年、八高創立九十年記念事業の一つとして、郁達夫を顕彰するため、文学碑の建設が決議され、名古屋大学東山キャンパスにその文学碑が建てられた。同年6月30日の除幕式には、中国から遺族や関係者も出席した。また、この日、日中両国の研究者によりシンポジウムも開かれている。

▲記念亭の横額「隻松挺秀」

◀郁達夫兄弟記念亭（於　中国浙江富陽市）

筆者は名古屋大学のキャンパスに「郁達夫文学碑」を訪れた。この石碑は、名古屋大学の豊田講堂東側の庭園にある。中国福建省厦門産の御影石が使われ、碑面には「沈淪」という文字と郁達夫のレリーフとが並んでいる。レリーフは、石田武至氏の作。碑陰には、八高の徽章とともに、つぎのような由来文が刻まれている。

「郁達夫は　一八九六年中国浙江省富陽県で生まれ幼少より学才に秀でていた　一九一三年来日　一五年八高に入学　二一年発表した小説沈淪は　八高在学中の青春の思い出を綴った中国近代文学の名作である　帰国後文壇で活躍し　魯迅　郭沫若らと並ぶ大家として評価が高い　惜しくも四五年殉難名古屋にゆかりの深い作家郁達夫を記念し　八高の伝統を継承する名古屋大学にこの碑を建てる

一九九八年六月
第八高等学校創立九十年祭実行委員会
題字　横山秀書
彫塑　石田武至刻
碑文　大池青岑書」

また、名古屋大学の月刊広報誌『ちょっと名大史　16』には「郁達夫文学碑」について次のように書かれている。

「郁達夫は、１８９６年中国浙江省富陽県の生まれで、魯迅・郭沫若らにつぐ中国近代文学の代表的な作家です。１９１３年に来日、１９１５年名古屋大学の前身校である第八高等学校第三部（医科）に入学しました。翌年第一部（文科）に転部し、１９１９年に八高を卒業しています。１９２１年に刊行された処女小説『沈淪』は、郁達夫八高時代の自伝的小説です。当時の中国人留学生の孤独や抑圧された性を率直に表現しており、中国の近代文学で性の問題を真正面に取り上げた最初の作品として評価されています。また、熱田神宮・鶴舞公園など名古屋の名所が随所に描かれており、当時の名古屋の様子もうかがい知ることができます。

１９２２年に東京帝国大学経済学部を卒業後に日本を離れ、中国へ帰国後は北京大学・広州大学等で教えるとともに創作活動を行いました。１９３６年11月に再来日し、志賀直哉・井伏鱒二・大宅壮一・林芙美子・横光利一など当時の日本文壇の著名人とも交流しています。日中戦争が始まった当初は、郭沫若らとともに抗日運動に参加しましたが、１９３８年にはシンガポールへ移って新聞編集や日本軍憲兵の通訳をしました。１９４５年の敗戦直後、日本軍憲兵に殺害されてしまいました。戦前日本の誤った時代の犠牲者の一人といえます。郁達夫文学碑は第八高等学校の同窓会である『八高会』により、八高創立90周年を記念して建てられたもので、１９９８年6月30日に除幕式が行われました。」

緑に囲まれた石碑の左側に刻まれた横顔レリーフは、留学時

▶『沈淪』記念碑（名古屋大学敷地にて）

◀中国人作家郁達夫漢詩碑（愛知県弥富市千代稲荷社境内にて）

代の郁達夫の像である。その深思な表情を見て、『沈淪』の主人公の「彼」に、自らを解放しようとする誠実さ、勇気を強く感じるような気がする。『沈淪』の誕生は時代の風潮、日本文学の趨勢の影響を受けたが、それによって中国青年達は、封建の絆を断ち切ろうとし、また人々へも呼びかけたのである。

なお、２０１１年11月16日、愛知県弥富市五之三町川平、千代稲荷社境内には、漢詩愛好会、「親風会」により、中国人作家「郁達夫漢詩碑」も建てられた。

２０１５年９月26日～同年10月９日、名古屋大学により「郁達夫八高入学百周年記念展示会」が開催された。小説『沈淪』をめぐって郁達夫の代表的な作品、郁達夫に関する研究書、現地調査で撮った写真等、それぞれが所蔵する貴重な資料が展示された。百年前、若き異国の留学生は名古屋の地で、何を感じ、何を書き残し、どのような青春を送ったのであろうか。想像力を掻き立てられる一時であった。

▲郁達夫 八高入学百周年記念展

〈参考資料・文献〉

（1）王遥『中国新文学史稿』上海新文芸出版社　1959年

（2）姚楠「緬懐郁達夫」『星洲旧聞雑記』『南洋星洲聯合華報人文』　1983年

（3）陳子善等『郁達夫研究資料』花城出版社　1985年

（4）曾華鵬等『郁達夫論』『人民文学』　1957年6月号

（5）成仿吾「写実主義與庸俗主義」『使命』上海光華出版社　1930年

（6）伊藤虎丸「沈淪論」『中国文学研究』　1961年

（7）郁風「郁達夫の出生家庭と彼の少年時期」『新文学史料』　1979年第5期

（8）錦明「達夫の三時期」『郁達夫研究資料』花城出版社　1984年

（9）郁達夫『五六年来創作生活の回顧』上海出版社　1929年

（10）呉茂生「浪漫主義英雄？」『中国現代文学研究叢刊』第4輯　北京出版社　1982年

（11）呉戦塁「郁達夫詩詞」『文芸報』　1981年

（12）王自立等「郁達夫簡譜」『郁達夫研究資料』花城出版社　1985年

（13）王映霞『我与郁達夫』広西教育出版社　1992年

（14）郁嘉玲『我的爺爺郁達夫』昆侖出版社，2001年

（15）賀玉波『郁達夫論』実用書局出版　1972年

（16）『郁達夫資料補充篇』東洋文献センター叢刊　第18輯
東京大学東洋文化研究所　附属東洋学センター　昭和48年3月

（17）『郁達夫文集』生活・読書・新知三聯書店　1984年

魯迅 ―仙台留学と藤野先生

1904年秋、中国人留学生魯迅(ろじん)は、医学の道を志し、東北大学の前身である「仙台医学専門学校」に入学した。のちに『狂人日記』や『阿Q正伝(あきゅうせいでん)』等の作品によって中国文学に新しい息吹を吹き込み、近代中国を代表する思想家として活躍した作家である。

留学生・周樹人の仙台での生活は、たった1年半にすぎなかったが、この仙台において、彼は「文学」の道を進むことを決心した。後、作家「魯迅」として執筆した短編小説『藤野先生』には、異郷の地、仙台での学生生活、文学への転向を決意する彼の心の動きが、ひとりの教師との交流を素材として綴られている。

魯迅（1881年9月25日～1936年10月19日）は、中国の小説家、翻訳家、評論家、思想家。浙江省紹興の出身、本名樹人(じゅじん)、幼名を樟寿(しょうじゅ)、字を豫山(よざん)・豫才(よさい)。魯迅という名前は、1918年に『新青年』という革命雑誌に投稿したとき母親の魯という姓を取って筆名として使い始めた。魯迅は1898年、南京の海軍学校（江南水師学堂）に入学、翌年、陸軍学校付属の鉱山・鉄道学校（江南陸師学堂付設鉱務鉄路学堂）に転じた。1902年に卒業後、官費留学試験を受け合格、日本へ留学する道を選んだ。最初、東京弘文学院で日本語を学んだ。1904

▶留学時の魯迅

◀東北大学史料館（東北大学にて）

年に仙台医学専門学校（現東北大学医学部）に入学したのである。以後、1909年6月まで7年間余りの留学生活を日本で過した。この貴重な青年時代は魯迅にとって自分なりの人生の探索・選択の時期であり、成熟の時期でもあった。

筆者は魯迅留学の動機、藤野厳九郎先生との交流の意義、及び医学から文学への転身を決意した経緯などを調査するため、東北大学記念資料室と魯迅の記念碑のある仙台市博物館、また、福井県坂井郡芦原町舟津の藤野厳九郎記念館を訪れた。そこで、いろいろな謎が解けた。

1904年、魯迅は弘文学院の速成課で日本語と普通学科（一般教育科目）を修める。同年の5月に、西洋医学を学ぶため仙台医学専門学校に入学志願をした。魯迅の希望を受け、当時の清国楊枢公使から、仙台医学専門学校に、魯迅の入学希望に対する善処を要請する紹介状が出された。仙台医学専門学校はこの申し出を受け、入学に関する文部省の規定に照らして検討、無試験入学を認め、5月23日に楊公使宛に入学許可通知書を発送した。魯迅は、同年9月に仙台医学専門学校に入学する。

魯迅が日本へ留学する道を選んだ理由について、一つ考えられるのが、当時、日本への留学が一種の社会風潮になっていたことである。

1894年の日清戦争で、日本は一挙に「大清帝国」に勝利

▶仙台医学専門学校（東北大学史料館提供）

◀魯迅自筆の入学志願書

入學願
私儀今般御校醫學科第一年級ヘ入學志願ニ付御許可相成度別紙學業履歴書相添此段相願候也
明治三十七年六月一日
清國留學生 周樹 二十二年
仙臺醫學專門學校長山形仲藝殿

し、更に洋務派が全力を傾注した北洋艦隊を全て壊滅させた。これは中国人の日本観に根本的な変化を生ぜしめた。特に日清戦争敗北後、領土を「列強」に占領される「瓜分（かぶん）」の危機に直面し、中国ではそれまでの「洋務運動」が終わりを迎え、西洋と中国の関係、ひいては「西洋学」と「儒学」の関係が問われるようになった。その「西学」を利用して、「富国」のため、学習・模倣の対象を西方から東方へ転じるという趣旨のもと、１８９６年、駐日公使から西園寺公望を通じて、東京高等師範学校長だった嘉納治五郎への、中国人青年十三人の教育の依頼が始まったのである。それ以後、日本に留学するものが絶えず続き、しかも年々増加した。１９０５年、日本における中国人留学生数は八千ないし一万人、翌年には二万人にのぼるという予想もあった。

魯迅が日本に留学することを決めた主な理由は、彼の烈々たる民族的愛情、憂国憂民の心情と祖国を救いたいという気持ちが強かったからである。「私にとっての疑問は、日本人もわれわれも共に経験した十九世紀半ばの混乱の源泉は一つなのに、その後彼我に横たわる甚しい較差は何故に生じたのか……」。祖国の富強の道を探ろうというのが魯迅の日本留学の目的であったと言えよう。

また、魯迅は日本での留学に医学を選択したことについては、魯迅が『吶喊・自序』の中で「翻訳された歴史を通じて、日本の明治維新が殆んど西洋の医学に端を発している事実もわかった」と述べたように、西洋医学によって中国人の体を強化していこうと魯迅は考えていたからである。中国をよりよく変革するために、言いかえれば革命のために医学を役立て

▶魯迅の入学書類（清国公使楊枢の自筆紹介状）

◀藤野先生

ようと考えたのである。

また、彼が医学を志したのは、父親が病のため、病床に臥したときの看病の体験、長期療養を余儀なくされ、ついには死んでしまったことと、自分自身の胃病の苦しさの経験等があり、それに対して漢方医が無力であったことに因る。しだいに西洋医学を学びたいという夢を持つようになった。それについて魯迅は次のように語った。「私の夢はばら色だった。卒業して帰ったら、父のような目にあっている病人の苦しみを救ってやろう」と夢を抱き、1904年、仙台に向かった。

仙台医学専門学校への留学がきっかけとなり、魯迅は藤野厳九郎先生の解剖学の指導を受け、師弟の縁を結んだのである。「……色黒で痩せた先生で、八の字ヒゲに眼鏡、小脇には大小の本、その書物を講壇の上に置くなり、ゆるい抑揚のよどみない声で学生に自己紹介をした。『私は藤野厳九郎です』」というのが魯迅の藤野先生に対する初対面の印象であった。

藤野厳九郎（1874年7月11日～1945年8月11日）は、日本の医師・教育者。日本留学時代の魯迅の恩師として知られ、彼を記念するため、中国浙江省紹興の「魯迅記念館」には藤野厳九郎の胸像が置かれている。

また、魯迅先生顕彰会により、魯迅を記念するため、彼が下宿していた家が遺跡として保存されている。キャンパスから近い広瀬川の崖上の道路沿い、二階建ての木造の建物が見える。その右側に石碑も建てられ、碑の側面には銘文が刻まれており、年月が経って少し模糊となっている。よく見ると「中国の偉大な革命家・思想家・文学家である魯迅（1881～

▶藤野厳九郎の胸像（中国浙江省紹興市の「魯迅記念館」にて）

◀下宿の旧居（東北大学の附近にて）

1936）は、若き日（1904〜1906）を仙台に学び、最初の下宿をこの地に定めた。

1975年10月19日　仙台　魯迅先生顕彰会建之」とある。

一方、仙台最初の留学生であった魯迅に対し、その日本語の聞き取りを懸念した藤野先生は、ある日、魯迅を呼び「『私の講義、君はノートが取れますか？』『少しだけですが』『持ってきて見せてもらえませんか？』との問答のあと、私は自分で取ったノートを出し、彼に渡した。一、二日してから返してくれた。そして、今後毎週持ってきて見せるように、と言った。私は中を開いてみて驚くと同時に、一種の不安と感激を味わった。私のノートは、はじめから終わりまで、全部朱筆で訂正されていた。多くの抜けた箇所を加えたばかりでなく、文法の間違いにも一々訂正がされていた。それは彼の担任する骨学・血管学・神経学が終わるまで、ずっと続けられた」というように、自分の心の支えとなった藤野先生の教育熱心さ、飽くなき真の教育者精神に対する感激から、『藤野先生』というエッセイは書かれた。また、魯迅は「先生が手を入れてくれたノートを、私は三冊の厚い本に綴じて収蔵し、永久に記念としていた。残念ながら、これらのノートは引越しのとき紛失した」「ただ彼の写真だけが、今なお北京のわが寓居東の壁に、机に面してかけてある」と書いている。藤野先生の存在は魯迅にとっては、恩師でもあり、精神的な支柱でもあった。

一方、藤野厳九郎先生は魯迅の留学の様子を回想し「……周さんは身丈はそんなに高くない、丸顔でかしこそうな人でした。この時代もあまり健康な血色であったとは思いませんでした。私の受持は人体解剖学で教室内ではごくまじめにノートをとって居りました。……異

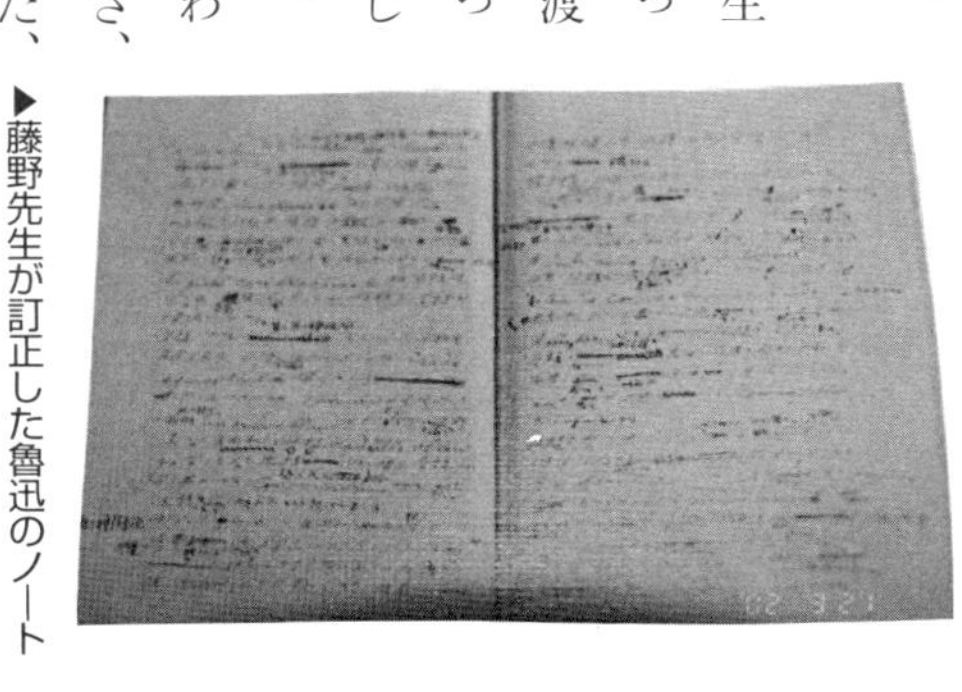

▶藤野先生が訂正した魯迅のノート（東北大学史料館提供）

郷の空にそれも東京というなら沢山の同胞留学生も居たでしょうが、仙台では周さん只一人でしたから淋しいだろうと思いましたが、別にそんな様子もなく、講義中は一生懸命であったと思います」と語っている。

当時、魯迅が学んだ場所、旧仙台医学専門学校六号教室は「魯迅の階段教室」と呼ばれ、東北大学片平キャンパスに残されている。　1904年の建築後、改修・移築を経ながらも、今なお彼が留学していた頃の面影を残す歴史的な佇まいを見せている。

ところで、魯迅が医学から文学の道に転じた原因については、主に「幻灯（スライド）事件」と「反清国留学生の取締まり規則」などがある。

「幻灯事件」は、魯迅が仙台医学専門学校で第二学年のとき発生した事件である。ある日、細菌学講義の余時に幻灯（スライド）の映写があり、そのスライドの中身は、日本がロシアに勝っている場面ばかりであった。学生はそれらを見ながら、みな手を打って歓声を上げている。その中の一つに、ロシア軍のスパイを働いたという嫌疑の場面がある。取り囲んで銃殺を見物している群衆も中国人であったが、その際中国の人々がそれをぼんやり無表情に見つめている場面に接したことであった。現場の中国人の無関心さに加え、教室の日本人学生の叫ぶ「万歳」の歓声が「いつも一枚映すたびにあがったが、私にとって

▶魯迅が学んだ階段教室
▲教室内

は、特別に耳を刺した。……あの時、あの場所で、私の考えは変わったのだ。医学では中国を救えない」。つまり、この「幻灯事件」で、深い嫌悪と絶望感をもったに違いない。

藤野先生は当時のことを回顧して、こう語った。「周さんの来られた頃は日清戦争の後で相当の年数も経っているにもかかわらず、悲しいことに、日本人がまだ支那人をチャンチャン坊主と罵り、悪口をいう風潮のある頃でしたから、同級生の中にこんな連中がいて、何かと周氏を白眼視し、除け者にした模様があったのです」。しかし、なにより魯迅を苦しめたのは祖国の「愚弱な民」であり、「こんな民が虐げられるのは当然で、自ら覚醒するしかない」と思い至ったのであった。

この仙台での衝撃との遭遇をきっかけに、医学を棄て文芸の道を選択するという魯迅の人生は、大きな転換を遂げた。彼は日本から単に個人的に屈辱を受けただけではなく、民族的にも屈辱を受けたのである。こうした民衆の麻痺的精神状態を続けるならば、中国は完全に滅亡してしまうという危機感を自覚したのである。彼の代表作である『阿Q正伝』は、民族的マイナス面の悲しみの典型として、阿Qは諷刺的に描かれた、まさしく「幻灯事件」に出る中国人の群衆のイメージをもつものである。「あのとき以後、私は医学は緊要事ではない、と思ったからである。およそ愚弱な国民は、体格いかにたくましく、いかに頑健であろうと、せいぜい無意味な見せしめの材料と見物人になるだけのことだ、どれだけ病死しようと、不幸だと考えることはない。だから、我々が最初にやるべきことは、彼らの精神を変えることだ。そして、精神を変えるのに有効なものとなれば、私は、当時は当然文芸を推すべきだと考え、こうして文芸運動を提唱しようと思った」。強烈な挫折の体験をさせられた魯迅が「故国の危機に心を痛め、民族の魂を救うことが急務であることを知り、文学に志すようになった。仙台は転機をもたらした土地である」と感じたことが、魯迅の碑文に刻まれている。

1905年、中国同盟会が結成され、留日学生の中に清政府に対する革命運動に賛同するものが、にわかに増える傾向にあった。留学生達がこの同盟会の下に走ることを清政府は警戒し、日本政府に清国留学生の取締り規則の制定を依頼したのである。留学生達はそれに反対し、一斉帰国運動を起こした。

魯迅もこの影響を受け、また革命指導者章炳麟の指導する清末資産階級革命団体の組織である光復会結成の企てに参画し、同会に加入した。

魯迅の生涯の思想形成に影響を与えたものは、「幻灯事件」による民族的な屈辱感と祖国への使命感、そして藤野先生との出会いであり、仙台での留学の熱い思いが深い絶望感に変わったことであり、ここから魯迅は新たな人生の道を決意した。仙台は魯迅の文学者人生の原点でもあったと言えよう。1906年3月、魯迅は仙台医学専門学校を退学、医学から文学への志を決意した。

仙台と別れる直前、魯迅は恩師の藤野先生を訪ねた。その時のことを魯迅は『藤野先生』の中で次のように述べている。「第二学年が終わり、私は藤野先生を訪ねて行った。医学をやめ、仙台を去ることを告げた。彼の顔には、寂しそうな様子が見え、何か言いたそうであったが、ついに何も言わなかった。出発の数日前、彼は私を家まで呼んで、写真を一枚く

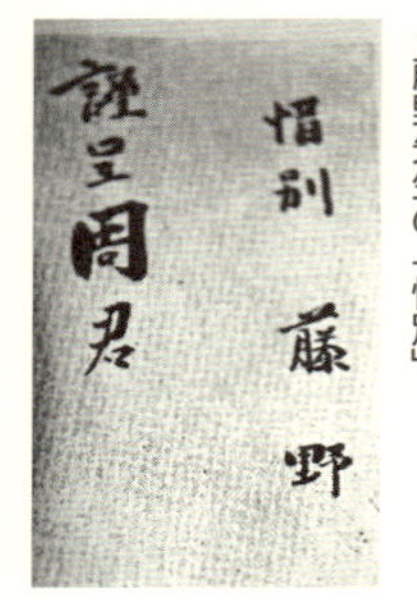

◀藤野先生の「惜別」

れた。裏には『惜別』と二字書かれていた。……なぜか知らぬが、私は今でもよく彼のことを思い出す。私が仰ぐ師の中で、彼は最も私を感激させ、私を励ましてくれた一人である」。

なぜ、一年半しか付き合いのなかった藤野先生にこんなに感銘を持っているのかについて、魯迅はこう述べている。「よく私はこう考える。藤野先生の私に対する強い期待と倦まぬ教訓は、小さく言えば中国のため、つまり中国に新しい医学が起こってほしいということにあり、大きく言えば学術のため、つまり新しい医学が中国へ伝わることへの希望にあったのだ。彼の人格は、私の心の中では偉大である。彼の名前を知る人は少ないかもしれぬが」。そこから観れば、二人の友情の基盤は個人的な感情だけでなく、日中両国の切っても切れない歴史的な友情から生まれたものである。

▶魯迅の墓（上海魯迅公園にて）

◀魯迅記念碑（仙台市博物館にて）

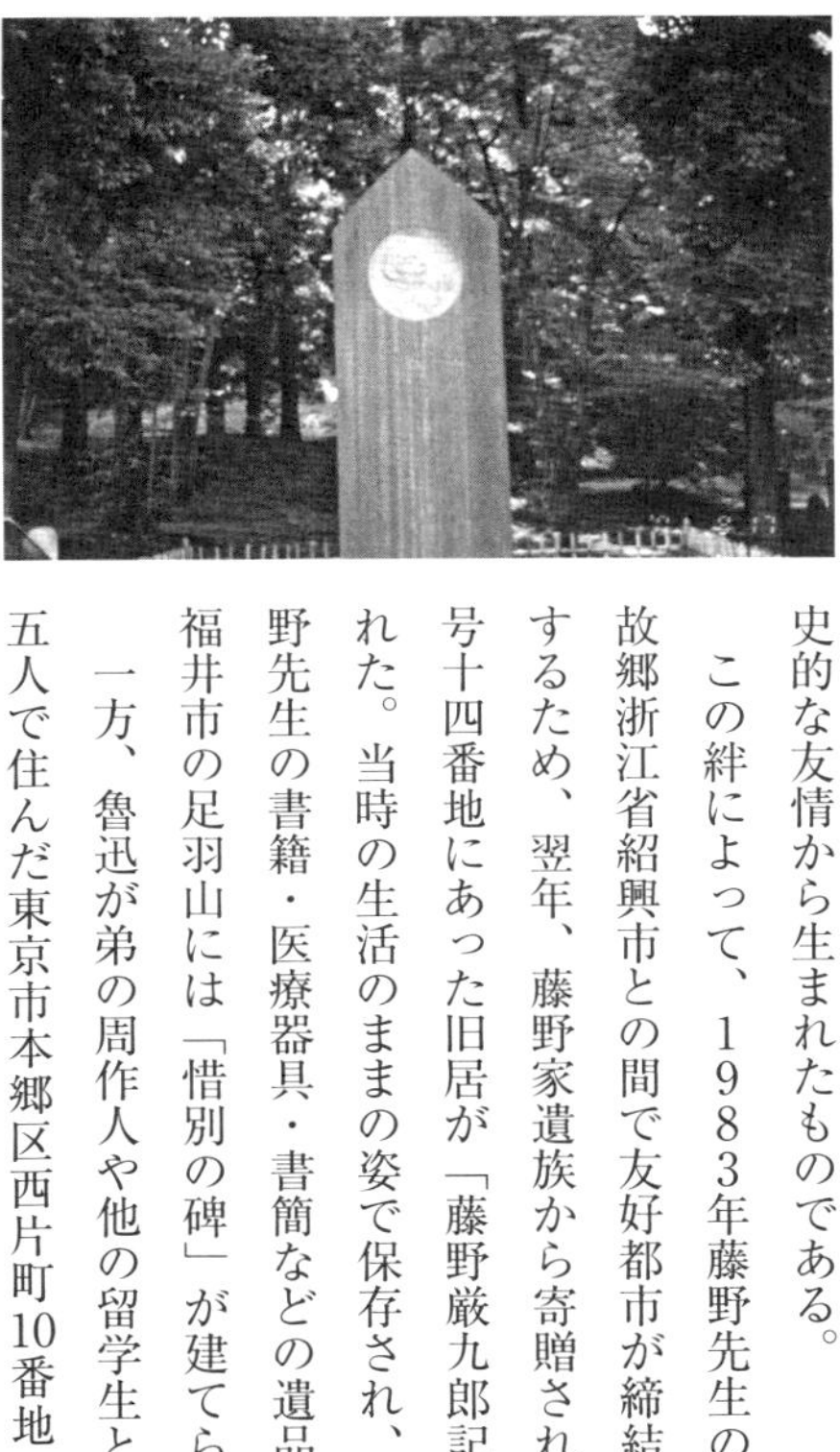

この絆によって、1983年藤野先生の生地芦原町と魯迅の故郷浙江省紹興市との間で友好都市が締結された。それを記念するため、翌年、藤野家遺族から寄贈された三国町宿第三十五号十四番地にあった旧居が「藤野厳九郎記念館」として移築された。当時の生活のままの姿で保存され、別棟の資料室には藤野先生の書籍・医療器具・書簡などの遺品が展示されている。福井市の足羽山には「惜別の碑」が建てられている。

一方、魯迅が弟の周作人や他の留学生と「伍舎」と名付けて五人で住んだ東京市本郷区西片町10番地（現・文京区西片町1丁目12番地）の邸宅は、夏目漱石が本郷で二番目に住んだ家であった。魯迅は日本文学では漱石だけにしか興味を示さず、彼の著作は全て買い込んだと言われる。そして、漱石の「クレイグ先生」を中国語の「克莱喀先生」に訳し、1923年6月、周作人名義の『日本小説集』に入れて出版している。

「民族の魂」と呼ばれている魯迅は、1936年に上海でなくなった。その葬儀に出席した人の中には文化界の著名人のほかに、毛沢東や、孫文夫人の宋慶齢もいた。偉大な文豪といわれる魯迅の、中国での評価が察せられよう。上海の虹口公園は魯迅の墓と記念館によって有名になった。また、魯迅の故郷である紹興市魯迅路の文化広場には、1991年10月に建立された高さ3・18メートル、重さ2・5トンの魯迅銅像が聳え立っている。日本では、1960年、仙台市の仙台市博物館の近くに高さ5メートル、幅1・7メートル、重量10トンの魯迅の記念石碑が建てられた。

碑には煙草を手にした魯迅晩年の横顔のレリーフ、碑文の解説が日本語と中国語の両方で刻まれている。その中の一節を読み上げると「……中国の新しい文学の暁を告げる数多くの作品・評論を書いた魯迅の、若き日の留学を記念し、敬慕する人人の手で碑文を建てて、偉大なるおもかげを永遠に伝える」。碑文題字の揮毫は郭沫若である。翌61年除幕式に出席した魯迅の夫人許広平（きょこうへい）は、魯迅と藤野先生の信頼から発した友好が、日中両国人民の友誼に発展したことを高く評価し、今後もゆるぎないであろうとの確信を表明した。

また、魯迅が藤野先生からもらった、裏に「惜別」と書かれた写真、また藤野先生が添削

▶仙台医学専門学校跡記念碑（東北大学医学部敷地にて）

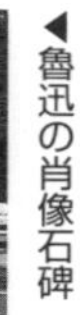

◀魯迅の肖像石碑

したノートも、記念として大切に保存されていた。これは一時行方不明となっていたが没後再発見され、現在は北京魯迅博物館に保存されている。日中両国の歴史は人と人との歴史である。仙台で築かれた先人の絆は、これからも重みを増していくに違いない。

魯迅の名言である「思うに、希望とは、もともとあるものだとも言えぬし、ないものだとも言えない。それは地上の道のようなものである。もともと地上に道はない。歩く人が多くなれば、それが道になるのだ」。魯迅は文学を「人生と為す」という信念をもって、戦乱・暗黒・摸索・彷徨の中の中華民族に希望と光明を与え、中国近現代新文学の道を開拓したのである。これも魯迅が日本の留学で体験し、藤野先生と出会い、そしてさらに医学から文学への転換を決意した最も大きな意味であろう。

１９９２年、東北大学校内の仙台医学専門学校跡地に、「魯迅先生像」という魯迅の胸像が建てられ、その題字は東北大学学長である西沢潤一先生のものである。

今日において、多数の中国政治家・学者・民間人が魯迅の史跡を訪れている。１９９８年11月、江沢民国家主席（当時）が仙台を訪れ、魯迅記念碑や階段教室を参観した後、直筆の漢詩を東北大学に贈呈した。現在、大学の「記念史料室」に陳列されている。その詩は七言絶句である。（訳　阿部兼也東北大学名誉教授）

丹楓似火照秋山
碧水長流広瀬川

丹楓（たんふう）火に似て秋山を照らす
碧水（へきすい）長え（とこしえ）に流れる広瀬川

▶魯迅の座像（於　上海魯迅公園）

且看乗空行万里
東瀛禹域誼相傳

且は看ん空に乗り万里を行くを
東瀛と禹域とその誼は相伝えるべし

両国間の歴史は、人と人との歴史である。仙台で築かれた先人の絆は、これからも重みを増していくに違いない。日中のよしみをこれからも伝えていこう、というのが江沢民元国家主席の漢詩の結びであった。

日中交流の礎を築いた魯迅の軌跡に、いままた新たな一頁を開いたのである。

２００４年（平成16年）10月22日～23日、東北大学は「魯迅先生東北大学留学１００周年記念」事業として、魯迅が東北大学医学部の前身である仙台医学専門学校への留学１００周年を迎えることを記念するため、交流協定を締結している中国の主要6大学の学長、副学長を招聘し、一連の行事を開催した。大会は、魯迅の近代中国へ与えた影響や仙台に留学中の恩師である藤野先生との交流などを通して、日中関係友好の大きな絆となったことを回顧すると同時に、これからの日中関係をどのように発展させていくかという展望を持つ契機としての意味を持たせたことが大きな特色となっている。

更に、２０１４年10月21日、「魯迅先生東北大学留学１１０周年記念ワークショップ」が魯迅が学んだ階段教室で開催された。

魯迅がかつて留学していたこの東北大学は、日中友好のシンボルとしての役割を今も担っている。日本では3番目に古い大学、国立大学としても屈指の規模であるため、毎年、「魯迅に憧れて」と門をくぐる中国からの留学生も少なくない。

2016年5月時点、受け入れる外国人留学生数は19944人、その中で中国人留学生は999人を占めている。

（1）魯迅略歴（来日から帰国まで）

1881年9月25日　中国浙江省紹興生まれ（本名周樹人）
1902年4月　東京弘文学院普通速成科入学
1904年4月　同校卒業
1904年9月　仙台医学専門学校入学。田中宅に止宿後、佐藤屋に下宿
1904年11月　佐藤屋から宮川宅に下宿替
1904年12月　第一学期末試験。冬季休暇。東京に旅行
1905年1月　第二学期始まる
1905年3月　第二学期末試験
1905年4月　春季休暇。箱根に旅行、第三学期始まる
1905年6月　夏季休暇
1905年9月　医学科第2学年進級
1905年12月　第一学期末試験。冬季休暇
1906年3月　同級生有志による送別会。退学

1906年4月　東京で文筆活動。神田の独逸語専修学校（現　獨協学園）に入学
1909年8月　帰国。大学等に勤務。文筆活動

（2）藤野先生年譜
1874年7月　福井県に生まれる
1896年10月　愛知医学校勤務（助手に採用、のちに教諭）
1901年10月　仙台医学専門学校勤務（講師に採用、のち教授）
1916年秋頃　東京神田三井慈善病院耳鼻咽喉科に入局
1918年4月　福井県で耳鼻咽喉科医院開業
1945年8月11日　逝去（享年71）

〈参考資料・文献〉

（1）内山完造『魯迅の思い出』　社会思想社　1979年
（2）『魯迅全集』第二巻「藤野先生」　人民文学出版社　1958年
（3）『張文襄公全集』「勧学篇・游学第二」中国書店　1969年
（4）佐々木基一・竹内実『魯迅と現代』　勁草書房　1968年

（5）『東京朝日新聞』青柳篤恒「支那留学生問題」1905年7月17日

（6）『早稲田学報』141号　青柳篤恒「支那の子弟は何故に我邦に遊学せざる可からざるか」1906年

（7）王富仁『中国魯迅研究の歴史と現状』p39　浙江人民出版社　1995年

（8）王勇・中西進『中日文化交流史大系10・人物巻』浙江人民出版社　1996年12月

（9）井波律子『奇人と異才の中国史』岩波新書　2005年

（10）藤井省三『魯迅―東アジアに生きる文学』岩波新書　2011年

（11）中野美代子『中国ペガソス』「樹人錬獄」株式会社日本文芸社　1991年

（12）王吉鵬・于九涛等『魯迅民族性的定位』吉林人民出版社　2000年

（13）『文学案内』「謹んで周樹人様を憶う」昭和12年3月号

（14）阿部兼也『魯迅の仙台時代：魯迅の日本留学の研究』東北大学出版会　2000年

（15）多賀秋五郎『近代中国教育史資料・清末編』日本学術振興会　丸善　1972年

（16）薛綏之『魯迅生平史料滙編』（第二緝）天津人民出版社　1982年

陳建功　―東北大学が生んだ数学開拓者

二十世紀初頭、東北帝国大学（現　東北大学）の留学生といえば、医学部の前史をなす仙台医学専門学校に在籍した魯迅（ろじん、本名周樹人）の他に、陳建功（ちんけんこう）と蘇歩青（そほせい）がいる。この二人は、中国の現代数学を築いた人として有名である。

陳建功（1893年9月8日～1971年4月11日）、1893年、中国浙江省紹興生まれ。父親は慈善施設の職員、その長男として誕生、下に6人の妹がいる。家庭の経済状況は厳しく、5歳より私塾で学ぶ。当時は私塾の授業料が安かったのである。1909年、紹興府中学堂に入学。ここでは、魯迅が教鞭を執っていた。陳建功の最も好んだ科目は数学であった。

1920年、陳建功は東北帝国大学理学部数学科に入学。1929年に三角級数論の研究で博士号を取得して、日本の大学における最初の外国人理学博士となり、優れた功績を残したのである。

一、東北帝国大学

東北帝国大学は、日本では東大、京大に次ぐ3番目の帝国大学として、1907年6月21

▶留学中の陳建功

◀東北帝国大学正門

日付の勅令二三六号により設置され、開講されたのは札幌農学校を母体にした農科大学のみで、仙台に理科大学が設置されるのは1911年である。創立以来「研究第一」・「門戸開放」・「実学尊重」といった個性的な理念を確立し、時代に応じて、国際的な研究成果を多数生み出し，先端的研究と教育を一体的に進める大学であり、また、当初から、専門学校、高等師範学校の卒業生にも門戸を開き、1913年には、日本の大学として初めて、3名の女子の入学を許可したのである。このことについて、『九州大学五十年史通史』によれば、女性に対する帝国大学の門戸開放は、東北帝国大学をきっかけとして徐々に行なわれた。北海道帝国大学においては1918（大正7）年の創設と同時に一人の女子学生が農学部の農科専科第一部に入学を許可され、1925（大正14）年には、九州帝国大学が法文学部に二人の女子学生が入学したのである。

更に、「実学尊重」という実用のための勉強を強調することで、勉強のモチベーションが上がると同時に、より社会に貢献できる人材を育成することが重視されている。

日本の高等教育機関の中で東北帝国大学が留学生受入に果たした役割は、少なくとも留学生の数という面から言えば、限られたものと言わざるを得ないが、前述したように、東北帝大創立当初から、研究者が世界の学界で独創的な研究成果を産み出しながらそれを教育にも生かすという「研究第一主義」を校是とし、また、戦前からベンチャー企業を設立するなど、研究成果を社会に役立てる「実学尊重」の伝統を育んできた。この創立以来の個性的な伝統をもっている大学の特徴は、留学生にとっては、魅力的な存在である。

前述したように、1904年の魯迅の仙台留学は、仙台における「留学生」の歴史のはじまりでもある。その時、2人にすぎなかった仙台の留学生の数は、その後急速に増え、1911年頃には60人を越え、陳建功、蘇歩青に代表される多数の留学生を受け入れた。
筆者は陳建功及び同理学部で学んだ蘇歩青の留学の経緯、事績などを調査するため、東北大学資料館を訪れた。職員さんには熱心に百年前の資料を手配して頂いた。

二、三度の留学と研究業績

1、一回目の留学

実は、陳建功は東北大学留学以前の1913年に来日、東京高等工業学校（現東京工業大学）染色科を1918年に卒業、翌年東京物理学校（現東京理科大学）で数学を学び卒業している。つまり、日本の学校を三つ修めていることになる。

戦前期高等教育機関における留学生受入の実態については、その圧倒的多数を占める中国からの留学生が中心になっている。当時、清政府と日本文部省との間に締結された協定は、1908年から15年間にわたり毎年165人の留学生を清国側の経費負担で第一高等学校・東京高等師範学校・東京高等工業学校・山口高等商業学校・千葉医学専門学校の5校に入学させるというものであった。このように、5校の高等学校から進むコースが、帝国大学に進む留学生たちのもっとも正統的なコースになっている。『東京工業大学百年史』通史によれば、東京高工では1906（明治39）年以降中国人学生を対象とする「特別生」制度を実施し、

▶東北大学史料館

留学生は先ず一年制の特別予科に入学、これを修了したのち三年制の「特別本科」へ編入した上で日本人学生の「本科」に準じた教育をおこなって卒業させるということを記載している。また、東京高等師範でも「外国学生」として留学生を外国学生主任の監督下に置き、外国学生用の寄宿舎に居住させる一方、学修課程については一般学生と同様の学科目で予科一年、本科三年の課程を修め卒業させる、と規定されている。このエリートコースを歩んだ代表的な留学生としては、1915年に、東北帝大理科大学化学科に入学した最初の留学生、中国福建出身の鄭貞文（第一高等学校の特設予科）がいる。また、理学部の学部生として入学、後に文学者になった陶晶孫や、東京高等師範学校理科を卒業して理学部の地質学古生物学教室に入り、留学生で卒業後大学院を経て博士学位を取得した馬廷英などがいる。そして、陳建功と蘇歩青の二人ともに東京高等工業学校「特別本科」を卒業する。

20歳で来日した陳建功は、1913年、東京高等工業学校特別予科（色染科）に入学、翌年特別本科に進級数学を学ぶため夜は東京高等工業学校色染科、昼は東京物理学校に学んだ。1918年、卒業した後一度帰国し浙江甲種工業学校で教職に就くが、1920年に再来日して東北帝大に入学した。これを手始めとして、陳建功は1920年と1923年の3度に渡り、日本に留学している。

2、二度目の留学

1911年に開設した理科大学（理学部の前身）は、先行する東京・京都の帝国大学とは異

なる特徴を3点持っていた。東北大学『東北大学五十年史』によれば、

大学の部内規程である「理科大学規程」：

一つ、学科において2学科以上にわたる共通講義の随意聴講科目を設置したことであり、しかもその内容は、たとえば科学哲学・教育学・工業経済学・外国語といった専門外のものであった。

一つ、他大学と同様の授業料免除の特典を受けた特待学生とは別に、「広く一般学生への学術研究奨励の意図が明白」な学生への学資援助を行ったことであった。

一つ、入学者に対するユニークな資格規程であった。理学の教育研究の中心として、独創的な研究実績をあげるとともに、幾多の優秀な人材を世に送り出してきた。

としている。


陳建功は、1920~23年の留学では東北帝国大学理学部数学科に学んだ。学問・数学に対する真摯な態度、先見性で、入学一年目に「東北數學雑誌」に発表した三角級数論の研究に関する論文は非常に注目された。その論文は、中国人による現代数学の最初の論文である。更に、国際数学界の最新情報を得るため、日本語と英語に堪能であった他、ドイツ語、フラ

▶創立当時の理科大学

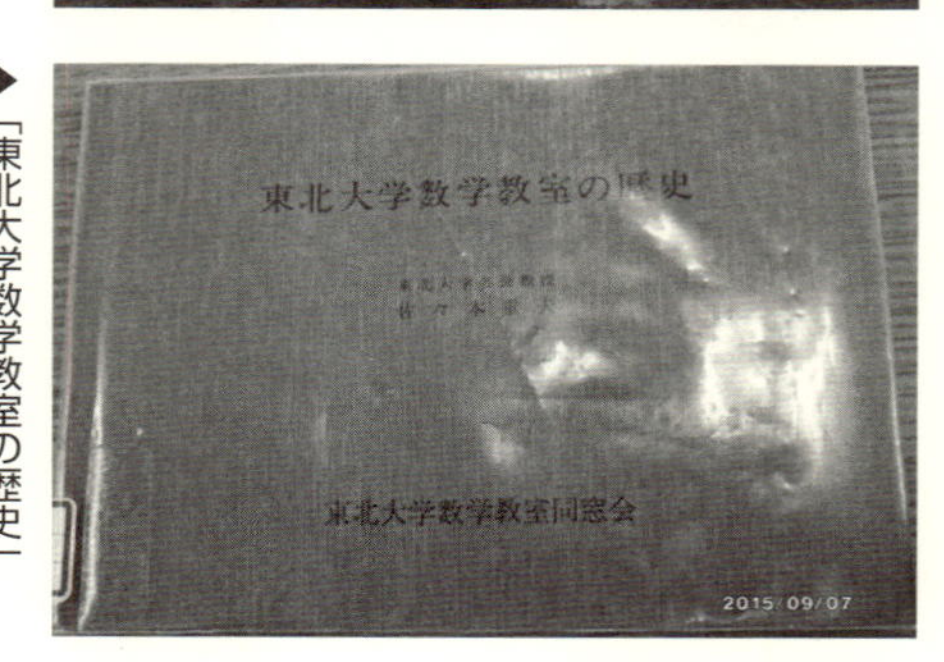

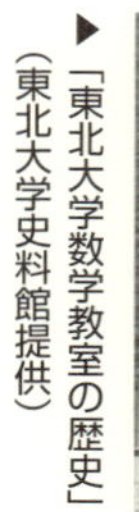
▶「東北大学数学教室の歴史」（東北大学史料館提供）

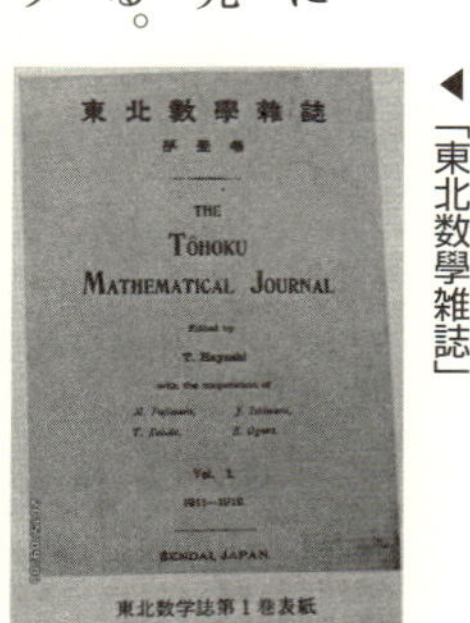

◀「東北數學雑誌」

ンス語、イタリア語、ロシア語を学ぶ。1923年卒業して後、一時武昌大学教授となったが、1926年には三度目の来日を果し、東北帝大大学院に入学した。

3、三度目の留学

1926年再び仙台の地に帰り、東北帝国大学大学院に入り、藤原松三郎の指導を受けて三角級数論の研究を深めた。三角級数論は初期の段階では、フーリエ級数の収束性、和を求めることが大きな課題であった。陳建功は、絶対収束するフーリエ級数をもつ関数を特徴づける問題を解決、「G. H. Hardy-J. E. Littlewood」も発表した。絶対総和法の研究などに成果をあげた。彼は大学院在学中、三角級数論、複素関数論など多岐にわたり、数十編の論文を著した。1928年には、指導教授の藤原松三郎に勧められ、岩波書店より『三角級数論』を出版、この分野における当時の書物として理論構成、内容において国際的にみて際立って優れたものと評価された。後にこの分野の定本となったZygmund著Trigonometrical Seriesに先立つこと7年であり、東北大学理科でも『三角級数論』で彼の用いた用語は幾つかそのまま使われており、著書は北京の国家博物館に保存されている。

▶留学中（左から蘇歩青、林鶴一、陳建功）

▲数学科の集合写真
（後列左より5人目　陳建功）
（東北大学史料館提供）

また、直交展開の収束に関する最も輝かしい結果であるＨ．Ｒａｄｅｍａｃｈｅｒ、Ｄ．Ｅ．Ｍｅｎｃｈｏｆｆの定理は、Ｓ．Ｂｏｒｇｅｎの定理に帰着されることを証明するなど重要な研究成果を上げた。２年余りの間に、10数編の英文論文として日本の数種の雑誌に発表した。そして１９２９年、この２年余りの研究成果を博士学位論文にまとめあげ、外国人留学生として初めて理学博士号を取得する。帰国に当たり、恩師である松原教授は日本在留を説得したが、本人の帰国の意志は固く、９月に帰国する。それは、「日本に留学したのは祖国のためであり、自分自身のためではない」という信念に基づくものであった。帰国後、北京大学と武漢大学の招聘を断り、故郷の浙江大学数学部の学部長となった。陳建功は、同東北帝大に留学、理学博士も獲得した後輩の蘇歩青を浙江大学に招聘することを薦めた。

その後、蘇歩青とともに中国現代数学の分野で大きな役割を果し、上級学生と助手たちを対象にしたゼミを開き多数の数学者を育成、広く「陳・蘇学派」として知られるようになった。その縁で、生前、陳・蘇が教鞭を執っていた浙江大学と復旦大学は、東北大学との間に学術交流協定が結ばれている。

浙江大学は、中国で最も古い国立総合大学の一つであり、１８９７年に設立された求是書院が前身。１９２８年、正式に国立浙江大学と命名された。１９５２年、全国規模の大学学部再編によって、文学院、理学院、農学院、医学院などの学部が浙江大学から分離し、工学を中心とした大学となった。１９９８年に旧浙江大学、杭州大学、浙江農業大学、浙江医科大学が再度統合され、新たな「浙江大学」としてスタートを切り、数多くの学科を持つ全国

▶学位書類
（東北大学史料館提供）

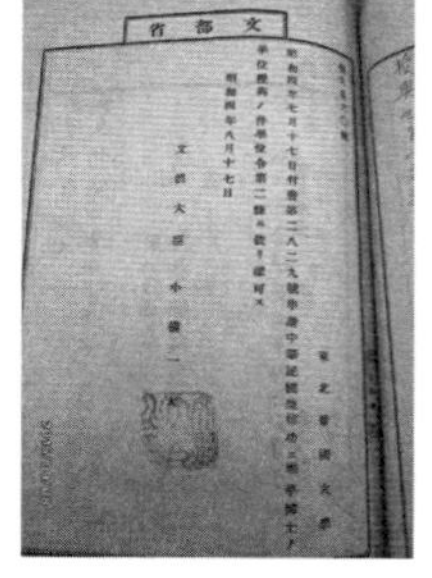

◀文部省の学位認可書類

重点総合大学となった。

4、帰国後

1935年に出版した『級数概論』は長年テキストとして用いられている。その数学述語は、少なからず彼が定めたものであるという。

1940年、日中戦争勃発のため、浙江大学は貴州へ移転、数学部は貴州の湄潭に拠点を置き、陳建功は研究生を受け入れ始め、翌年、浙江大学数学研究所が廟の中に設けられた。そこでの最初の研究生が程民徳であり、谷超豪、夏道行、張鳴鏞、龍昇など優秀な人材を輩出した。1942～47年に、陳建功はCesàro総和法に関する10数編の論文を書いた。

▶旧　浙江大学

◀記念写真　1938年（左より2人目陳建功・3人目蘇歩青）

1946年に、浙江大学は杭州に戻ったが、翌年から二年間、プリンストン高等研究所の研究員を勤めた。

1949年の中華人民共和国成立後の1952年～58年、復旦大学教授になり、数学の人材を養成するため、復旦大学内に再度の「陳蘇学派」の基地を創った。1958年杭州大学の副学長に任命されたが、復旦大学とは兼務であり、また、全国人民代表大会の代表、中国科学院数学物理科学部委員としても勤めたが、学術研究においては、1954年に『直交級数の和』、1965年に『三角級数』などの著書を出版し、また、

1959年と60年に2編の擬等角写像に関する論文を発表した。これらの研究成果は中国現代数学の発展に大きく寄与したのである。

1971年、中国の数学を憂慮しつつ浙江省中医院で世を去った。享年77。

1993年　5月に杭州大学で、陳建功の業績を偲ぶ「記念陳建功教授誕辰100周年式典」および中国現代数学の源流である陳建功記念研究集会が行われた。

陳建功の留学略歴

1913（大正2）年に20歳で来日

翌年東京高等工業学校特別予科（色染科）に入学し翌年特別本科に進級

1918（大正7）年9月に卒業した後、一度帰国し浙江甲種工業学校で教職に就く

1920（大正9）年に再来日して東北帝大に入学

1923（大正12）年に卒業し中国で武昌大学教授となる

1926（大正15）年三度目の来日、東北帝大大学院に入学

1929（昭和4）年に外国人留学生初の理学博士号を取得し、帰国

陳建功の主な研究業績

1926年東北帝国大学大学院に入り、藤原松三郎教授の指導を受けて三角級数論を研究する。

▶浙江大学にて

2年余りの間に、重要な研究成果を10数編の英文論文として日本の数種の雑誌に発表
1929年、研究の成果を綜合して学位論文にまとめあげ、日本で外国人留学生が学位を取得した第一号となる
1928年に『三角級数論』として岩波書店から出版
1929年9月祖国に帰った。中国では、直ちに北京大学、武漢大学などが教授として迎えようとした彼の研究は、三角級数論、実関数論、複素関数論など多岐な分野にわたる
1935年　著書『級数概論』
1950年　著書『単位圓中単葉函数之系数』北京　中国科学出版社
1954年　著書『直交級数之和』北京　中国科学院
1956年　訳書『単葉函数論中之一些問題』北京　科学出版社
1956年　訳書『複変函数之幾何理論』北京　科学出版社
1957年　訳書『複変函数論—三十年来のソ連数学』北京　科学出版社
1957年　『K. K. Chen: Summation of the Fourier series of orthogonal functions』北京　科学出版社
1958年　著書『実函数論』北京　科学出版社
1959年　著書『直交多項式級数之求和』北京　科学出版社
1960年　「綫性楕圓型偏微分方程組の一般解之赫耳賓連続性質」杭州大学学報
1964年　『三角級数論』上　上海科技出版社

1965年　著書『三角級数』　上海科技出版社
1979年　『三角級数論』下　上海科技出版社
陳建功は、数多くの優れた研究成果を一方で生み出しつつ、一方では研究者を育て、後の中国現代数学発展に大きな影響を与えたのである。

〈参考資料・文献〉

(1) 王斯雷「記念陳建功教授誕辰一百年」杭州大学学報　1993年
(2) 佐々木重夫『東北大学数学教室の歴史』　東北大学数学教室同窓会　1984年
(3) 蔡猗瀾(白鳥富美子訳)『「陳建功 その学者としての生涯」『数学セミナー』
(4) 舒新城『近代中国留学史』　中華書局　1933年
(5)『東北大学五十年史』編纂事業と東北大学記念資料室の発足
(6) 実藤恵秀『中国人留学日本史稿』　日華学会　1939年
(7) 中島半次郎『日清間の教育関係』　日清印刷　1910年
(8)『中国人日本留学史』　くろしお出版　1960年
(9) 阿部洋『中国の近代教育と日本』　福村出版　1990年
(10)『米中教育交流の軌跡』　霞山会　1985年
(11) 松本亀次郎『中華留学生教育小史』　くろしお出版　1960年

蘇歩青　―中国の数学教育者と日本留学

中国における現代数学創設者と言えば、前述した陳建功と並ぶ数学教育者、蘇歩青(そほせい)である。蘇歩青（1902年9月23日～2003年3月17日）は、中国浙江省温州平陽の農家の出身。貧しいながら、父親は彼を学業に向かわせるために努めた。1914年、浙江省省立第十中学校に優秀な成績で入学し、18年に卒業。卒業後の19年7月、17歳の時に中学の校長である洪先生より、先生自身の資金援助による日本留学を勧められ、留学を決意。20年の日本への渡航後、わずか1ヵ月で日本語をマスターし、東京高等工業学校電機科に入学。24年に卒業後、直ちに東北帝国大学の数学科に、90人の中でトップの成績で入学した。27年、同学科を卒業。直ちに東北帝国大学第9臨時教員養成所の講師に採用される。28年に発表した「四次代数錘面」論で世界に大きな反響を惹き起こし、「蘇錘面」と呼ばれた。帰国までの4年間に日本、アメリカ、イタリアの数学専門誌に論文を発表した。28年に日本女性と結婚。31年に蘇は帰国することになるが、これは陳建功と「浙江大学数学科を20年内に世界一流の存在たらしめ、祖国のために数学人材を育成しよう」との約束に基づくものであった。

筆者は、蘇歩青の東北帝大での留学状況に関する調査を行うため、東北大学の史料館を訪

▶東北大学史料館

◀留学時期の蘇歩青

れた。

東北大学史料館は、大学片平キャンパス内にあり、1963年7月に日本初の大学アーカイブズ「東北大学記念資料室」として設置され、1973年、歴史資料を収集、保存、公開、活用するためにオープンし、半世紀近くにわたって活動を続けている。2000年12月、この「東北大学記念資料室」は新たに「東北大学史料館」へと改組され、大学の歴史を紹介する公開施設として運営されている。2011年7月には、魯迅の仙台医学校留学時代の関係資料を紹介する常設展示室として、オープンしている。

史料館事務員さんの御配慮のもとで、貴重な資料を閲覧することができた。

蘇歩青は1920年に18歳で、前述した陳建功と同じく、帝国大学に進むため、留学生たちのもっとも正統的なコース、第一高等学校・東京高等師範学校・東京高等工業学校・山口高等商業学校・千葉医学専門学校という日清「5校入学」協定のうち、東京高等工業学校の電気科特別予科に入学、1924年に卒業、そのまま東北帝大の数学科を受験し入学した。専門は微分幾何学で、指導教官は幾何学講座の窪田忠彦教授である。1927年に、東北帝国大学理学部数学科を卒業、直ちに東北帝国大学大学院に進学し、のちには東北帝国大学構内に併設された「第三臨時教員養成所」の講師に採用され、窪田忠彦先生に師事して微分幾何学の研究を続け、1931年に東北大学から外国人としては陳建功の次、2番目に理学博士の学位を取得した。

1931年、蘇歩青は陳建功との留学時代の、浙江大学で教鞭を執るという約束を守るた

▶留学中
前列左より蘇歩青、2人目泉信一、3人目藤原教授
（東北大学史料館提供）

▶蘇歩青と家族（1930年）
左より蘇歩青と長男徳雄、妻松本米子と長女徳晶

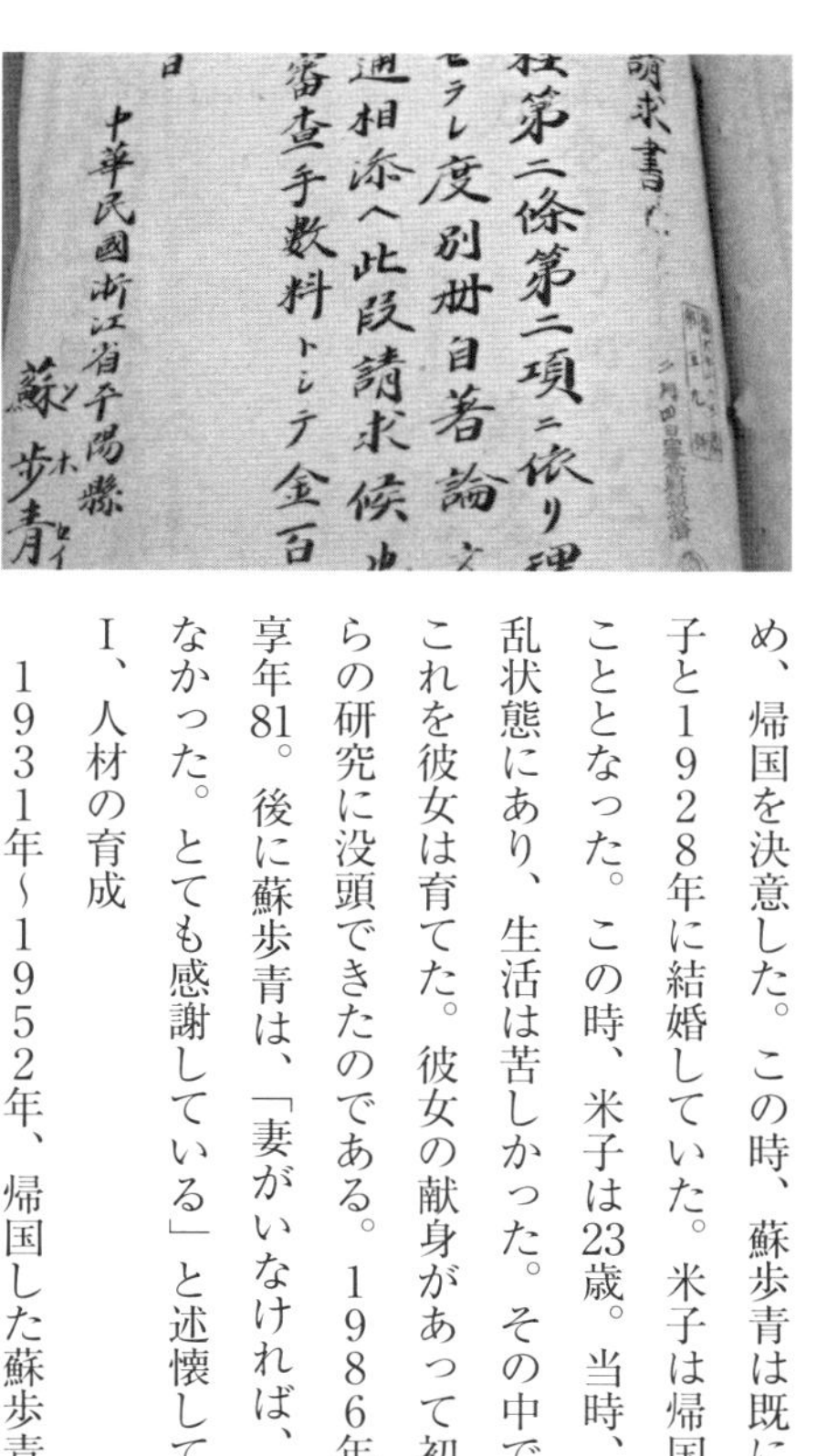
請求書
程第二條第二項ニ依リ理
セラレ度別冊自著論文
通相添ヘ此段請求候也
審査手数料トシテ金百
中華民國浙江省平陽縣
蘇歩青

▲蘇歩青の学位申請書（東北大学史料館提供）

め、帰国を決意した。この時、蘇歩青は既に松本教授の娘・米子と1928年に結婚していた。米子は帰国を快諾、随伴することとなった。この時、米子は23歳。当時、中日は戦時下の混乱状態にあり、生活は苦しかった。その中で10人の子を設け、これを彼女は育てた。彼女の献身があって初めて、蘇歩青は自らの研究に没頭できたのである。1986年5月、米子は逝去。享年81。後に蘇歩青は、「妻がいなければ、私の人生はあり得なかった。とても感謝している」と述懐している。

I、人材の育成

1931年~1952年、帰国した蘇歩青は浙江大学の準教授として、教鞭を執りながら、陳建功とともに中国現代数学の開拓者・牽引者として活躍、「陳蘇学派」と並び称され、多くの数学者を育てた。数学研究グループの活動を行い、学生に対する数学の基礎訓練を厳しく行った。この時のエピソードの一つが、予習復習の十分でなかった学生に対する〝掛黒板〟（黒板の前に立つ）であったという。

1937年からは院生を受け入れることとなり、その指導を始めた。この院生の中から、優秀な者を上海の中央研究院数学研究所の他、海外留学に送り込んでいる。その一方、自らの研究論文も国内外において数多発表している。その功績の一つが、微分幾何学学派の国際学会からの公認であり、幾多の研究論文であった。この1931年から52年の上海復旦大学

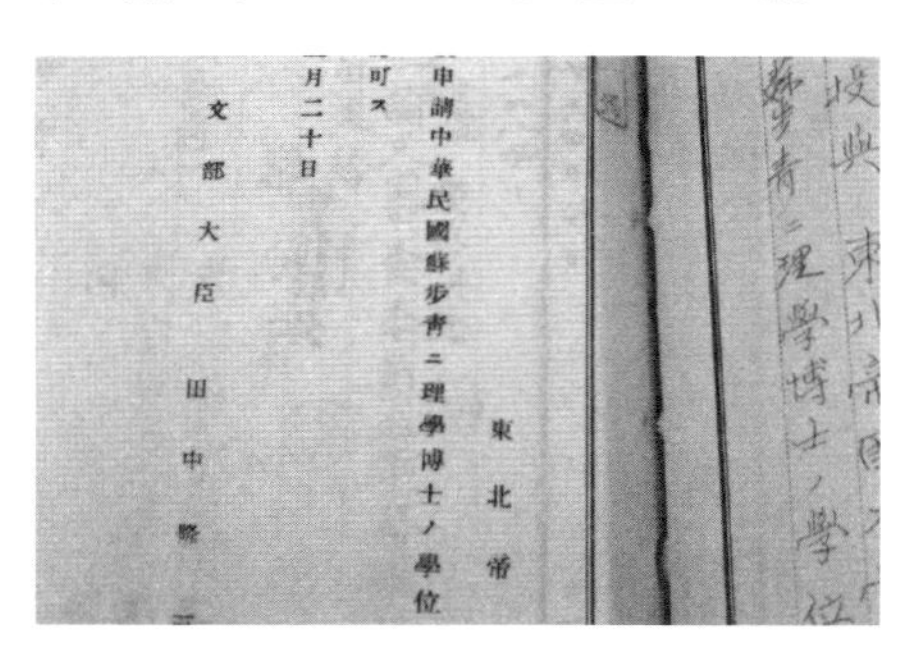
東北帝
申請中華民國蘇歩青ニ理學博士ノ學位
可ス
月二十日
文部大臣　田中

◀理学博士認可書

教授就任までの間に、１００名近い優秀な人材を育成したのである。

Ⅱ、３回に亘った日本訪問

一回目は１９５５年12月であった。当時、中国政府は中国科学代表団を日本に派遣することになった。この代表団は新中国成立後、最初に日本を訪問した最高レベルのリーダーであった科学文化に関する代表団であった。全国文学芸術連合会主席・郭沫若（かくまつじゃく）を団長とし、団員には、上海復旦大学教授・蘇歩青、鉄道部鉄道研究所所長・茅以昇等の著名な学者が含まれている。彼らは新中国科学界の代表的な存在であった。この代表団派遣は、中国が中日文化、科学の交流を重視したことを示している。代表団は日本訪問中、東京大学、千葉大学、京都大学、立命館大学、大阪大学、岡山大学、広島大学など多数の大学と研究機関を見学し、日本の学者と広汎な交流を行った。

二回目は、１９７９年６月の上海科学代表団訪日である。大阪市を訪問、この時に中小学校をも訪問し、３０００冊の図書を寄贈している。

三回目は１９８３年４月、日本数学会に招待され、中国数学代表団を率いて訪問した。この際には、数学分野での学究を深めるとともに、母校である東北大学を訪問した。桜の時期のこ

◀１９５５年　日本訪問（右より１人目蘇歩青、３人目郭沫若）

▶浙江大学文理学院数学部の歓迎会（前列左より３人目が陳建功、４人目蘇歩青）

の時のことを彼は、「思い出交々、懐かしい気持ちが湧き上がる。私の第二の故郷に戻ることができ、とても嬉しい」と言ったとされ、この時の七言絶句も残している。

Ⅲ、日本語専攻学科の創設

中国屈指の名門総合大学復旦大学は1905年に創立され、中国を代表する文科・理科をカバーする総合大学であり、上海に位置する。蘇歩青は1956年9月から復旦大学の副学長、1978~1983年に学長として在任した。

1970年、復旦大学には外国語言文学系日語日文科が開設された。中国の大学における日本語学科の設置としては、これは比較的早い時期である。その後、1972年の日中国交正常化により、徐々に日本語教育が社会に浸透しつつあった。外国語人材の必要性を痛感した蘇歩青は、国際的視野を持ち、各種の総合技能を身につけ、時代と共に進む人材を育成するために、大学教育国際化の改革を実施した。

この日文科を設置した教育方針については、「本学科は確実な日本語力と広範な科学文化の知識、すなわち外交、貿易、文化、新聞、出版、教育、科学研究、観光等の部門において翻訳、研究、教授、管理業務に従事することのできる、ハイレベルかつ専門的な日本語を身につけた人材を養成する。」との目的が掲げられ、後、復旦大学外国語学院日本語学部と改称して創設されたのである。日本語の語学人材育成と、大学院修士課程学生の語学教育を並行して実施している。

▶詩　七言律　東北大学訪問
蘇歩青真筆

◀蘇歩青と恩師窪田忠彦先生
（1957年）
右が窪田忠彦先生

日本語語学専攻の学部生は、四年制としている。授業では、ヒアリング、会話、文法、作文、中日対訳、中日文化文学比較、日本事情、古典文学などを教え、特に聞く力や話す力を重点的に養成し、かなり効果があった。高学年の学生のためには、多くの教養科目と第2外国語の科目を増設した。毎年、優秀な学生を選抜して日本の名門大学である東京大学や京都大学、早稲田大学に留学させる。卒業生に日本語学文学学士と日本語学文学修士の学位を授与、国際交流部署、マスメディア、企業、金融、教育機関など様々な業界に多くの人材を送り込んでいる。復旦大学においては、日本語は、英語に次ぐ第2の外国語の地位を確立したのである。その後、多くの大学で日本語教育が開始されている。1980年代になると、相次いで高等教育での日本語教育シラバスの整備が始められた。ラジオやテレビの日本語講座で日本語を勉強する人も増え、多くの日本語講習所、日本語教室が現れた。

現在、復旦大学は、世界の25の国と地域の150校の大学と大学レベル校との学術協定を結んでおり、そのうち、日本側と学術協定を結んだのは、35校にのぼり、日本はアメリカに次いで第二の交流対象国になっている。また、京都大学と早稲田大学は、相前後して復旦大学のキャンパスにそれぞれ上海研究センターと上海事務所を設立し、日本の企業との連携も大いに強化された。中には、中日大学生の企業での実習交換活動や日本

▶蘇と教え子・谷超豪
◀蘇歩青と米子夫人
（1980年 上海の自宅）

の企業のリーダーの訪問など、企業と実施する共同研究プログラムを含むものもある。

1991年、蘇歩青を中心とする数学国際シンポジウムが上海の復旦大学構内で開催され、陳・蘇の留学が縁となって、東北大学は浙江大学、復旦大学と学術交流協定を締結するに至った。

1993年には、日本政府から勲二等瑞宝章（くんにとうずいほうしょう）（現行の名称、瑞宝重光章（ずいほうじゅうこうしょう））を授与された。また、「人民網日本語版」2008年7月1日の報道には、「旭日大綬章は、日本との友好交流事業の促進に功績のあった外国人を表彰する日本政府の勲章。中国人では1983年以降、廖承志氏、蘇歩青氏、雷任民氏、宋健氏、楊振亜氏など20人余りが受章している。」と、記載されている。

2003年3月17日、上海華東病院にて老衰で逝去、享年100。

没後の2012年9月23日、彼の誕生日に復旦大学と民主同盟中央によって、蘇歩青の誕生110周年を記念するシンポジウムが開かれた。この時、蘇歩青の初の銅製胸像が開示された。

2015年12月には、彼の故郷である浙江省温州市平陽県に「蘇歩青励志教育館」が造られ、彼の生前の業績が展示され、地元の青少年達にも大きな影響を与えている。

▶大会の出席
左より1人目朱鎔基、真ん中　鄧小平、右　蘇歩青

◀蘇歩青の胸像（復旦大学構内にて）

蘇歩青留学略歴

留学期間：1920年~1931年

1920（大正9）年に18歳で東京高工電気科の特別予科に入学、後特別本科に進学。1924（大正13）年に卒業、東北帝大の数学科を受験し入学。1927（大正9）大学院に進学し、のちには東北帝国大学構内に併設された「第三臨時教員養成所」の講師となる。

1931年に、微分幾何学の研究で理学博士号学位を取得、陳によって帰国して浙江大学準教授となる。

帰国以後、彼は陳とともに中国現代数学の開拓者・牽引者として活躍、「陳蘇学派」と並び称され多くの数学者を育てた。後には、上海復旦大学の教授、大学学長も務めている。

主な研究業績

1931年　外国人として理学博士の学位を取得した第二号人物となる

1948年　著書『微分幾何学』正中書局出版

1952年に復旦大学教授に就任以来、中国数学会副理事長、復旦大学学長、上海市科学技術協会会長などを歴任

1954年　著書『斜影曲線概論』北京・中国科学院出版社

1958年　著書『一般空間的微分幾何学』・英文版著書『斜影曲線概論』上海科学技術出

版社

1961年　著書『現代微分幾何学概論』上海科学技術出版社

1964年　著書『高等幾何講義』・『斜影曲面概論』上海科学技術出版社

1977年　著書『曲線與曲面』北京・科学出版社

1978年　著書『斜影共軛網概論』上海科学技術出版社

1979年　著書『微分幾何五講』上海科学技術出版社

1981年　著書『計算幾何』上海科学技術出版社

1982年　著書『仿射微分幾何』上海科学技術出版社

1983年　著書『蘇歩青数学論文選集』・英文版著書『仿射微分幾何』北京・科学出版社

1986年　著書『拓扑学初歩』上海復旦大学出版社

1989年　英文版著書『計算幾何』上海科学技術出版社

1991年　著書『高等幾何学五講』上海教育出版社

2001年　『蘇歩青数学論文全集』北京・高等教育出版社

蘇歩青の、数学の研究と教育に対する活躍はめざましく、多数の数学研究者を中国で育成したことから、彼は中国における現代数学創設者の一人とされている。

〈参考資料・文献〉

(1)『東北大学五十年史』編纂事業と東北大学記念資料室の発足
(2) 佐々木重夫『東北大学数学教室の歴史』 東北大学数学教室同窓会 1984年
(3) 実藤恵秀『中国人留学日本史稿』 日華学会 1939年
(4) 中島半次郎『日清間の教育関係』 日清印刷 1910年
(5) 実藤恵秀『中国人日本留学史』 くろしお出版 1960年
(6) 蘇歩青 『射影曲面概論』 上海科学技術出版社 1964年
(7) 松本亀次郎『中華留学生教育小史』 くろしお出版 1960年
(8) 蘇歩青『射影共軛網概論』 上海科学技術出版社 1977年
(9) 蘇歩青・劉鼎元『計算幾何』 上海科学技術出版社 初版1981年
(10) 舒新城『近代中国留学史』 中華書局 1933年
(11) 阿部洋『中国の近代教育と日本』 福村出版 1990年

『民報』—中国同盟会結成と機関紙

『民報（みんぽう）』は、1905年8月26日に中国同盟会により、東京で発行された大型政治論団を中心とする機関刊行物である。その前身は華興会の機関紙、『二十世紀之支那』であったが、中国同盟会成立時に黄興の提案を受け、同盟会の機関紙となった。『民報』は、「論説」、「時事評論」、「論壇」、「記事」、「翻訳」等の項目が設けられ、毎期の内容は6万から7万字、150ページであり、銅版写真数枚が含まれ、一部広告も含まれていた。原則として月刊であったが、途中の発行遅延や停刊もあった。『民報』の編集は同盟会本部で行われたが、発行人は日本での孫文の友人であった宮崎寅蔵（滔天）や末永節（すえながみさお）らは自宅を発行人住所とし、活動を支援した。

『民報』第一号は、1905年11月26日に発行された。編集人兼発行人は張継、発行所は多摩郡内藤新宿字番衆町34番地、宮崎滔天の住宅である。印刷所は秀光社で神田區中猿楽町4番地、印刷人は末永節となっている。

孫文が中国同盟会総理として「発刊の辞」を書き、『民報』発行の趣旨は、

一、現今の劣悪な政府を転覆させる。

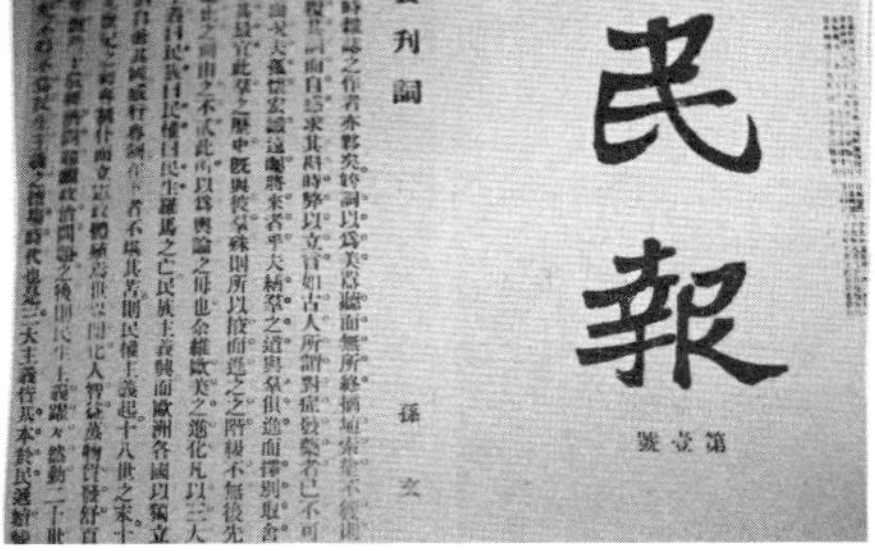

▶『民報』第壱号

二、共和政体を建立する。
三、世界に、真の平和を維持する。
四、土地の国有化。
五、中国と日本両国の国民聯合を主張する。
六、世界の列国が中国の革命事業に賛成する事を要求する。

となっている。

『民報』発行の最盛期は1万部を超え、日本や中国国内にとどまらず、アジア、欧米各国でも広く配布されていた。

『民報』の主筆陣は、6号まで張継、以後は、殆んど廖仲愷・宋教仁、谷思慎、章炳麟であった。また、胡漢民・陶成章・汪兆銘・陳天華・朱執信など、革命派もしばしば投稿している。

孫文は創刊号の「発刊詞」で、同盟会の「民族・民権・民生」の三大主義は帝国主義の抑圧からの民族独立・政治的民生主義・経済的平等主義を達成するための唯一の道であることを主張し、言明した。さらに、主編者である胡漢民は「六大主義」を提唱し、当時の革命運動の発展に大きな影響を与えた。

その六大主義は、所謂

一つ、劣悪な満州族政府を打倒。

▶『民報』の発行所跡地（1）
現　新宿区新宿五丁目五番
旧　豊多摩郡内藤新宿町字番衆町三十四番地

▲『民報』の発行所跡地（2）
現　新宿区西新宿七丁目八番五号
旧　豊多摩郡大久保村大字大久保百人町二三八番地

一つ、共和政府を建設。
一つ、世界の真正な平和を維持。
一つ、土地国有。
一つ、中日両国の連合。
一つ、列国の中国革命支援の要求。

新たな中華民族の政府を建設しようという革命の烽火（のろし）であった。

胡漢民（1879年12月9日～1936年5月12日）、原名は衍鸛（えんかん）、字は展堂という。広東省番禺県の出身である。1902年に日本の弘文（のち宏文）学院師範科に入学した。1904年、法政大学速成科で勉強、そこで汪兆銘・朱執信らと知り合い、1905年中国同盟会が結成されると同時に入会し、『民報』の最初の編集責任者となった。彼の六大主義は、平等を観点とする社会の実現と、革命の正当性に対する深い確信であった。

『民報』には、またアナーキズムに関する写真や記事、そして外国の蜂起、暗殺事件を描いた絵なども掲載された。また、君主立憲を主張する改革派の機関誌『新民叢報』を批判して激しい論戦を交えた。『民報』の活躍は辛亥革命の嚆矢となった。

清政府は『民報』の存在を恐れ、1908年10月、日本政府は清国政府からの申し入れを受け入れ、『民報』を発禁処分とし、休刊となった。このため25号と26号は、パリで発行した。1910年2月、日本で最終の秘密印刷をした後に、停刊した。前後26期、また『天討』等の出版を加えると27期であった。

▲『民報』
胡漢民「民法之六大主義」

◀『民報』の発行所跡地（3）
現　新宿区百人町一丁目二十番二十
旧　豊多摩郡淀橋町大字角筈地番七三八番地

『民報』の出版場所は何ヵ所もあったが、筆者は『民報』の編集所と発行所の旧跡三ヵ所を訪ねた。

この『民報』ゆかりの旧跡あたりに立つと、大正・昭和時代の熱血詩人、児玉花外が1913年4月『太陽』で発表した「章炳麟君を弔ふ」の一節を思い出した。

「……

牛込新小川町『民報』社跡を訪ふ

いま秋の日に昼顔の籬に紅く咲く所

当年『民報』紙は雲のやうに支那大陸に舞行けり

青年留学生は神の如くに仰げり章先生

……

章君一枝の筆よく袁世凱を震慄させし大威力

これ文筆の人としてまた瞑するに足れり

君が蒔きし革命の種子は支那青年の頭脳に深く残り

やがて旧大陸に自由平等の美花と開けん。」

この詩は、章炳麟が袁世凱によって北京で軟禁され（1913年8月から約三年間。袁世凱の死後釈放）殺害されたという噂を聞き、弔意を表すために書いたものである。詩の中では、章炳麟が悲壮なまでに鋭く袁世凱を批判した『民報』の影響力を称えている。

章炳麟（1896年1月12日～1936年6月14日）は、中国の清末民国初の学者、革命家。字

▶『民報』の編集所跡地
現　新宿区新小川町五番
旧　牛込区小川町二丁目八番

◀章炳麟

は梅穀、枚叔、号は太炎。彼は黄宗羲（字は太沖）と顧炎武を崇拝したため、太炎と別号した。浙江省余杭（臨安）県の出身。辛亥革命の有力な指導者であり、清朝考証学の大家としても仰がれている。「蘇報」・「民報」などで激しい反清の論陣を張り、伝統学術を再評価して民族意識を鼓吹、民族主義革命を主張して辛亥革命に大きな影響を与え、孫文、黄興と並んで「革命の三尊」と呼ばれた。１８８９年の戊戌変法の後、台湾へ渡り、１８９９年終りまで日本に亡命した。帰国後辮髪を切り、倒満思想を露わにする。その翌年、中国の革命を中心とした『訄書』を出版した。１９０２年、再度日本に亡命、孫文と親交を結んだ。１９０３年、上海で光復会を設立、蔡元培指導下の「愛国学社」で教鞭を執り、その機関誌『蘇報』に鄒容の「革命軍」を載せ、鄒容と一緒に投獄された。１９０６年牢獄を脱した後、中国同盟会に加入し、その機関報『民報』の主筆となり、康有為らの変法派を批判、民主革命を宣伝した。日本の友人には、宮崎滔天・幸徳秋水らがいた。北一輝は章太炎を「支那のルソー」と呼んでいる。また魯迅は、太炎を「師」として崇拝していた。

１９３６年6月14日に、蘇州で病死、享年69。墓は杭州にある。「章太炎之墓」という字は、本人が袁世凱に軟禁されたとき、自筆したものである。

一方、民主革命政治家の廖仲愷は、『民報』7号に「社会主義大綱」を、第9号に「無政府主義と社会主義」などを発表した。

廖仲愷（１８７７年4月23日〜１９２５年8月20日）、広東省恵陽県出身のアメリカ華僑の家庭に生まれ，原名は思煦、仲愷は字。彼はアメリカに生まれ育ち、１９０２年、日本に留学、

▶章炳麟（太炎）の墓（杭州西湖南屏山）

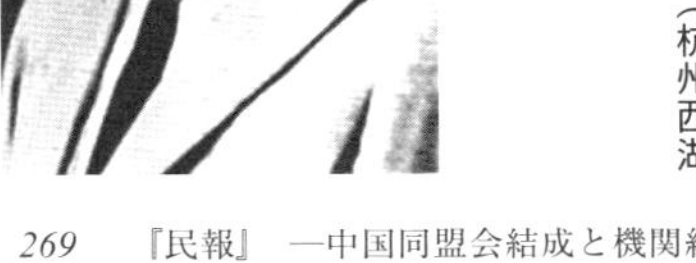

◀廖仲愷

早稲田大学政治予科を卒業後、中央大学政治経済学部に入学した。その間、日本に留学している香港出身の何香凝と結婚した。当時、何香凝は日本女子大学、東京女子師範と本郷女子美術学院などの学校で学びながら革命運動に参加した。１９０４年、長女の廖夢星、１９０８年に長男の廖承志が生まれた。

１９０３年に、廖仲愷は東京で孫文と知り合い、１９０５年、東京で中国同盟会の結成に参加。欧米、日本の学者から社会主義思想の影響を受け、のち中国国民党の指導者となった。彼は西洋古代思想の中の社会主義を紹介し、１８１７年から１９０５年までの近代社会主義思想および運動の展開過程を宣伝し、孫文の地権平均論を高く評価した。辛亥革命後、１９２０年に帰国して孫文の広東軍政府に参加、広東省長などを歴任し、１９２４年の国民党一全大会で中央執行委員、１９２５年にはその農民部長を兼任した。１９２５年３月に孫文が亡くなって以来、廖仲愷は孫文の連ソ・容共・労農扶助の政策を遂行し続け、軍政・民政・財政などを統一し、国民党の左派の指導者になった。１９２５年８月20日に広州市の中央党本部で凶弾に倒れた。廖仲愷を記念するため、彼が殺された場所に記念碑が建てられ、「廖仲愷先生記念碑」の八字は譚延闓が揮毫し、左右に蒋介石・汪兆銘の自筆題字がある。１９６６年に文化大革命の発動で記念碑が壊された。今の記念碑は１９８２年６月にできたもの、「廖仲愷先生犠牲処記念碑」という十一字は葉剣英の題字である。高さは４・７メートル。

子息の廖承志は全国人民代表大会常務委員会副委員長として、対日関係の中心的存在で

▶早稲田大学旧跡

▶「廖仲愷先生犠牲処記念碑」（広東省広州市にて）

あった。

宋教仁（1882年4月5日～1913年3月22日）は湖南省桃源県生まれ、字を得尊、号を鈍初、遯初という。書香の門弟で、1900年、科挙の試験で秀才に合格した。1902年、張之洞の文普学堂に入り、この新式な学校で西洋思想の影響を受け、翌年、黄興・陳天華・蔡鍔らと一緒に華興会を創った。1904年12月末、武装蜂起の計画が漏れ、亡命のため日本に来る。順天中学で日本語・英語を学び、その後法政大学の聴講生として勉強しながら、革命を宣伝するための雑誌の発行などの活動をした。1905年に孫文に会い、中国同盟会を創設、執行部の役員となり、『民報』の経営に力を傾けた。その頃、同盟会の戦略への不信感と一連の革命運動の失敗により、彼は新たな革命方法を探すため、早稲田大学に入学、近代的な知識を学び始めた。

宋教仁の旧居は幾つかあったが、宋教仁の『私の歴史』によると、早稲田大学に通学が便利なため、大学の近くに住んだ。もう一ヵ所は民報社の附近である新宿区東五軒町であったという。

1913年3月20日、宋教仁は上海の北駅で袁世凱の刺客に殺された。

一方では、『民報』の発行には、前述した宮崎滔天の他、日本の政治運動家・革命家にして浪人・武道家の末永節らも物・心の両面から尽力している。

末永節（1869年12月14日～1960年8月18日）、号は狼嘯月、晩年は無庵。福岡県筑紫郡住吉町（現・福岡）の出身。福岡藩士・末永茂世の子で、兄の純一郎は新聞人。宮崎滔天の

▶宋教仁

◀宋教仁の旧居跡地（現、新宿区東五軒町三番二十二号）

紹介で孫文や黄興らと親交を結び、その活動を支援するようになる。以後その革命運動の合同を働きかけ、革命運動に全力を尽くし、支援した。武昌革命に参加、辛亥革命を闘う。自ら宋教仁（そうきょうじん）ら編集の機関誌『民報（みんぽう）』の印刷や発行において協力することとなった。昭和35年8月18日死去。享年90。

また、『民報』の他に、当時の留学生たちは新聞・雑誌を多数創刊していた。1898年から辛亥革命（1911年）までに、83種類の創刊があった。『民報』のほか、主なものとしては、1898年11月の梁啓超の『政議報』、1902年10月の楊篤生・陳天華らの『游学訳論』、1904年8月の秋瑾の『白話』、1905年6月の白逾桓・宋教仁の『二十世紀之支那』などがある。以下に創刊数を見ることにする。

清末在日中国留学生が創刊した刊行物統計表

年	1899	1900	1901	1902	1903	1904	1905	1906	1907	1908	1909	1910	1911
創刊数	1	1	1	3	9	4	4	15	20	13	4	6	2
合計	83												

参考資料：方程根・胡漢民「海外華文報刊の歴史と現状」新華出版社　1989年
方漢歩『中国近代報刊史』山西人民出版社　1981年
董守義『清代留学運動史』遼寧人民出版社　1985年により作成

上表の通り、1899年から1911年にかけ、中国留学生たちによる刊行物の創刊には三つのピークがあった。第一回目の1903年に9種類がある。この年はロシアの中国東三省占拠に反対する拒俄運動（きょがうんどう）が燃え盛った時期であり、在日留学生が東京で拒俄義勇軍まで結成している。第二回は、1906年と1907年、合計35種類が現れた。この時期は、中国同盟会が成立した翌年からで、革命党の指導により中国各地で十回にのぼる武装蜂起が繰返されている。第三回は1910年の6種類、辛亥革命運動の直前時期に当たる。この時、多くの留学生は革命運動に参加するため帰国している。これらの刊行物発刊の時期、種類と数は、近代中国革命運動の発展動向をも左右したと言える。

1906年、『民報』創刊一周年記念大会が「錦輝館」で行われた。この錦輝館は集会演説用の貸席があり、留学生大会や社会主義大会の会場としてよく使用されていた。

前述したように、1908年10月、清政府は『民報』の影響を恐れ、日本政府と協議し『民報』発刊の禁止令を出す。章太炎はそれに対し、盛大な講演会を行い、断固として反対を宣言する。この時、章太炎を支持する日本人の弁士四、五人が登壇し、彼と『民報』を応援した。

1911年11月、辛亥革命勃発の一ヵ月後、章太炎は五年間の日本亡命生活を終えて上海に戻り、中華民国建設に身を投じた。中国近代史に大きな貢献をし、新しい国家建設の前触れを務めた『民報』は日本での発刊に終止符を打たれることになったのである。

▶集会、演説場所
錦輝館跡地（現　東京電機大学敷地）
現　千代田区神田錦町三丁目七番地
旧　神田区錦町三丁目十八番地

▲「中華革命同志会」（1912年）
（前列左端が山田純三郎・4番目黄興　5番目孫文）

〈参考資料・文献〉

（1）李喜所『近代中国留学生』人民教育出版社　1987年
（2）尚明軒ら『双清文集』人民出版社　1985年
（3）『廖仲愷先生文集』中国国民党中央委員会党史委員会編　1983年
（4）『廖仲愷伝』北京出版社　1982年
（5）武安隆等『中国人の日本研究史』六興出版　1989年
（6）島田虔次等『辛亥革命の思想』筑摩書房　1968年
（7）呉相湘『宋教仁伝』伝記文学出版社　1985年
（8）董守義『清代留学生運動史』遼寧人民出版社　1985年
（9）汪向栄『中国の近代化と日本』湖南人民出版社　1987年
（10）陳学恂『中国近代史教育史教学参考資料』人民教育出版社　1988年
（11）方漢歩『中国近代報刊史』山西人民出版社　1981年
（12）湯志鈞『章太炎年譜長編』全2冊　中華書局　1979年

郭沫若　―大文豪と九州の縁

郭沫若（かくまつじゃく）（1892年1月16日～1978年6月12日）は中国の現代文学者・歴史学者・古文研究者で、国務院副総理・科学院院長・全国文学芸術連合会主席・全人代常務副委員長・中日友好協会名誉会長などを歴任した政治家・社会活動家である。

四川省楽山県沙湾鎮の地主兼商人の家庭出身で、本名を開貞（かいてい）、幼名を文豹、号は尚武・沫若、筆名を麦克昂・鼎堂（ていどう）などという。詩人・劇作家・考古学家・歴史学者・書家。また革命政治家として多彩な活躍をし、数奇な生涯を送った。彼の研究は、歴史文学から哲学、甲骨文や古文字の解釈等幅広く各分野に及び、作品を数多く残した。

郭沫若が豊富な自然科学と社会科学の知識を身に付けたのは、日本での二十年間に及ぶ生活と密接な関係がある。そのうちの前半十年間、すなわち1914年1月から1923年4月までを一高特設予科、岡山の六高を経て、九州帝大医学部で留学生活を送った。二十二歳から三十一歳までであった。後半の十年間は、1928年2月から1937年7月まで、千葉県市川市須和田で政治亡命生活を送りながら、中国古代史の研究、文学創作に心血を注いだ。この二十年間の日本での生活が彼の後半の人生、社会的地位の基礎を定めた。ここでは郭沫若の代表的なモニュメントを取り上げ、彼の人生を振り返ってみたい。

一、後楽園詩碑

後楽園仍在　　後楽園なおあれど
烏城不可尋　　烏城（うじょう）（岡山城の異称）は尋ぬべからず
願将丹頂鶴　　願わくば丹頂鶴をはなちて
作対立梅林　　対を作して梅林に配せん

1955年冬重遊岡山後楽園賦此志感

この五言絶句は、1955年12月15日、中国社会科学院院長郭沫若が、中国学術代表団長として来日、かつて日本留学中に学んだ旧制第六高等学校を想い出して揮毫したもので、1961年それを「詩碑建設委員会」が詩碑にしたのである。現在岡山後楽園に碑文として残されている。

郭沫若は岡山を三十八年ぶりに訪れ、学生時代の通学路であった後楽園などを訪問した際、当時の岡山知事三木行治に「鶴がいないのは寂しいから贈りましょう」と言い、翌1956年7月1日、二羽の丹頂鶴をプレゼントしている。

郭沫若は1914年、長兄の援助で日本に留学した。当時、官費・公費と私費の三種類の留学生制度があった。官費の学校は第一高等学校・高等師範学校・東京高等工業学校・千葉

▶六高時代の郭沫若

医学専門学校・山口高等商業学校の五校しかなかった。

官費の出費は、日本が庚子賠償金（1901年、連合軍との北京議定書、いわゆる辛丑条約が成立したために清政府が払う賠償金）の一部を利用して、中国人の留学生を援助するということである。公費は、その留学生を派遣した中国の地方政府が負担する。『一高六十年史』によれば1907年、清政府公使李家駒が日本の文部省と交渉し、契約を定めた。それによれば、「明治四十一年以降、十五年間、毎年第一高等学校六十五名、高等師範学校二十五名、東京高等工業学校四十名、山口高等商業学校二十五名、千葉医学専門学校十名、合計百六十五名ノ清国留学生ノ入学ヲ許可ス。清国ハソノ為、学生一名ニ対シ二百圓乃至二百五十圓ノ割合ニテ、（公使館ノ手ヲ経テ）当該学校ニソノ教育費ヲ納ム。……」と明記されている。

郭沫若は最初、東京神田の日本語学校で勉強し、目標は官費学校に入ることであった。彼は家族への手紙の中で「日本に留学する目的は、実業と医学を学ぶことである。……これから東京の四校、すなわち師範、高等工業学校、千葉医学専門学校、第一高等学校の入学試験を受けるつもりだ。この四校は官費の学校であるので、生活が保証される。しかし師範学校には入りたくない。残り三校のうち、もし高等工業学校或いは千葉医学専門学校に合格すれば、三年後卒業して帰国できるが、第一高等学校に入れば卒業後は帝大に進学したい。そうすれば七年後帰国できる……」と、留学の目的と希望を述べている。郭沫若の希望も当時の留学生の一種の流行でもあった。千人近い受験者の中で、彼は第一高等学校予科に合格、官費留学生の資格を得た。

１９１５年夏、三番目の成績で一高予科を卒業、岡山の第六高校医学科に推薦された。三年間の六高の学習で、郭沫若が一番苦労したのはドイツ語、英語とラテン語三つの外国語で、三年後の成績は、ドイツ語平均七十五点、英語九十三点、ラテン語は七十七点であった。郭沫若のドイツ語の先生、藤森成吉はこう語った。「当時の郭さんは目立たない地味な生徒だった。日本語も講義を聞くには困らない程度で、話すことは不自由であったらしい。おまけに、以前に大きな病気でもしたことがあるのか、耳が少し遠かった。私は、後の席でいつも静かに講義を聞いている郭さんに『前へ出て座りなさい』と言った」。１９１５年の第六高等学校時代に、郭沫若は東京京橋病院看護婦の佐藤とみ子と出会う。１９１６年に岡山で、このアンナ（佐藤とみ子）と結婚した。

１９１８年、郭沫若は九州帝大医学部に入学、百四名の新入生の中に中国の留学生は五名しかいなかった。郭沫若は、その中の一人であった。

九州帝国大学医学部に在学した中国留学生数一覧

年	1913	1914	1915	1916	1917	1918	1919	1920	1921	1922	1923
入学数	2	2	4	2	1	5	5	2	4	1	3
卒業数	0	0	0	0	2	2	4	2	0	3	7

沈殿成等『中国人留学日本百年史』により作成

▶旧九州帝国大学

◀九帝大留学

上表から見れば、1913年から1923年までの十年間、中国人の入学者は合計三十一名、卒業者は二十名であったが、1913年から1916年まではゼロであった。郭沫若が在学したのは1918年9月から1923年3月、つまり卒業まで四年六ヵ月かかった。その原因は、当時の九州帝大の学制が変わったことによる。つまり、九月入学が四月入学に変わったからである。

二、佐賀熊野川の「郭沫若先生記念碑」

九州帝国大学医学部の勉強の科目は三十二である。第一、二年次は医学基礎知識、つまり医化学・生理学・解剖学・組織学・病理学・薬物学・治療学・胎生学・外科・黴菌学などの科目になっている。第三、四年次は病理学・外科・内科・小児科・婦人科・眼科・耳鼻咽喉科・歯科・法医学・精神病学・整形科・皮膚病・衛生学及び臨床実習などとなっている。郭沫若は十七歳のときにチフスに罹り、耳の病気になってしまった。教室ではいつも前に座り、一生懸命授業を聞いたがそれでも時々聞こえない。とにかく先生の板書をすべて書き写し、復習をし、大変な苦労をした。しかし聴診器を使う臨床実習のときには、耳の遠い郭沫若はどうしようもない窮地に陥る。帰宅後、聴診器を自分の胸に当て、繰り返し聞いてみるが効果がない。のっぴきならぬ境地に陥った郭沫若は、初めて自分が選んだ医学の道が誤りであったのではないかと疑う。数年の努力は一体何であったのか?と、自身が敗北に追い込まれたように感じたのである。この苦痛の日々の中で、1923年3月、彼は七名の留学生卒業者名簿の中に入る。卒業証書と医学士の合格証書を受け取った郭沫若は、どのような心境であったろうか。四年余りの医学勉強は、彼が他の同級生より何倍も努力と辛酸をなめ尽くした結果であり、その嬉しさは本人しか分からないものであったろう。しかし耳が遠いという無情な現実の前に、結局彼は医学の道を断念し、文学・歴史・古文字の道へと転じた。もともと彼は文学の才能も併せ持っていたのである。

彼は九州帝大在学中、文学に夢中になり、21年処女作である『女神』という詩集を世に問い、文学者としての第一歩を踏み出すことになった。しかし１９２４年、九州帝大研究院への官費留学の申請が許可されなかったため、一家の生活は窮地に陥り、郭沫若は帰国を決める。

その帰国前、妻安娜・長男和夫・次男博生・三男仏生の一家五人は佐賀県富士町の熊の川温泉を訪れている。熊の川温泉は、その昔、空海が全国行脚の途中に発見したのが始まりと伝えられ、近くは佐賀鍋島藩の湯治場としてにぎわった。郭沫若一家の滞在期間は9月30日から11月半ばにかけてであった。新屋旅館に暫く滞在したが、80年も前のことなので当時を知る人はいなかった。応対に出た宿の人の話では、郭沫若は新屋旅館には家族5人で1週間泊まったが、部屋代が高いからと近くにある自炊民宿である斎藤氏の二階を間借りし、そこに移り執筆を続けた。今はその農家も無く、新屋旅館も全面改装していた。

このことは、熊の川温泉町の観光案内に「中国現代文学家、郭沫若は１９２４年10月この地に滞在した」と記されている。この民家跡地に、富士町や佐賀地区日中友好協会などでつ

▶郭沫若と妻安娜・子供達

◀郭沫若先生記念碑（佐賀熊野川にて）

くる「郭沫若と熊の川温泉を考える会」が県内外の多くの団体や個人から募った浄財によって、中国建国五十周年にちなんで建てた案内板がある。また渓流沿いには郭沫若先生記念碑を建てて、中日友好に尽された功績と人徳を賛えている。１９８２年10月9日に除幕式を行い、郭沫若の孫の郭昂（東京工業大学大学院終了後、東京の大手民間シンクタンクに勤め、横浜在住）も参加した。記念碑には郭沫若の略歴と自伝小説『行路難』の一節が刻まれている。

　１９２４年11月中旬、中国に帰った。十年間の留学生活の幕は閉じられたのである。

▲金印碑

◀「漢委奴国王金印発光之處」（福岡志賀島にて）

三、金印公園の「永久に戈を操るを願わず」詩碑

　中日国交回復三周年の75年9月29日、福岡市志賀島の金印公園に建てられた郭沫若筆の詩碑は、「永久に戈を操るを願わず」と結ばれている。

　郭沫若は九州帝国大学医学部に留学している間、金印の出土した志賀島を見学、遥かな日中文化の歴史に想いを馳せている。詩人・文学者としての第一歩をここで踏み出したのである。

　１９５５年12月、郭沫若は日本学術会議の招請に応じて日本を訪問した。代表団の構成は、北京大学教授で中国科学院社会科学研究院の哲学社会科学部委員の翦伯賛、中国科学院物理学数学化学部委員で上海復旦大学教授の蘇歩青、鉄道研究所所長で中国科学院技術科学部副主任の茅以昇、広州中山大学副学長の馮乃超、水利部設計院技師長で中国科学院技術科学部委員の汪胡楨、および中国科学院生理生化学研究所所長馮徳培・北京医学院薬学部部長薛愚・中国科学院考古研究所副所長尹達・中国科学院金属研究所研究員葛庭燧・中国科学院歴史研究所研究員熊復などである。これらのメンバーを見ると、哲学・教育・歴史・数学・橋梁工学・水利工学・生理学・物理・考古などの分野に及んでいる。その学術団長として郭沫若は、中日の文化・科学の交流を行なったわけである。

金印公園の詩は、その視察の間の12月22日、華僑代表の一人である甘文芳が、郭沫若らの訪日は重大な意味を持っているという賞賛の詩を書き、福岡で郭沫若に渡した。それを読んだ郭沫若が、それに和した一篇の詩を書いたのである。

１９７２年の中日国交樹立の際、九州地域の同志たちは、郭沫若の詩碑をつくろうと呼びかけた。二年後の１９７４年冬、日中友好協会の副会長吉田法晴は中国訪問中、詩碑をつくるため、郭沫若が十八年余り前の訪日の際に書いた詩を改めて書いてもらった。翌１９７５年9月29日、「詩碑」は完成し、志賀島金印公園の東側に建てられた。この金印公園は志賀島の南西部に位置し、この金印のことは西暦57年、後漢の光武帝が当時の日本の奴国王に贈ったもので、「光武中元二年、倭の奴国、奉貢朝賀す。使人自ら大夫と称す。倭国の極南界なり。光武、賜うに印綬を以てす」と『後漢書・東夷倭人伝』のなかに記されている、有名な「漢委奴国王」（漢の委の奴の国王）の金印が出土した場所である。1784年2月28日、百姓甚兵衛が水田の溝を修理しているときに発見したと伝えられている。1922年、「漢委奴国王金印発光之處」の石碑が建立され、金印を記念する公園ができた。この二千年に亘る中日交流の歴史の第一ページが開かれた場所に、今日の郭沫若の「詩碑」が建てられたことは、時空を超えた、一衣帯水の両国交流が続いていることを示している。

詩碑の高さ1・7メートル、幅は2メートルに近い。右側が詩の原文、左側が日本語の訳文になっている。

戦後頻傳友誼歌　北京聲浪倒銀河
海山雲霧崇朝集　市井霓虹入夜多
懐舊幸堅交似石　逢人但見咲生窩
此来收穫將何似　永不重操室内戈
　一九五五年冬訪問日本歸途在福岡作轉瞬已十八年矣
　一九七四年冬　郭沫若

戦後頻り(しき)に伝う(つと)友誼(ゆうぎ)の歌，
北京の声浪(うたごえ)は銀河を倒(さかしま)にす
海山(かいざん)の雲霧(うんむ)は崇朝(あさのま)に集まり
市井(しせい)の霓虹(ネオン)は夜に入りて多し

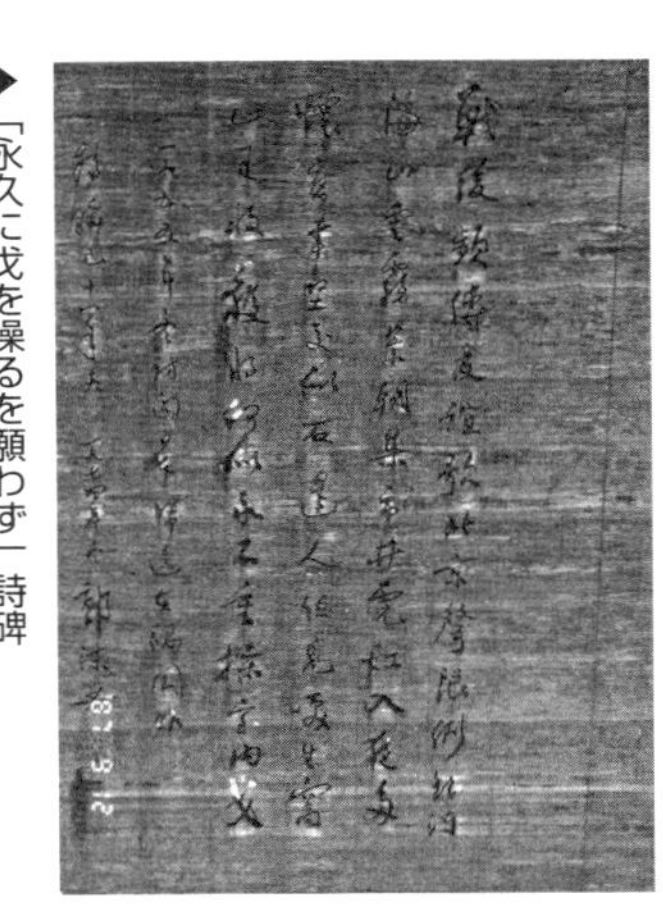

▶「永久に戈を操るを願わず」詩碑

旧を懐えば堅からんことを幸う交わり石の如く
人に逢あえば但見る咲いて窩を生ずるを
此来収穫は将た何似
永しえに重ねて室内の戈を操らじ
　一九五五年の冬　日本を訪問し帰途福岡に在りて作る
　転瞬くまに已に十八年なり
　一九七四年冬　郭沫若

この「永久に戈を操るを願わず」という詩は、中日両国国民の共通の願いである。永遠に人々の心に残るであろう。

四、郭沫若の旧居と「さらば須和田よ」詩碑

郭沫若の旧居は何ヵ所もあったが、市川市須和田2－3－14はその1ヵ所であった。

前述したように、郭沫若は九州帝大医学部を卒業後帰国、1926年広州の中山大学文学院長となり、間もなく北伐に参加した。蒋介石の反共政策に反対し、「今日の蒋介石の真像」という反蒋文章を公開した。その後、周恩来の紹介で共産党に入党、徹底的に革命者になったため、蒋介石政権に追われ、1928年2月、内山書店主・内山完造の助力で、香港・上海を経由して妻の郷里である日本に亡命、上海当時の知人、作家村松梢風の紹介で市川に居

を定めた。はじめは、村松の知人横田家の近くに住んでいたが、警視庁に三日間も拘留されて厳しい尋問を受けたこともあって、他に累が及ぶのを恐れて、須和田六所神社わきの小道を入ったところで一軒の素朴な家を建て越した。ここで警官や憲兵の絶え間ない監視を受けながら、10年5ヵ月の亡命生活を送ったが、この苦しい亡命生活のなかで甲骨文、金石文の研究に没頭した。それらの研究を通じて中国古代社会の研究を深め、『中国古代社会研究』、『甲骨文字研究』、『両周金文辞大系考釈』などを著し、中国古代史研究に大きな業績を残した。

市川市須和田で彼は日本官憲の監視を受け、半幽閉的な生活を送った。1937年7月7日、盧溝橋事件が勃発、家族を置いて一人で帰国するまで、十年間須和田で過ごしたのである。この間彼は、史学・考古・文学に没頭し、多数の研究結果を発表した。代表作は『甲骨文字研究』・『殷周青銅器銘文研究』・『両周金文辞体等考釈』・『卜辞通纂』と『中国古代社会形式』など、おびただしい作品を書いた。文学において有名なのは『創造十年』・『私の幼年』など自伝体著作である。

1955年12月5日、郭沫若は訪日の間に十八年ぶりに市川市須和田の旧宅を訪ねた。南向きの典型的な日本式一軒家である。旧居を見て、彼は懐旧の情を催した。六十三歳になっていた郭沫若は低い柵をなでて、十八年前に分かれた元の妻安娜や五人の子供たちのことを思い出していた。

安娜の原名は佐藤とみ。1916年夏、友人を郭沫若が見舞ったとき、病院（京橋区の聖路加病院）に勤めていた仙台出身の安娜と知り合い、同年の年末、二人は一緒に生活するよう

▲1955年訪日（博多人形を愛する）（前列右から2人目郭沫若）

になった。夫の郭沫若および子供のため、彼女はあらゆる辛苦をなめ尽くした。１９３７年7月25日、郭沫若の帰国後、日本に残った彼女は一人で五人の子供を育て上げたのである。郭沫若はそれらの過ぎし日を偲んで、一篇の中国への『帰国雑吟』を書いた。

又当投筆請纓時　　又、まさに筆を投じて従軍の時
別婦抛雛断藕糸　　妻や子との恩愛を断つ
去国十年余涙血　　故国を去りて十年、血涙を余(のこ)し
登舟三宿見旌旗　　舟に三泊、祖国の旌旗を見る

旧居の地を再び訪れ、万感胸に迫るものがあったのであろう。

十八年後重来此　　十八年ぶりに再びこの地を訪れ
手栽花木已成蔭　　手植えの花木もすでに蔭をなす

と、久しぶりに旧居を訪れた郭沫若は昂ぶった心情を吐露している。

筆者は郭沫若が住んだ千葉県市川市の旧地を訪ねた。事前に市川市役所に連絡したが、旧居の管理は大家である田中隆三氏がしているというので、直接に田中氏を訪ねた。郭沫若旧居は田中氏の自宅から四、五分歩いたところにあり、記念館となっているであろうと想像していたが、予想に反して、入口が閉まっている。田中氏が扉のキーを開け、やや細い道を

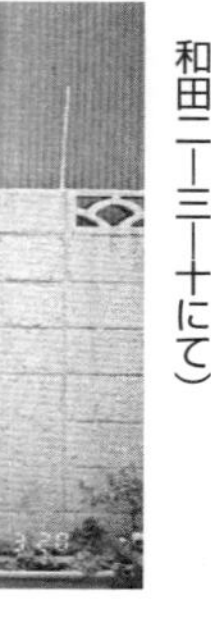

▲郭沫若の旧居扉（千葉県市川市須和田二―三―十にて）

行った裏手に旧居があった。「郭沫若先生旧宅」の立て札もなくなり、庭に雑草が繁茂し、建物もみすぼらしい。田中氏によると、昭和31年、妻とみの渡中により、現所有者に売却。以降、民間人に賃貸されていたが、昭和54年3月から、旧宅の保存を目的として市が借り受けることになった。その間、郭沫若の四男郭志鴻（しこう・音楽家）氏が仮住まいしたこともあったが、平成11年3月をもって借り受けを解約した。老朽化が進んでいる状態で、どうすればよいか分からないとのことであった。筆者の気持ちは重苦しかった。まさに、僅かしか残っていないメモリアルが、歳月とともに闇の中へ消え去ってしまうのかと思われた。

田中隆三氏は郭沫若と郭安娜（佐藤）のこと、郭沫若旧居の管理の問題などを話してくれた。また、郭安娜が書いた手紙を見せて撮影をさせて下さった。

佐藤は１９４９年、大連に永住、郭安娜という名前で中国籍を取った。１９９４年8月15日、上海で病逝、享年１０１。

郭沫若旧居の附近に「須和田公園」がある。中には郭沫若の詩碑が建っている。これは１９６６年、市川市が郭沫若の来訪を記念して建てたもの。この碑には、郭沫若が１９５５年に作った五言の「別須和田」という長詩が刻まれている。１９７３年6月10日、除幕式が行なわれた。詩碑は黒の御影石で作られ、幅2メートル、高さ1・5メートル。正面には郭沫若の自筆の詩、右側に郭沫若の半身レリーフがはめ込まれてい

▶旧居
▲郭安娜自筆の手紙（田中隆三氏が提供）

る。詩碑の内容は以下の通りである。

草木有今昔　人情無変遷
我来遊故宅　隣舎尽騰歓
一叟携硯至　道余舊所鐫
銘有奇文字　俯思始恍然
〝后此一百年　四倍秦漢磚〟
叟言〝家之宝　子孫将永伝〟
主人享我茶　默默意未宣
相對察眉宇　舊余在我前
憶昔居此時　時登屋後山
長松蔭古木　孤影為流連
故国正塗炭　生民如倒懸
自疑帰不得　或将葬此間
一終天地改　我如新少年
寄語賢主人　奮起莫俄延
中華有先例　反帝貴持堅
苟能団結固　駆除並不難
再来慶解放　別矣須和田

▲「別須和田」詩碑（市川市「須和田公園」にて）

一九五五年冬重訪日本時所作転瞬又九年矣
一九六四年七月十三日晨　　郭沫若

（訳文）

「さらば　須和田よ」

草木に今昔あり　人情に変遷なし
我来りて故宅に遊ぶ　隣舎は騰歓を尽す
一叟（そう）硯を携えて至り　余の旧（もと）鐫（ほ）るところと道う
銘に奇（く）しき文字あり、俯思　始めて恍然（こうぜん）、
「これより一百年の後、秦漢の磚（せん）に四倍せん」
叟曰く「家の宝として　子孫将に永く伝えん」と
主人　われに茶を享し　黙々して意未だ宣べず
相対して　眉宇に察す　旧余われの前にうかぶ
憶（おも）う昔　ここに居る時、時に屋後の山に登る
長松は古屋を蔭（おお）い、孤影　流連をなす
故国正に塗炭　生民　倒懸せらるるが如し
自ら疑う　帰ること得ず　或は将に此の間（ところ）に葬られんかと
一終　天地改まり　われ新少年の如し
語を寄す　賢主人よ、奮起して俄延（のば）すことなかれ

◀須和田遺跡

中華に先例あり　反帝は持すること堅きを貴とぶ
　苟くも能く団（かたま）り能く固まらば、駆除する　並（まった）く難からず、
再び来りて解放を慶せん　さらば　須和田よ。
　右は乃（すなわ）ち一九五五年冬重ねて日本を訪うの時作る所、転瞬また九年
　一九六四年七月十三日晨　　郭沫若

　碑には「昭和三十年冬、中国学術文化視察団の団長として訪日した折、郭沫若が須和田の旧居を久しぶりに訪れた際の感慨を、格調高い長詩で歌いあげたもの」と刻まれている。

郭沫若は今昔の感に感慨無量の心情で「別須和田詩」を書いたのであった。

　１９５５年の訪日は、郭沫若にとって十八年前に別れた旧居への再遊でもあり、最後の訪問でもあった。彼は中日平和条約が締結される二ヵ月前の１９７８年6月12日、八十六歳で死去した。市川市は郭沫若の縁によって、１９８１年、四川省楽山県と友好都市条約を結んだ。

　１９９６年、市川市楽山市友好都市締結15周年を記念して、市川市長と楽山市長の連名による記念碑が、須和田公園内の「別須和田」詩碑の近くに建立された。

「市川市と楽山市は世界の平和と国際親善を希求し、友好都市の盟約を結び、今日まで十五年の歩みを進めてきた両市民の新たなる『平和』の願いをここに記す　市川市長　高橋國雄」

「沫水若水江戸の波涛に連なる　文豪その偉大なる筆を以って中日の山川を描き　牡丹桜

ともに園内春色に染め　人民の真心友好の詩歌を奏でる　楽山市長　劉」

取材中、旧居の土地地主田中隆三氏からお聞きしたところでは、市川市は郭沫若の旧宅を保存するため、その近くにある公有地の真間五丁目須和田公園あたりに旧居を原型のままで再建し、記念館として展示する計画であるという。

郭沫若の旧宅建物は老朽化が激しく、市川市としてはこの歴史的に由緒ある旧宅をこのまま放置することは好ましくなく、市として積極的に、できるだけ多くの旧材料を使用し、移築・復元を図っており、着工は２００４年５月中旬以後、竣工は９月中旬、館のオープンは10月中旬を予定しているという。

２００４年８月中に、市川市（千葉県）は市制施行七十周年を記念して、郭沫若旧宅を真間五丁目三番真間五丁目公園内に移築・復元し、「市川市郭沫若記念館」の落成記念式典は行われた。参列者の中には、郭家の親族の他、市川市役所の関係者、県・市会議員、中国大使館の一等書記官及び郭沫若の故郷楽山から来た政府代表団の一行、合わせて七十人ほどいたそうである。

９月16日、「市川市郭沫若記念館」として公開した。記念館の所在地真間五丁目公園は、郭沫若旧居から裏手の坂道を辿り、須和田台地の頂上にある須和田公園を抜けた所にある。復元さ

▶郭沫若記念館（市川市真間５－３－19にて）
▲九大病院正門（九州大学病院にて）

れた郭沫若記念館は規模、設計、デザインは元の旧居と同じようにしているという。「市川市郭沫若記念館」の説明文の中には「郭沫若氏は、市川市と中国・楽山市との友好都市締結に多くの功績を残し、昭和3年から約10年間に渡り須和田に住んでいました。記念館は、旧宅は市制施行70周年を機に真間5丁目公園に移築・復元したもので、市川市と楽山市の友好の証でもあります。」と記載されている。

2008年3月8日、九州大医学部に学んだ中国の詩人・政治家の郭沫若顕彰碑が福岡市東区馬出の九州大医学図書館の前に完成し、除幕式が行われた。医学部の1958年卒業生でつくる同窓会「燦々会（さんさん）」が卒業50年を記念して建てた。郭沫若の孫で国士舘大学文学部教授の藤田梨那さんとともに完成を祝った。

顕彰碑は高さ2メートル、幅60センチで、郭沫若の写真と業績を刻む。除幕式には燦々会のメンバーら約40人が参加。碑の撰文を執筆した日本郭沫若研究会会長の九州大学名誉教授、岩佐昌暲が「郭沫若の業績を記念したものが初めて九大につくられ、大変な意義がある」とあいさつし、55年に来日した郭沫若の講演を在学中に聴いたという村山世話人は「留学生が多い九大に碑が完成したことは意義がある。アジアの国々との友好の一助になれば」と話していた。

この郭沫若顕彰碑を仰ぎ見ながら、新たな中日交流時代がやって来たような気がして、筆者には感無量の思いがある。

▶九州大学病院案内図

◀郭沫若顕彰碑

〈参考資料・文献〉

（1）龔済民ら『郭沫若年譜』天津人民出版社　1982〜83年
（2）鄭舎農『郭沫若・安那』北京中国青年出版社　1995年
（3）『郭沫若集』人民文学出版社　1959〜63年
（4）『郭沫若全集・文学編　第四巻』人民文学出版社　1984年
（5）郭沫若『中国古代の思想家達』岩波書店　1953〜57年
（6）劉徳有『随郭沫若戦後訪日』遼寧人民出版社　1988年
（7）『中国研究月報』1995年5月号
（8）郭沫若『櫻花書簡』四川人民出版社　1981年
（9）九州大学『大学史料叢書』第4編輯　九州大学史料室　1993年
（10）「郭沫若研究者代表団訪日」『郭沫若研究月報』第8号　文化芸術出版社
（11）沈叢文『論郭沫若』光華書局　1931年
（12）郭沫若『序我的詩』重慶『中外春秋』月刊　1944年
（13）殷塵『郭沫若日本脱出記』実藤恵秀訳　第一書房　1979年
（14）郭沫若『我的学生時代』桂村『野草』月刊　第4巻第3期　1942年
（15）『陶晶孫選集』人民文学出版社　1995年
（16）陳永志『論郭沫若の詩歌創作』上海外語教育出版社　1994年
（17）殷塵『郭沫若日本脱出記』（第一書房）1979年

「中国留学生記念碑」―辛亥革命期の留学生達

20世紀初め頃から学生を海外に派遣、人材の育成に尽力することで中国の内政改革を企図することは、清政府にとって「富国強民」の重要な一環となっていた。特に日本に留学させ、日本の明治維新を見倣った西洋的近代化推進の橋渡し役とすることは、一時的、便宜的な措置に過ぎなかった。しかし留日学生は一度日本に足を踏み入れると、彼らの考えは直ちに変り、関心は祖国の国政への関与に集まった。彼らは、西洋の科学技術や知識を学ぶとともに、国家発展への意識を一層高め、清の封建主義支配に反対するブルジョア革命運動をますます増大させていったのである。当時の留日学生に大きな影響を与えたのは、一つは康（有為）・梁（啓超）派の政治改革、つまり君主専制による堅固な立憲君主体制を確立する主張であったが、もう一つは孫文の同盟会の、専制政治を転覆し清朝統治階級の打倒を主張する革命派の主張であった。その影響で、留学生は「青年会」・「留学生会」・「共愛会」など三十余りの政治団体を組織するに至り、発行する新聞・雑誌は八十余種類に及んだ。

辛亥革命の前後において、在日留学生はその革命の影響を受け、ほとんどの政治・軍事闘争に参加し、またそれを指導した。中でも注目されるのは、革命運動に身を投じるため、帰

▶孫文と同盟会主旨

国の風潮が高まったことである。その手段を見ると、主なものとして以下の四種類が上げられる。

一、革命運動を広く宣伝すること

彼らは新聞や雑誌及び本を創った。その代表的なものは、中国同盟会の機関紙『民報』、章炳麟の『天討』、于右任の『民立報』、秋瑾の『中国女報』。また、雑誌『遊学訳編』、『国粋学報』、『江蘇』、『湖北学生界』、『浙江潮』、『女子世界』、『雲南』及び陳天華の『猛回頭』・『警世鐘』、鄒容の『革命軍』などである。

二、革命組織をつくること

1905年に孫文らは東京で「中国同盟会」を組織したが、その支部をつくるために帰国し、上海・重慶・香港・煙台（えんだい）・漢口等五ヵ所で同盟会の支部を創立した。その中に馮自由・廖仲愷・胡漢民・宋教仁らがおり、著名な革命者が少なくなかった。

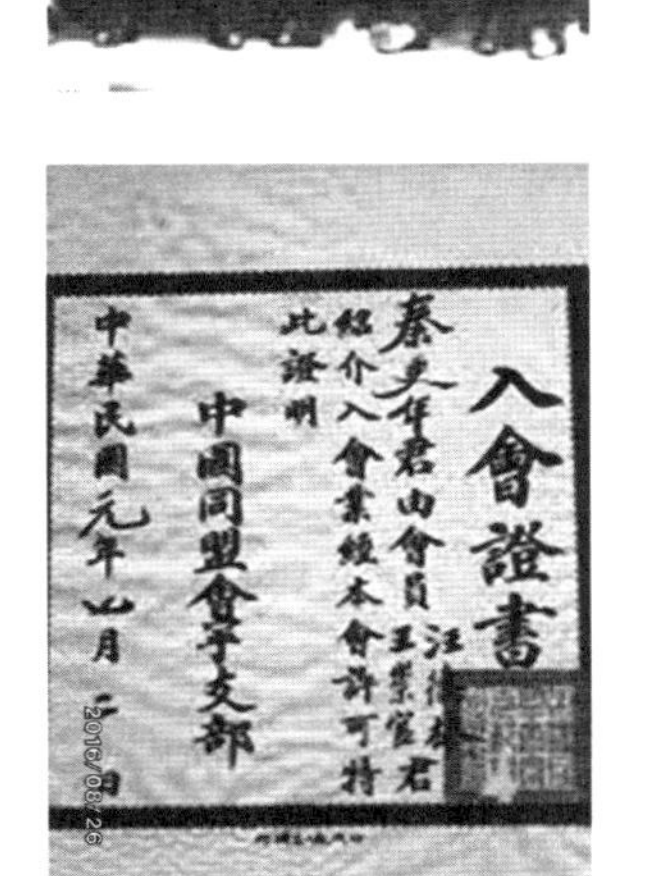
入會證書
[illegible]年[illegible]君由會員[illegible]君
紹介入會業經本會許可特
此證明
中國同盟會[illegible]支部
中華民國元年[illegible]月[illegible]日

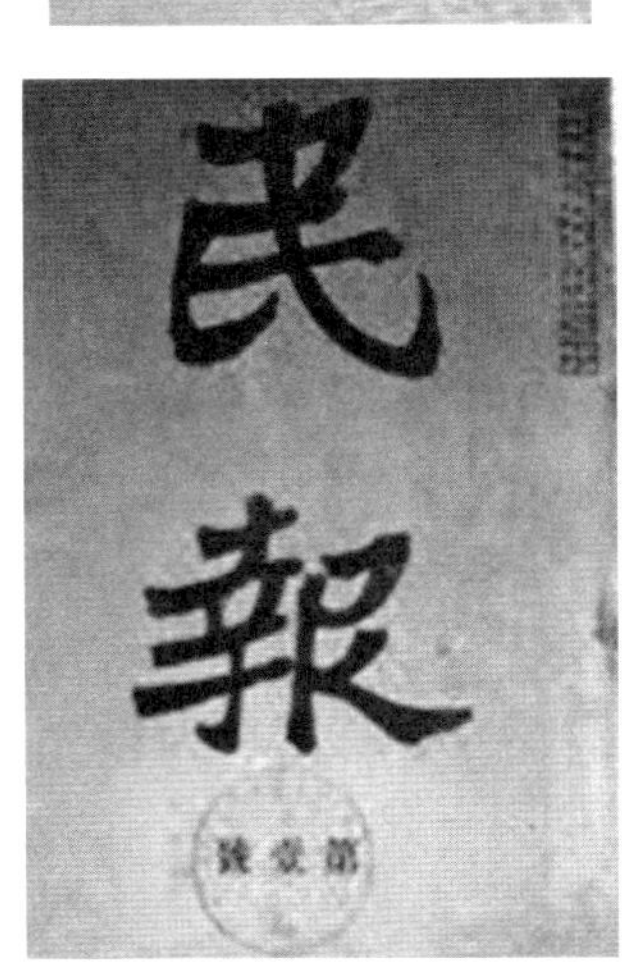

（上）中国同盟会成立
（中）入会証書
（下）「民報」

三、暗殺行動に走る

国内の紛乱した政治状況と重なる革命蜂起の失敗に焦った彼らは、それらを一挙に成功させる手段としての暗殺行動に走った。同盟会成立後、専門的な暗殺組織を組織し、黄興・汪兆銘・秋瑾など多数の革命党人が参加した。汪兆銘が北京に潜入し、清朝摂政の王戴澧暗殺を企てるが、これに失敗し逮捕されたことは有名である。

四、帰国して革命運動に参加もしくは援助をすること

辛亥革命の間、国内の革命蜂起に留日学生は大きな役割を果たした。例えば、１９０７年2月19日の黄岡暴動で、廖仲愷らは軍事武器を黄岡へ運んだ。また１９０７年12月2日、鎮南関の蜂起の中で黄興・胡漢民らが孫文と一緒に前線で指揮した。これらの蜂起の中では、殉死した人が多かった。１９１１年4月の黄花崗蜂起では72名の犠牲者が出ている。その中に、日本の千葉医学専門学校の方声洞、慶応義塾大学の林覚民、陸軍士官学校の林尹民等がいた。

以上四種類の革命手段は幼稚なところもあったが、いずれにしても留日学生は、中国の近代の歴史において重要な存在であったことを示している。

これらの留日学生を記念するため、中国には「黄花崗七十二烈士碑」（広東省広州市先烈路）・陳天華墓碑（湖南長沙岳麓山）・秋

▲黄花崗七十二烈士碑（広東省広州市先烈路にて）

▶陳天華「猛回頭」

先烈（秋瑾）記念碑（浙江紹興古軒亭口）・蔡鍔（湖南長沙岳麓山）などの墓・碑がある。日本においては、留日学生のための記念碑が千葉大学医学部の敷地内にあり、「中国留学生記念碑」として保存されている。筆者がそこを訪れた時、職員の方は熱心に案内をしてくださった。

記念碑は1912年11月9日に建立されたが、その後場所を変え、現在では医学部本館前庭の一隅に建てられている。高さ2メートル28センチ、幅約82センチ、厚さ約14センチの仙台石の苔むしたものである。一世紀の風霜に耐えた記念碑の碑文は、かすかに読むことができる。この記念碑は、千葉大学の前身である千葉医学専門学校により創られたのである。

この千葉医学専門学校は、1901年4月1日、勅令第24号により文部省直轄諸学校官制改正により千葉医学専門学校として独立、4年制の医学科と3年制の薬学科を設置。入学資格は中学校卒業程度。1918年、学年始期を　9月から4月に変更。1918年3月、薬学科新校舎落成。1922年、勅令第142号により附属医院を設置、さらに1923年3月、文部省直轄諸学校官制改正により千葉医学専門学校廃止、医科大学に昇格。1923年4月1日、官立医科大学官制改正により千葉医科大学として設置され、4年制の学部、附属医学専門部、3年制の附属薬学専門部などになっている。

当時、千葉医学専門学校の留学生の受け入れ経緯については、「五校特約」が直接に関っている。1907年、日中間で、日本の官立学校に清国留学生入学の特別枠を設ける、いわゆる「五校特約」が締結される。これは、第一高等学校に65名の留学生を、東京高等師範学校に25名、東京高等工業学校40名、山口高等商業学校25名、そして、千葉医学専門学校には

◀旧　千葉医科大学本館

10名の枠を設け、総計で165名の留学生を、清国側の学生を出身地方政府の経費負担によって、1908年から15年間、受け入れることを定めたものである。

1911年、当時の中国は、内にあっては清朝末期の堕落した王朝政治が行詰り、外からは外国の侵略に晒される内憂外患の状態にあり、革命の気運漸く昂まるという状況にあった。同年10月、辛亥革命の烽火が日本にも波及した。その頃、千葉大学医学部・薬学部の前身である千葉医学専門学校（1901〜1922年）には，39名の中国留学生が滞留して居り，祖国の難を憂え、同士相集って救国の志に燃え、戦陣に馳せ参ずることを誓いあったのである。学校側は、学生の要請を受けて文部省と外務省に要望し，戦陣より帰還の後は必ず復学させるとの認可を取り付け、戦陣へ送り出すことを行った。留学生達は、傷病員を救護するため、陳任梁（ちんじんりょう）・蕭登（しゅくとう）・李定（りてい）・謝瑜（しゃゆ）・何煥奎（かけんけい）らを中心として「紅十字隊」を組織、医専から援助された医療器械、薬剤などを持って、11月9日に母国の戦場に飛び込んで行った。出発時、数百名の教職員及び学生たちが千葉駅まで見送った。翌年の4月頃に凱旋帰校し、医専の援助に感謝の気持ちを示すため、半年をかけて、この「中国留学生記念碑」を建てたのである。

記念碑については、「ゐの花同窓会」の井出源四郎会長によれば、「この記念碑は、碑文にも明記されている通り、1912年（大正元年）11月9日建立となっている。……当時の中国は、外からは外国の侵略に曝され、内にあっては清朝末期の堕落した王朝政治が行き詰まり、内憂外患、革命の気運漸く高まるという状況にあった。その頃、わが千葉医学専門学校には、三十九名の中国留学生が在籍しており、祖国の難を憂え、救国の志に燃え、同志相次

▶現　千葉大学医学部

いで、戦陣に馳せ参ずることを誓い合ったのである。……この快挙を契機に、他の大学にもその情報は波及し、多勢の中国留学生の決起を促すことになったのである」と書き遺されているという。文中の「他の大学」とは、国立の研究機関の伝染病研究所・衛生研究所及び東京・京都の帝国大学・国立医科大学と、仙台・金沢・愛知・大阪・岡山等々の専門学校であった。また、私立医学専門学校の東京女医学校・日本医学校などである。千葉医学専門学校の留学生を中心として「中国紅十字隊」本部をつくり、それが他の大学に波及したのである。

帰国の準備については、「……諸先生とは時の校長荻生録造先生であり、学生の要請を受けて、文部省・外務省に要望し、戦陣より帰還の後、必ず復学せしむるとの認可を取り付け、戦陣へ送り出すことを決したと言う。その手続を経た上で、三輪徳寛先生を筆頭に筒井八百珠先生・井上善次郎先生を中核として、全学教職員はもとより、日本赤十字千葉支部の看護婦諸氏の協力も得、挙げて戦時医学の基本とその技術に就て懇切な指導に尽力し、併せて医療機器・薬剤の供与、更には学生の参画を得て壮行の資金調達にも力を貸したというのである」と、当時の千葉医学専門学校の校長から教職員に至るまでの支援の模様が「ゐの花同窓会報」に述べられている。

11月9日の午後、壮大な出発式が行われた。その様子は、「在校清国留学生故国の急に赴く」という記事が千葉医学専門学校の『校友会雑誌』に載っている。

「同日午後一時、本校運動場に於て会場を設け、本邦学生は医科四年・三年・二年・一年の順序にU字形に列を作り一行を待てば、予て控えいたる留学生一団は号令勇ましく入場して是に告別の式とはなれり。

一、送別辞　学生総代　武井磯太郎氏
一、団旗の贈呈　総代として四年級委員
一、留学生答辞　留学生総代　呉亜良（ごありょう）氏

式終われば時まさに二時、万歳の声は高く猪鼻の木精に渡り、髪梳る秋風も転々易水の昔忍ばしむるの感なくんばあらず。それより本校職員学生五百余人は千葉駅頭に見送り、万歳裡に勇ましく東上せり。車窓に翻る留日医薬学界中華紅十字団旗は偶々夕日を受けて十字紀章紅に翻々として活気自ら満てり」と、盛大な出発式及び千葉駅頭における壮行の場面を表現している。

帰国した留学生たちは、湖北・湖南・武漢及び江・淮流域の各地に分駐して負傷兵看護に大きな役割を果たした。復学後、先生及び学友の好意を忘れないように校内に樹を植え、碑を建てて、記念とした。

石碑の表面には碑文と漢詩、裏面には「中華民国元年十一月九日、日本大正元年十一月九日」と刻まれている。その内容は次の通りである。

辛亥秋中華民国革命事起武漢南北軍戦争甚烈同学恐戦禍蔓延而傷亡之数多也乃集同志起
紅十字隊連合留学日医薬学生全体返国以図極救時本校校長及列先生深韙斯議凡関於救傷

▶中国留学生記念碑（千葉大学医学部にて）

▼記念碑

看護法悉心指導各学友復醵貲購薬為贈臨岐毀毀益資策励同人返国分駐於湘漢江淮間傷兵頗利頼之六閱月戦局告終蔵事返校雖無善可紀而列先生及諸学友盛意弗可泯也爰種樹之碑以為記念

其辞曰

王綱解紐　共和初建　国歩艱難　兵戒数見　伏屍塞川　碧血青野　哀此生民　誰大護者

壮三軍気　紅十字旗　生死肉骨　極難扶危　維列先生　亦越諸友　作則大同　済世仁寿

人道張皇　徳意滂沛　木石萬年　永垂勿替

中華民国留学千葉医学専門学校学生同建

もと防衛大学名誉教授、土屋申一先生の碑文と詩の翻訳（『日本医事新報』所載）は次の通りである。

「辛亥（1911年）の秋、中華民国に革命が起こり、武漢南北軍の戦争は甚だ烈しくなってきた。従軍した留学生は戦禍の蔓延にともなって負傷したり死亡する者が多くなって来たので、同志を集めて赤十字隊を組織した。留日の医学薬学の学生を連合して祖国に帰り救援に赴いた。学校長及び諸先生方はこの挙を高く評価して、負傷の治療看護に関して懇切に指導して下さった。また、学友は資金を醵出して医薬品を購入して寄贈してくれ、出発に際しては資金計画を拡大して励ましてくれた。留学生一行は祖国に帰り、湘・漢・江・淮の各地に分駐して負傷兵の大きな頼りとなった。六ヵ月が経って戦局は終わりを告げたので、母校

▶「留学生記念碑」の完成記念（千葉大学医学部提供）

に帰って来た。善事の記すべきものは無いが、諸先生諸学友の好意を忘れないようにここに樹を植え、碑を建てて、記念とします。

その辞に曰く。

王綱紐を解きてより（清朝宣統皇帝の退位）共和政治を初めて打ち建て、中華民国が出来たが、国歩艱難、戦争は絶えず、伏屍は川を塞ぎ、山野を血ぬらせている。この人民の悲しみは誰が護るのであろうか。三軍を励ますのは赤十字の旗、生死肉骨難を救い危きを助ける。諸先生方も学友達も、極めて公平で平和な世の中を願っている。世の中に仁寿を致し人道を広め徳意が盛んである。樹を植え、碑を建てて万年永く賛える」。

千葉大学医学部に保存されているこの留学生記念碑は、当時の留学生の在日活動及び日本の人々が中国の革命への理解、協力をしていたことの歴史的な検証となっている。まして、井出源四郎先生の言葉通り、「今日振り返って考えてみると、この記念碑が物語る事実はまことに美しく、心温まる日中友好の象徴的な結晶のように思えてくる。……千葉大学医学部八十五年史の宝であると認められている」のである。

この記念碑は、千葉大学校史だけでなく、日中の交流の歴史にも重要な一ページとして残されたのである。

〈参考資料・文献〉
（1）沈殿成『中国人留学日本百年史』上　遼寧教育出版社　1997年
（2）陳青之『近代支那教育史』生活社版　1939年
（3）実藤恵秀『中国人日本留学史』くろしお出版　1981年
（4）「ゐの花同窓会報」1999・9・13
（5）千葉医学専門学校『校友会雑誌』1911年
（6）黄福慶「清末における留日学生派遣政策の成立とその展開」『史学雑誌』1972年

陳天華 ――『警世鐘』・『猛回頭』

陳天華（1875年3月6日～1905年12月8日）は、中国清末の革命家、思想家。本名は顕宿、字は星台、号は過庭・思黄等。湖南省新化県の出身。1900年省都長沙の名門、岳麓書院に入学、後、長沙時務学堂に学び、戊戌の変法運動に参加、また、新学を提唱している新化求実学堂へ進学した。

1903年3月、学堂の推薦を受け、官費留学生として東京の弘文学院（前身、亦楽書院）に入学した。弘文学院は、清国からの留学生のための教育機関である。1896年、清政府は留学生派遣のため、日本政府に対しその教育を依頼した。日本側は中国留学生専門の予備校として、柔道家であり教育者の嘉納治五郎にこれを一任した。彼は民家を借り、日本語や数学・理科・体操などの教科を教えた。魯迅や黄興、胡漢民など多数の留学生もこの学校の出身である。

当時、清政府は「内憂外患」の窮地に落ち、やむを得ず「新政」を実施していた。湖広総督張之洞は、日本への留学生派遣といった新教育を主張した。有名な『勧学篇』の中で彼は、西洋学を摂取する相手国は、中国と文化や文字の近い日本を選択せざるを得ないが、基

▶陳天華

◀岳麓書院（湖南長沙にて）

本的には精神的学問において中国には中国固有の優れた儒学があり、「中国の学を体となし、西洋の学を用となす」という「中体西用論」を唱えていた。この「中体西用」説は清政府の政策に一致、張之洞の提唱する「奨励遊学」が採用された。日本留学の官費生派遣については、品行・成績抜群な人材を選ぶが、「官費留学は国の費用がかさむため、多くの人材を派遣することはできない」との理由から、留学生の人数は制限された。『湖南官報』によると、この時の湖南派遣留学生は50名、うち一31名が官費留学、19名が私費留学で、一行の中には私費留学の劉揆一（りゅうきいつ）もいた。

▲陳天華の旧居
現　千代田区西神田三丁目一番地
旧　神田区西小川町二丁目一番地

陳天華が入学した弘文学院は加納治五郎が設立し、専ら中国留学生のための予備校であった。多くの留学生学校の中では、人数の多い学校である。弘文学院は本校のほか、大塚・麹町・真島・猿楽および巣鴨などに分校も設け、在籍中国留学生は7192名、卒業者は3810名であった。

辛亥革命以前の数年間、留学生は革命蜂起のため、多くの宣伝・組織活動をした。留学生たちは1898年より新聞・雑誌等を創刊し、その数は辛亥革命までになんと87種もあった。陳天華は日本へ留学後まもなく、革命運動に参加、湖南同郷の雑誌『游学訳論』の編集に参加した。

▲多種の革命刊行物

渡日して間もない1903年、留学生界に拒俄運動が起き、義勇隊の後身である軍国民教育会に加わり、その運動のために帰国、反ロシア義勇隊に参加した。

この間に、1903年『猛回頭』、04年『警世鐘』という戦闘的檄文を書く。『警世鐘』は演説筆記のような調子、『猛回頭』は弾詞の形式をとり、啓蒙的パンフレットで革命思想を宣伝し、清朝を西洋人の奴隷朝廷として糾弾した。檄文は革命家、鄒容の著作「革命軍」と並んで、革命運動の鼓吹に大きな役割を果たした。それらの文章は綿々たる祖国存亡への憂い、列強への憤りに溢れ、字句は血と涙の結晶として表出したものであり、留学生だけでなく中国全土にも大きな影響を与えた。その一節を挙げると、「大地は数百年沈淪し、至るところ戦火が起きて烽火連なり、血の流れが川となる……眠れる獅子よ、天に向かって咆哮せよ、目を覚ませ……不平等条約を廃除し、新政権をつくり、独立を目指し、恥を雪げ。列強を駆逐し、中華を回復せよ……」とあり、国民に祖国の富強を呼びかけ、亡国の恐ろしさを説いた。さらに、03年に、彼は「つつしんで湖南人に告げる」(敬告湖南人)を書き、これが投稿として、反清民族革命者章炳麟(太炎)や鄒容らが中心となっている上海愛国学社の機関誌『蘇報』に掲載された。

帰国後の1904年4月、長沙で革命的秘密結社に参加、華興会を結成した。まもなく、反清武装蜂起を計画し、会党や江

▶陳天華『猛回頭』『警世鐘』
▲鄒容の『革命軍』

西省の防営統領らとの連絡を担当した。しかし事前に発覚し、陳は日本に逃れる。

同年10月、「華興会」のリーダーである陳天華は一度帰国し、黄興らと長沙で反清の挙兵を実施したが失敗、逮捕された。釈放後、日本へ亡命、法政大学速成科に入学したのである。1905年7月、孫文がヨーロッパから日本へやって来る。孫文の興中会、黄興・陳天華らの華興会、章炳麟らの光復会のいわゆる広東系・湖南系・浙江系が連合して「中国同盟会」が結成された。陳天華はその発起人のひとりとして、書記部主任と機関誌『民報』の編集委員、撰述員となり、『革命方略』の執筆事務にも参与した。加盟者は400人を超え、そのうち留学生が多数を占めた。革命思想を宣伝した『民報』は、東京で印刷され、中国本土に運ばれたのである。

1905年11月、日本の文部省が清朝等の要請に応じ、「清韓日本留学生取締規則」と「清国留学生取締規則」を発布、公布し、留学生の反対運動が起こった。12月7日に『朝日新聞』がこの件を報じた記事中の「清国人の特有性なる放縦卑劣の意志より出で団結も亦頗る薄弱のもの」の一節に憤慨、抗議した。「放縦卑劣」とののしられた留学生に奮起を促すため、翌8日、留学生の自覚を促す「絶命書」を遺して彼は、東京品川区の大森海岸に投身自殺した。享年31。

筆者は大森海岸の陳天華終焉の地を訪ねた。予想に反し、日

▶黄興「華興会」（前列左側1人目　黄興）

▲大森海岸一帯（東京品川区大森海岸にて）

の前には大通りがあって車が盛んに往来し、周囲には競馬場・水族館・区民公園などがある。昔のうら寂しかったであろう大森海岸は、跡形もなく消え去っていた。近くにある鈴ヵ森刑場跡を管理している大経寺の方が、目の前の通りを指さしながら熱心に「この道路はもともと海岸だった。今はすっかり変わった」と教えてくれた。現在の繁華街のような町並、住宅街からは、約一世紀前の12月、陳天華が凄風の中で海に身を投じたという悲壮で凄惨な情景は連想できない。ただ、江戸時代の鈴ヵ森刑場跡の石碑を見て、慶安の変で丸橋忠弥らが処刑された場所と知り、また大経寺境内の火あぶりや磔に使用したという岩石などを見ると、大森海岸の冷え冷えとしたもとの光景が見えるようであった。

　陳天華ら留学生の革命運動は、清政府を転覆しようとする大きな隊伍となり、日本は革命党や留学生の反清運動の根拠地にもなっていた。これらの現象は、清政府の望んだところとは逆になってしまったことを示している。留学生の大量派遣は、清政府の滅亡を速める事態に拍車を掛けたのである。清政府は自らの利益を守るため、留学の奨励をやめ、1902年、留日学生総監督を設け学生の監視を強化した。また留学生派遣の代りに、日本人教師を招聘するとともに、留学生の徹底的取締りに着手した。清国の要請により、日清両国が合意して1905年11月2日、日本の文部省は「清国人ヲ入学セシムル公私学校ニ関スル規定」を公布した。この規定の注目すべきところは、第一条に「清国人ノ入学者ハ本邦所在ノ同国公使ノ紹介状ヲ添付セシムベシ」、第七条に「清国人ヲ入学セシムル公立又ハ私立ノ学校中文部大臣ニ於テ適当ト認ムル者ハ特ニ之ヲ選定シ清国政府ニ通告ス」、第九条に「公私学校ハ其

▼大森海岸周辺地図

ノ清国学生ヲ寄宿舎又ハ其ノ監督ノ下ニアル下宿ニ宿泊セシメ校外ノ取締マリヲ為ス事」という点にある。この規則によれば、留学生が学校の勉強以外のことをするのは全て禁止される。この清国留学生取締規則に対して、留学生らは、当時の公使楊枢（ようすう）に取消しを要求したが拒否された。そのため学生らは同盟休校を決め、８０００名余りの留学生は一斉に休校したのである。これについて『教育時論』は、「現在都下に留学せる清国学生は八千六百余名であるが、去月来神田駿河台の中華会館に集って頻りに協議を凝らし、或は檄を飛ばして同志を勧誘し居りしが、遂に4日より5日へかけ各自就学の学校を一同挙って休校した。其れに至りたる原因は過日文部省が発布したる清国留学生取締規則にして……」と述べている。

留学生らは文部省に、「学生の自由を奪わんとする」として強く批判した。農業大学を卒業した程家檉（ていかてい）は12月7日、次のように書いている。

「今日の新聞紙上、清国人の同盟休校なる記事あり。曰く『去月2日発布の文部省令、清国の留学生に対する規則に不満の念を懐きたるものにして、該省令は広狭何れにも解釈し得るなり。清国学生は該省令を余りに狭義に解釈したる結果、不満と、清国人の特有性なる放縦卑劣の意志より出たる団結もまた薄弱なる由なるが……両三日中には本問題も無事落着すべし』云々と。余は本記事によりて日本人の吾人に対する甚しき誤謬を知ると同時に、文部省当局が斯る意向を以て本件に臨まば、本件は愈々紛糾を重ね、遂に潰裂、収拾すべからざるに至り、近来偶々萌芽を発したる東亜発展の気運も、為に一頓挫を来たし、日清両国の為に悲しむべき結果を生ぜん事を恐るるなり。……之を受くるを以て深恥極辱となし……」と強く批判した（句読点は筆者）。

　気骨の青年陳天華は、これらの「奇恥大辱」（この以上もない恥辱）に抗議するため、「留学生が放縦卑劣であったならば中国は本当に亡びるのであり、我が同胞は一刻もこの言葉を忘れず、この四字を除き去るよう努力すべき」という「絶命書」を清国留学生会館幹事長の楊度に宛てて郵送し、12月7日夜、大森海岸へ外出し、8日午後5時頃死体となって発見された。12月9日、「朝日新聞」の目立たないところに、小さな見出しで「昨日午前1時ごろ、荏原郡大森字浜端の海岸へ三十前後の洋服姿の死体が漂着したのを検屍したところ、ポケットから神田区駿河台西小川町一丁目一番地、東新館、東文華、神田区駿河台清国留学生会館楊府様と記した書留郵便の封筒があった。楊府というのは清国留学生会館の幹事であるので、溺死者は東文華であるとみて、目下同会館へ照会中である」と記されている。この東文華こそ、陳天華のことである。

　自殺の原因については、12月14日の朝日新聞などに「神田鈴木町に、清国留学生会館というのがある。これに出入している留学生の団体に敢死隊と称するものがある。あるいは教唆煽動、あるいは強迫威圧によって、学生に帰国をすすめ、もし従わないときには暴力に訴えることも辞さない有様で、つねに下宿屋に人をやって探偵している。……去る二月、楊度という学生は、敢死隊の説に対し、反対意見を述べたので、彼等の殴打するところとなり重傷をこうむり、目下、横浜病院で治療中という。また、陳天華という青年学生がいた。平素温厚で、同僚間の受けもよかったのに、先ごろ品川沖に投身溺死した。その死因はすこぶるあ

◀陳天華画像の切手

やしい」と、彼の死因は、敢死隊の強迫威迫でもあるかのように匂わせていると解釈される。しかし陳天華が書いた「絶命書」の中に、「わが同胞たちは、今日の中国のことを知っているか。わが国は主権が奪われ、利権が侵害され……日本の文部省は清国の留学生取締規則を発布し、われわれの自由を奪う目的だ。……日本のさまざまな新聞は、留学生のことを烏合の衆と決め、特に朝日新聞は『放縦卑劣』とわれわれを決め付け愚弄している。これ以上の恥辱があるだろうか。……ぼくは中国人が放縦卑劣でないことを示すため、身をもって殉国する」とある。彼は、中国の民族的自覚と自強が何よりも必要であり、留学生が「放縦卑劣」の四字の恥を雪ぐ自立精神を確立してほしいと願い、恥をかかされたという憤懣の思いに駆られ、まさに血涙をもって民族への遺書を書き残してこの世を去ったのである。

陳天華の自殺は留日学生たちに大きな影響を与えた。この直後から「清国留学生取締規則」に抗議し、退学して帰国する学生が現れた。陳天華の投身自殺により、留学生界は沸騰した。彼の「絶命書」は留学生会館に掲示され、大勢の留学生がそれを読むために押しかけた。

革命党や留学生の反清運動を収めるため、留学生に対する徹底的取締りに着手した清政府の要請で、日清両国が合意した「清国留学生取締規則」により、日本留学史上に不幸な一ペー

▶陳天華の墓（湖南省新化にて）
▲墓碑

ジが残されてしまったが、陳天華に対して、宮崎滔天は「亡友録」の中で、こう述べている。「……謙遜優美の徳が溢るるばかりで、何時ともなく、慕はしく恋しく、そして忘れ難き感情を惹起されるのであった」「彼は手腕や陰謀と無縁の、高尚優美たる心情を有せる文士の先駆者であった」と称賛している。

1906年、陳天華の遺骸は故郷の湖南長沙に運ばれ、1912年岳麓山で墓葬と記念碑式典が行なわれたが、出席者は数万人に達した。石碑の花崗岩には「陳烈士天華之墓」、左側に「中華民国元年」と刻まれた。碑文は陳天華の愛国の精神を賛美し、最後の一節は「岳麓山は高く、湘江の水は深く、先生は逝去されたが、浩然の気はとこしえに残る」と、鮮明に刻まれている。

〈参考資料・文献〉

（1）周天度「陳天華」中国社会科学院近代史研究所『民国人物伝第1巻』中華書局1978年
（2）沈殿成『中国人留学日本百年史』遼寧教育出版社　1997年
（3）羅宗濤『作獅子吼―陳天華伝』近代中国出版社　1982年
（4）張之洞『勧学篇』両湖書局　1898年
（5）『清末民国初政治評論集』平凡社　1971年

(6) 陳旭麗『鄒容与陳天華』人民出版社　1957年
(7)『教育時論』744号　明治38年12月15日
(8) 劉晴波ほか『陳天華集』湖南人民出版社　1958年
(9)「朝日新聞」明治38年12月9・10・11・14日
(10) 島田虔次『中国革命の先駆者たち』筑摩書房　1965年
(11) 実藤恵秀『中国人日本留学史』くろしお出版　1981年
(12) 楊松ほか『中国近代史資料選輯』生活・読書・新知三聯書店出版　1979年
(13)「法政大学史資料集・第十一集」法政大学大学史資料委員会　1988年
(14) 島田虔次・小野信爾『辛亥革命の思想』筑摩書房　1968年

秋瑾　―女英雄と下田歌子の実践女学校

二十世紀初頭の女子留学は、転換期の中国に新思想を伝え、女子教育の発展や、思想の解放、また、辛亥革命への関与等の面でかなり積極的な役割を果たしていたのである。

当時「実践女学園」に留学した代表的な人物、革命に命を捧げた秋瑾を取り上げ、彼女の留学生活と活動を調査するため、東京都渋谷区にある「実践女学園」の旧跡（現　実践女子学園中学校・高等学校）を訪れた。学校のキャンパスの緑が色とりどりの花を美しく引き立てていた。それを見て、日本の近代詩人である児玉花外が書いた「革命の荻の花の露―秋瑾」という次のような詩を思い出し、万感胸に迫って来た。

「一代の才媛（さいえん）、
下田歌子女史の渋谷なる実践女学校に、
悲壮譚（ひそうだん）、
支那革命の血の萩（はぎ）の花
秋瑾女史は日に、燈火（ともしび）に習学（しゅうがく）せり。

光緒三十二年、
安徽巡撫恩銘が暗殺事件に
連座し、
獄吏の酷しき笞の急霰の下
紅唇吐出でし一句もなく
『秋風秋雨愁殺人』と書し
莞爾として市に斬られたり、
……
吾は哀歌を微吟しつ、
渋谷を低徊す、
優しきコスモス咲く女の学校に
女荊軻が居た興味あるローマンス。
ああ黒髪雲の、
顔玉の秋瑾女史、
吾魂は飄々として秋雨の夜に
西湖の畔に、淋しく立てる
『鑑湖女侠之墓』のあたりに彷徨う」

▶実践女学校の旧跡（実践女学園提供）

◀留学中の秋瑾

と、秋瑾を「革命の荻の花の露」と譬え、「露」のように輝やいて、すぐに消えてしまった彼女の短い人生を嘆き、中国の秦始皇帝時代の壮士荊軻に譬え、賛美した。

一、女子留学の経緯

中国の女子留学は、欧米留学から始まった。一八八二年、アメリカ教会の賛助による医学を勉強するための数名の派遣であった。これが中国における初めての女子留学である。その留学は教会女学が設置された後に始まった。「西洋女宣教師は海を渡って中国にやって来て、病院を開き、救災の活動に参加した。また、女塾を設置し、中国の幼女を集め、西洋の文化、言語を教え続けた。成績の優秀な女子を外国に連れて行って、数年間の留学をさせる。」と『万国公報』に載っている。最も早かった女子留学生は四人、一人は浙江省寧波の金雅妹であった。彼女は一八六〇年六歳で、ある宣教師にアメリカに連れて行かれ、留学した。ニューヨーク女子医科大学を卒業、一八八八年帰国、一九〇七年、天津で医科学校を設置し、中国早期の医護人材を養成した。金雅妹の次に留学したのは福州の柯金英。彼女は一八九二年、アメリカの女子医科大学を卒業、帰国後、福州婦孺病院の経営を担当した。一八九八年、李鴻章の推薦によって、中国の女性代表として、イギリス・ロンドンの女性国際会議に出席した。これは中国の女性史において初めてのことであった。あとの二人は江西の康愛徳と湖北の石美玉であった。彼女たちもアメリカの医科大学を卒業、一八九六年に帰国、祖国の医学に貢献をしたのである。

一八七五年、清政府は仏、ドイツ、イギリスなどへ研修生を派遣しており、工業と軍事人材を育成するため採鉱、航海の知識を学ばせた。以上はいずれにしても清政府の「強兵」の方針に基づいた、男子のみの留学派遣であった。

一八九四年～一八九五年の日清戦争に敗れた中国は、国力が足りないとの見解に立ち、学術振興や他国留学が一層目立った。一九〇七年、江蘇省は十名の優れた者を選抜し、アメリカに留学させたが、そのうち三名が女性である。ここで注目すべき点は、公費留学生であったことで、これは中国史上初めてのことであった。政府による女性留学派遣の開始である。一方、二十世紀初頭頃から、日本への留学熱が沸き起こった。

１９０５年に、一千三百年にわたって続いてきた「登龍門」、いわゆる出世するための試験である科挙制度が廃止されたこともあるが、中国国内における近代的な学校の成立が大きく立ち遅れたという状況もあった。また、日清戦争の敗北によって、中国政府は、日本が明治維新後、教育を通じて西洋学を採り入れて人材を養成し、民智を啓蒙して、強国となったことを重視し、清朝の封建体制を維持しつつ、日本と同じように教育を通じて人材を養成しようと企図した。日本を通して西洋を学ぼうという気運が高まったのである。張之洞が代表した、「中国の学問を体となし、西洋を用となす」という「中体西用」論の主張、そのほかにも留日は距離的にも近く、文字と風俗習慣が似ているなどの利点もあった。張之洞は『勧学篇』「遊学第二」で次のように述べている。「遊学の国に至っては、西洋は東洋に如かず。一つ、旅費が節約でき、多くの派遣ができる。一つ、中国から距離が近く視察しやすい。一つ、東文は中文に近く、通暁しやすい。一つ、西書は甚だ繁雑で、西学の必ずしも必需でないものは東人がほとんどすでに削除し、適宜改訂している。中日の人情風俗は近しく、学びやすい。半分の力で倍の成果を得ることができ、これに越したことはない」。つまり、中国より三十年も早く近代化に踏み出した日本は、中国に近いため旅費が安く済むこと、日本語は漢字が多く勉強しやすいことが挙げられよう。特に日本には、西洋文化の主たるエッセンスが移入されており、同じ「儒学圏」にある日本的な西洋文化は中国人にとって理解しやすいこともあった。

それ以後、日本に留学する者が絶えず、年々増加し、中国国内では日本への留学熱が沸き起こった。

中国が、日本に初めて留学生十三名を派遣したのは光緒二十二年（一八九六年）のことであった。この段階では、未だ女性は含まれていなかった。

光緒二十八年（一九〇二年）、京師大学堂の総教習である呉汝綸が日本の教育視察をした時、前山陽高等女学校校長の望月與三郎は、女子教育の重要性について次のように言った。「…国家百年の大計は女子教育にある……」。また、実践女学校の校長でもある下田歌子も「私は七～八年前から、貴国の女子がわが国に遊学し、文明を求めたいと願っていることを知っている。しかし貴国の人々は、私の勧めにもかかわらず私の言うことを信じない。とりあえず、一～二名を遊学させ、効果があるかどうかを先ず試してみてはどうか」。

一方、日本政府は、「馬関条約」の利益保護と、在華勢力の拡張のため、「清国保全論」という政策のもとで、中国人留学生を大量に受け入れた。当時の日本では、専ら中国の留学生を受け入れる学校が相次いで現れた。最初の学校は一八九六年、嘉納治五郎が東京神田に創設しており、十三名の中国留学生を入学させ、三年後、七名の留学生が卒業した。一八九九年十月に「亦楽書院」と更名した。

一八九八年、日本陸軍士官学校の予備校とされる成城学校は「清国留学生部」を設置し、一九三七年の盧溝橋事件の発生まで開校していた。中国留学生を受け入れた学校の中で、一番長かったと言える。そこでの勉強科目は、日本語と軍事基礎知識で、成績優秀な学生が日本陸軍士官学校に入る。また同年、高楠順次郎が東京本郷で日華学堂を設け、主に日本語と教養基礎知識を教えた。

一九〇一年から一九〇六年までが「留学熱」の最盛期であった。その時期に中国留学生を受け入れる学校、あるいは部署が数多く出てきた。主なものをあげると、一九〇一年の東亜商業学校、一九〇二年の東京同文書院、宏文学院である。宏文学院も嘉納治五郎が設立した学校で、魯迅、黄興、陳独秀らが学んだ。次は一九〇三年に寺尾亨が創立した東文武学堂、同年の振武学校。一九〇四年の法政大学速成科と普通科、吉田義静の経緯学校（明治大学に所属）、一九〇五年九月の早稲田大学清国留学生部などである。また路砿学校、警監学校、志成学校および警官速成科があった。

以上の学校は日本留学の風潮の中で創設された学校であるが、実際、師範学校には留学生が最も多かった。それは、清政府の学校教員不足という問題を解決するための教員養成が、日本の思惑と合致したのである。当時、東京高等師範学校、宏文学院の速成師範科などが最も有名であった。しかし、これらは男子生だけを受け入れた学校である。

本時期の留学教育は近代教育発展の中で、最も重要な一時期となっている。留学はやはり、日本が最も多かった。「学部の光緒三十二年における統計によれば、日本留学生は計一万二千三百名となる。しかし同年の各校の統計によれば約六千名余であり、また、七千名を超えている説もある」との一説がある。汪向栄の『日本教習』によれば、一九〇六年、留学生の総人数は七千二百八十五人に達した。ほかに、一九〇一年は二百八十名、一九〇二年約五百名、一九〇四年約二千四百六名という。実藤恵秀『中国人留学日本史』によると、一九〇五年の留学人数は八千名、一九〇六年も八千名になっている。

当時、実践女学校は中国の女子留学生の受け入れで最も有名であった。

二、実践女学校と秋瑾の留学

「実践女学校」は一八九九年（明治三十二年）、女子教育の先駆者である下田歌子が女性の社会的自立を目標として、豊かな教養を身に付け、女性に備わる徳性を涵養し、学問的啓発を促すために創設したものである。

下田歌子は、安政元（一八五四）年八月九日、現在の岐阜県恵那市岩村町に、長女として生まれ、鉐（せき）と命名された。祖父東条琴台は著名な漢学者であったために、親からは厳しい教育を受けた。それに応えて鉐は、幼いときから和歌や俳句、漢詩、日本画に優れた。江戸は明治と変わり、祖父と父は政府の招聘を受けて東京に出たが、十七歳になった鉐もそのあとを追って上京した。明治五年、彼女は、宮中に出仕し、皇后（のちの昭憲皇太后）にお仕え、宮中で才女の誉れ高かった歌子には教育者としての期待がかかった。明治十八年には当時新設された華族女学校の教授に迎えられ、翌年には学監に就任した。そしてその傍ら、二人の内親王の教育掛かりの命を受け、そのために先進諸国の女子教育の状況を視察するため、欧州留学を命じられた。二年間にわたって、イギリスを中心に、欧州諸国とアメリカを巡った下田歌子は、各階級の学校教育、家庭教育及び私学を具さに見学し、最も大きな感銘を受けたのは、国力の基は一般子女の教育にかかっているという結論を得たことだった。そして、帰国した歌子は華族女学校を組織替えした学習院女子部の教授に就任し、明治三十一年、帝国婦人協会を組織し、会長に就任した。その帝国婦人協会の方針としては、「新時代に生きる女性の教養とそれに裏付けられた実践力を身につけ、生活と社会の改善をはかる」という目的になっている。そしてその一環として、明治三十二（1899）年に実践女学校と女子工芸学校が創設され、現在の実践女子学園の直接のルーツはここにあった。上述したように、深い日本的教養と欧州留学で培った思想を併せ持った下田歌子は、自らの教育にかける信念を、「実践」という理念を校名に冠することによって表明したのである。女性の自立とともに、アジアの連帯と国家の礎としての女子教育の必要性を訴えていた。校名の「実践」は、学問を実際に役立て実行するという意で、実践的能力の開発にも意を注いだ。

当時、中国女子留学生はほとんど速成師範教育を学ぶ目的であったため、彼女は文部省に

▶下田歌子

◀現在の実践女子学園（東京渋谷区にて）

上申して「清国留学生教科規定」の認可を得、東京の赤坂にあった西洋館を借り、中国女子留学生速成師範科を設け、本格的に中国女子留学生の教育を始めた。

1905年（明治三十八年）、実践女学校の「清国女子速成科規定」が正式に定められた。その主な内容を挙げてみる。

本校（実践女学校）ハ分教場及ビ教員ヲ繰合出来得ル限リニ於テ清国女生ノ為メノ速成科ヲ置テ別ニ教場ヲ設クル事アルベシ。

本則ノ修行年限ハ二ヵ年トシ特別科ハ一ヵ年トス。

清国女生ノ月謝ハ毎月三円トシ入学金ハ二円トス。

「清国女生ニ授クル学科」は、二ヵ年程度が十二教科で、修身・読書・会話・作文（邦語）・作文（邦語綴）・算術・地理（外国地理）・歴史（外国史）・理科（動植物）・図画・唱歌・体操・手芸など、週三十六時間から成っている。

一ヵ年の速成科の科目は、修身・教育（教育理論・管理法）・心理・理科・歴史・地理・算術・図画・体操・唱歌・日本語・漢文など十二教科週二十八時間である。

いわゆる、清国女子速成科規定では、二ヵ年課程は、修身、会話、作文（ともに日本語）、算術、図画、唱歌、体操など十二教科週三十六時間。一ヵ年課程の速成科では、修身、教育、心理、歴史、地理、理科、日語（会話）、漢文（漢文誦読）など九科目週二十八時間。工芸速成科は、心理、歴史、地理の替りに、術科（編物・造花・図画・刺繍）が入って九科目週二十八時間となっている。清国留学教育の特徴について、実藤恵秀氏は、その教授内容が、専門の学ではなく、上記科目のような普通学（中学程度）であり、正式な教育ではなく、速成教育であったと指摘している。速成教育には、早く西洋に追いつこうとする清国の立場が反映されている。

このことについて、明治三十七年七月の中国留学生第一回卒業式のなかで、日本が千余年も昔から思想学術文化の各方面で、中国から「大いに啓発された事に対する御恩報じの一端」であると述べ、「貴国の家庭及び社会進歩のために、その貴き原動力とならん事を希望」すると、告辞を結んでいる。また「修身講話」のなかでも、両国共通の道徳理念を基本に、学問の男女平等と、優勝劣敗の世界情勢を論じ、纏足の弊を諷し、知徳体の三育一体論を展開している。

最初に女子留学生が入ってきたのは一九〇一年（明治三十四年）だった。彼女たちのほとんどは、父親や兄弟、あるいは夫同行で、しかも私費留学であった。中国の女子留学生について『下田歌子先生伝』の中に次のように記載されている。「明治三十四年、辛丑の歳、一人の清国女性が、ゆくりなく麹町の校舎に入学した。彼女は最初、その父兄に伴われて日本にやって来て、特に校長下田歌子先生の名を慕い、日本での完全な女子教育を受けたいために、意を決して身を実践女学校に寄せたのであったが、すでに日本語も相当話せるし、技芸の教授を受ける点に於いては格別日本人の他の生徒と変わるところがなかった」。また、中国の女性に対しては、下田歌子は「中国の女性には三つの長所があげられる。一つ、聡明で、学習がよくできる。一つ、交際が上手で対応も宜しい。一つ、性格が明るく、アメリカの女性

◀下田歌子の墓（岐阜県恵那市岩村町　乗政寺山墓地にて）

◀下田歌子胸像（現　実践女子学園中学校・高等学校構内）（東京渋谷区）

によく似ている」。初期の中国人女子留学生は、一九〇三年には十人あまりであった。これらの女子留学生の年齢はまちまちで十代の少女から五十代の女性までいた。学力の差もあった。

一九〇九年、留学生は五十五名、寄宿者は三十名であった。専科は普通科、速成師範科と速成師範工芸科であった。

当時、奉天農工商務局総弁の熊希齢が日本の工業教育制度を視察するために訪日、実践女学校をも訪問した。そこで、校長である下田歌子と、師範教育の勉強のため、毎年奉天から女子十五名ずつを同校に派遣することを契約した。

また、湖南省より、二十名の女子師範生の入学希望があり、翌年七月に、赤坂区桧町に洋館を借りて、新たな留学生部分教場を設置することになる。下田校長の「修身講話」などは、留学生監督役の范源廉がテキストなしで、通訳をしたという。范源廉は、辛亥革命後、袁世凱のもと、教育総長を勤めている。

そのため、中国からの官費女子留学生は、ほとんど実践女学校で勉強したのである。一時期、中国でも下田歌子は広く知られ、孫文も下田歌子に対し、留学生教育を依頼する手紙を送っている。また、彼の姪である伝文郁も日本に留学させている。このように多くの中国女子留学生が、実践女学校で学んだ。「女英雄」と呼ばれている秋瑾もそのひとりである。

秋瑾（1875年11月15日～1907年7月15日）は清末の革命家、近代女性運動の先駆者。本名は閨瑾（けいきん）。「閨」は女の子という意味で、日本留学時代に閨の字を取って秋瑾とした。愛称は玉姑、字は璿卿(せんきょう)。自ら競雄(きょうゆう)・鑑湖女侠(かんこじょきょう)・漢侠女児・秋千(しゅうせん)などの字号を称した。
福建省閩侯(びんこう)県の官吏の家に生まれた。原籍は浙江省山陰県、現在の紹興である。四人兄妹の二番目で、父は家庭教師を雇って子供達に教えた。秋瑾は兄妹の中でもよく努力し、聡明でもあり、成績はいつも良かったために、父は唐詩・宋詩などを特別に教え、彼女は十一歳から詩をつくることができた。

もともと秋家の家族は「書香門弟」であった。祖父の秋嘉禾(かか)は挙人であり、福建省南部諸県の県知事、廈門(アモイ)海防庁同知などを歴任した。秋瑾は少女時代を殆んど福建で過ごした。彼女の父の秋寿南も挙人であり、祖父と同じく福建省および台湾などの知事を務めた。母の単氏は名門家庭の出身であるが、伝統的な「女性は才のないのが徳である」という考え方や、男尊女卑の封建宗法思想と倫理道徳観念に反対し、女性も知識を得るべきだと主張した。この母は読書が好きで、特に漢詩の教養が高く、「才女」と呼ばれていたが、十九世紀末頃においてこのような女性は実に珍しく、遠見卓識な母親であった。秋瑾の頑強不屈、男性に負けない賢く勇ましい志を育んだのは、母親の影響や家庭教育と密接な関係がある。母親の教育により、秋瑾は杜甫・辛棄疾(しんきしつ)・李清照(りせいしょう)などの詩詞を暗誦し、時には自ら短詩を書き、父に見せた。秋寿南は娘の詩を見て、「阿瑾（秋瑾に対する愛称）がもし男の子だったら必ず科挙に合格する」と呟いたという。

しかし古来の中国の女性は封建社会の下で、文化教育を受ける権利を奪われ、持てる才能を発揮することができず、また身体も損なわれた。その代表的なものが纏足である。纏足は

▶男装の秋瑾（浙江省紹興「秋瑾記念館」にて）

◀留学前の秋瑾

女の子に対して、四、五歳の骨がまだ柔らかい足の指にマッサージをし、撓ませた上で一メートル以上、幅五、六センチの木棉あるいは絹の布でそのままの状態に固定させる。毎日布を巻き直し、さらにきつくして二〜三年続け、十七センチぐらいの変形した足ができあがるまで持続させるものである。この苦痛を伴う残酷な纏足は、幼女の血と涙、あるいは命をかけたものであった。足が小さければ小さいほど美しいと見られ、良い縁組をすることができた。この昔から長く続いた纏足は、女性にとって「枷」、「鎖」のようなものであった。秋瑾もまた、この悪習を免れることはできなかった。幼い秋瑾は、痛さのあまり「どうしてお兄さんはしないの？」と泣き叫んだという。

纏足された秋瑾は、女性の「運命」に屈服しなかった。彼女は兄達と同じ教育を受け、武術・棒術・拳闘・剣舞・乗馬を学んだ。武術を鍛錬した時、足が血だらけになっても止めることなく続けたのである。ある日馬から落ち、足の痛みで全身から汗が流れ落ち、祖父が心配で近寄って来そうになった。秋瑾は自分が乗馬を禁止されることを恐れ、痛みをこらえて「大丈夫です。少しも痛くありません」と大きな声で祖父に言ったという。また毎朝、近くの山に登り山頂で剣術の練習にも励んだ。

一八九一年、十七歳の秋瑾は『水仙花』・『春寒』・『梅』等二十篇余りの詩を書いた。秋瑾を教え支えたのは母親であった。知識を教えるだけでなく、人間としての生き方と粘り強く生きることの重要さも教え込んだのである。秋瑾にとって母親の存在は、自分の将来の手本であった。一九〇六年、その母親が病死した。上海で『中国女報』を創刊していた秋瑾は、急を聞いて急いで紹興に戻ったが、すでに母は息絶えていた。悲嘆に沈んだ秋瑾は哀悼の挽歌を書いている。

「哀しい哉、病臥していた母はなぜ私をひとり残して、他界に行ってしまわれたのか？僅か六十二歳の春秋だった。国を愛し、志半ばなのに、私を育ててくれたその恩に報いてもいないのに……」と、母親への深い愛情と心の痛みを詠んだ。

日清戦争後、清朝政府は義和団事件により列強への宣戦を布告したが、それに伴い八ヵ国連合軍は北京に侵入した。秋瑾は自分の祖国へも目を向けることとなり、『鷓鴣天（しゃこてん）・憂国文』（詞牌の一）という詞を以て留学の目的と自分の志を述べた。

祖国沈淪感不禁
閑来海外覓知音
金瓯已缺総須補
為国犠牲敢惜身

祖国沈淪して忍びがたく
閑来海外に知己をさがしもとむ
金瓯（きんおう）（中国のこと）已に缺け　総て須く補すべき
国のために犠牲となるとも敢て身を惜まんや

▶秋瑾の「憂国文」墨跡

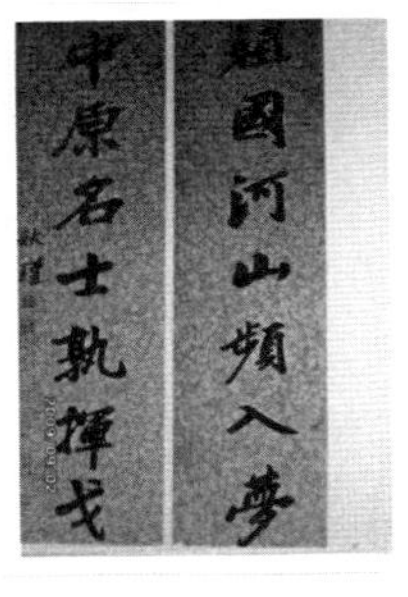

◀秋瑾の詩文墨跡（浙江省紹興「秋瑾記念館」にて）

一八九六年、二十一歳の秋瑾は、親の決めた湘郷の富商王系の三男、王廷鈞と結婚し、二人の子供を生んだ。この頃、清朝の光緒帝は新政の「戊戌変法」を行い、一方、孫文を始めとする革命派は清朝を打倒し民国を創立しようという主張を明確にしていた。この、時代の変動の中で秋瑾は、先ず改革の第一歩として、女性を「三寸金蓮」の纏足から開放することを主張した。彼女は自分だけではなく、反纏足の「天足会」を通して女性にも呼びかけるとともに、背広・洋靴・帽子という姿の男装をした。また、自ら「競雄」という号をつけ、男と雄を競おうとしている。友人呉芝瑛の紹介で、京師大学堂の日本人教師である服部宇之吉の妻の繁子と知り合い、日本に留学をしようと決めた。夫の王廷鈞に強く反対され、夫は二人の子供もあるので引き留めようとしたが、「子供を連れて留学する」と言った。王廷鈞は仕方なくそれを認め、息子を自分が引き取り娘を秋瑾に押し付けた。

　秋瑾が実践女学校に入学したのは、服部繁子が実践女学校の校長である下田歌子に秋瑾を推薦、入学させたのである。

　一九〇四年六月二十八日、秋瑾はまだ三歳になっていない娘を抱いて、服部夫人と一緒に塘沽から日本の「独立号」客船に乗り、神戸を経由し七月二十四日に汽車で東京に着いた。日本語の勉強のため、先ず駿河台にある「中国留学生会館」が開設した「日本語講座」に入り、翌年実践女学校の分教場で二ヵ年間、特別科に入学した。

　筆者は秋瑾の留学生活と活動を調査するため、東京都渋谷区にある「実践女学園」の旧跡（現　実践女子学園中学校・高等学校）を訪れた。三人の職員の方は熱心に当時の書類を探してく

◀秋瑾の下宿跡（現　東京文京区本郷1丁目）

ださり、そこで貴重な「證書臺帳」や卒業生の名簿などを見せてもらった。秋瑾は一九〇五年八月に実践女学校に入学したことが記録に残っている。

『清国留学生部・分教場日誌』（原本：明治38年7月17日～11月7日　1級10枚）の中に、「明治38年8月5日、本日学生秋瑾入校ス」と記載してある。

その間、下田歌子の男女の学問の平等と優勝劣敗の世界情勢という主張は、秋瑾が最も大きな感銘を受けたものである。「大凡一国ノ女学優レタル者ハ其ノ男学必ズ優ル。何ゾヤ。母教ノ斯ク然ラシムルナリ。一国ノ女体強キ者ハ、其ノ男体必ズ強シ。何ゾヤ。母種ノ然ラシムルナリ」として、纏足の弊を諷刺し、知徳体の「三育一体」論を主張、また「女子モ亦国民ノ中ニ在リ」と、愛国の精神を強調していた。二十世紀を目前にして、新しい世紀に相応しい女子教育に情熱を傾け実践してきた下田歌子の精神は、秋瑾の胸に深く感銘を与えたのであろう。

入学後の秋瑾は、教場でも休み時間中に詩を吟ずるなど、独特の雰囲気を持っていたという。中退する時、愛誦していた自筆の詩集『白香詩譜』一冊を坂寄舎監の手元に残して去った。この個性的な女性の存在について、あるとき坂寄舎監が報告したところ、下田歌子は「よく見抜いて大きく扱え」と答えたという。

この頃清政府は、男子留学生が日本の陸軍士官学校の予備校である成城学校などを通じて、軍事の演習を希望する傾向があるのを禁止しており、留学生の急速な反封建意識の目覚めに対して警戒を強めていた。一九〇五年十一月二十六日、文部省が「清国留学生取締規則」を公布したのも、清政府の意を受けたためで、このときに留学生の「校外の取締」や監督を強化し、「性行不良」清国人の入学を禁じている。この対応に秋瑾は反発、十二月五日富士見楼の会合に出席して過激な発言を行なっている。

秋瑾は留学生の反対集会に参加するため、十七人の女子留学生と共に退学を覚悟で一時校内を去ったのであった。『下田伝』第十一章の中に、「留学生の身に何かと事故が多く、この一ヵ年にも、或いは良人が帰国したり、水の違いということで、自分が病気をしたりして、だんだんと帰国するものが現れ、明治三十九年の七月、晴れて卒業した者は二十人のうち十二名に減っていた」と述べられている。このような風潮の中で秋瑾は、一九〇五年十二月、退学して帰国した。日本には僅か二年しか滞在しなかったが、彼女の人生において、成熟した女性革命者となったという意味において大きな転換点であった。一九〇五年十二月に「清国留学生取締規則」に抗議して帰国した秋瑾は「私は帰国後、革命に尽力し、皆様と中原で会うことを臨んでいる。」と同胞に語った。

秋瑾は紹興に戻り『中国時報』を発刊、女権、女子革命を主張し、「光復軍」、「敢死隊」を組織した。また、紹興の明道女学校、浙江省の潯渓女学校の教員を歴任、一九〇六年の夏、上海へ出て革命運動の中で活躍、『中国女報』を創刊した。『中国女報』の中で、「本報の発刊の目的は、女学を振興し、女性を解放するためであり、団体化するためである。将来は中国の婦人協会もつくろう」と主張しており、また、男尊女卑を批判し、男女平等を提唱した。彼女は「警告妹妹們」の文章の中で次のように述べている。「…二万々の女同胞、まだ

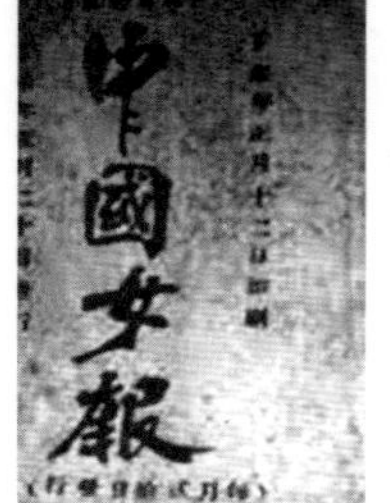

▲『中国女報』の表紙

真っ暗地獄にいるようだ。一人の人間として志を持たなければならない。志を持っているなら、自立することができる。今、女学生も多くあり、工芸業も盛んになった。一つの工芸技術を学び、教習になったり、工場を開いたり、どうして自我自立ができないのだろうか……女子は教育を受けるべきだ。そうすれば家業が興隆、男子に敬重される。……女性は息子を産んだら必ず学堂に入れる。娘なら、やはり同じように教育させ、纏足は絶対にしてはいけない」。また彼女は、「日本の女学が振興し、皆一つの技能を持って生活し、父母を養い、家庭においても夫を助け、子には教育をさせる。こんな国は強くなるはずだ」と、女子教育の発展と国家の発展との関係は切っても切れない関係にあり、その重要性を認識しなければいけないことを説いた。

同年の冬、再び故郷の紹興に戻り大通学堂で教えながら、安徽省の革命党員である徐錫麟と連合して武装蜂起の計画を立てた。一九〇七年五月、徐錫麟の蜂起失敗と共に、秋瑾も逮捕された。「秋風秋雨人を愁殺す」の一句を書き残したが、自分の名前である「秋」を取って、二字の「秋」と「風雨」に合わせ、武装蜂起の失敗、そして祖国の運命への憂いと自分の沈痛な心境を表したのである。七月十五日、秋瑾は白い服を着て足枷をされ、両手を背中に縛り上げられ、清兵に連行され、刑場になっている紹興軒亭口で斬刑された。享年三十二。

秋瑾の死に紹興の人々は憤激し、「秋瑾は何も供述しなかったのになぜ殺されたのか？古軒亭口は強盗の処刑場だ。秋瑾は強盗ではないのに、どうしてそこで処刑したのか？」と不満を言い合った。

秋瑾を記念するため孫文は、「巾幗（きんかく）（婦人のこと）英雄」と高く評価した。

秋瑾の遺骸は九回転々とした。一九一一年の辛亥革命後、杭州西湖西泠橋畔に移されて墓ができた。「秋瑾烈士記念碑」は一九三三年十一月に、秋瑾の故郷浙江紹興古軒亭口に建てられ、蔡元培が碑文を揮毫したのである。記念碑は高さ1・45メートル、幅1・20メートル。中国女性の解放を唱えた彼女の生涯は波瀾万丈、まさに、秋瑾が『鷓鴣天』という詞の中で詠じたとおり、悲願の人生であった。

嗟険阻　　険阻なるをなげき
嘆飄零　　飄零を嘆じ
関山萬里作雄行　　関山（故郷のこと）を遠く離れ雄行をつくす
休言女子非英物　　女子は英雄に非ずと言うなかれ
夜夜龍泉壁上鳴　　龍泉の剣夜夜壁上に鳴る

日本には秋瑾の記念碑はないが、彼女が留学した場所、実践女学園には秋瑾の足跡が残っている。筆者は実践女学園で調査を終えた後、学園キャンパスを見回りながら、秋瑾が和服に日本の短刀を持っている姿を写真で見、また彼女の人生を思い、感慨が殊に深かった。

数千年にわたった儒教の「男尊女卑」という思想、何千年も続いた女性に対しての「三綱五常」と「三従四徳」という教育に基づいて、中国では完全に男尊女卑の社会が形成された。

▶秋瑾記念碑（浙江紹興古軒亭口にて）

▶孫文筆「巾幗英雄」

中国の社会では女性を男性に依存させ、完全に女性を従属的な地位に追いやった。清末では、女子の留学が画期的なこととは言える。彼女達は女性を伝統的な理論と封建的な家庭制度から解放することだけでなく、中華民族全体の解放も求め、植民地主義の支配を打ち破り、民族を救い、独立した国家を建設することと連動していた。これらの女性自身の意識を変えることは、今日の中国女性の解放に最も重要な影響を与えたのである。

〈参考資料・文献〉

（1）『秋寿南中挙資料』「杭州大学学報」１９８３年第2期
（2）王成聖『鑑湖女俠秋瑾』台湾中外図書出版社　１９８０年
（3）『南平県志』『秋瑾研究』第8期
（4）徐自華『爐辺瑣憶』「抗州大学学報」１９７９年１・2期
（5）孔菁慧『風雨自由魂秋瑾』山東画報出版社　１９９８年10月
（6）郭延礼『秋瑾研究資料』山東教育出版社　１９８７年
（7）鄭雲山等『秋瑾評伝』河南教育出版社　１９８６年
（8）周帯棠等『秋瑾資料』湖南人民出版社　１９８１年
（9）『実践女子学園１００周年史』２００１年3月

▶秋瑾の墓（浙江省杭州にて）

◀秋瑾の記念像

周恩来　―京都の「雨中嵐山」詩碑

周恩来（1898年3月5日～1976年1月8日）は、中華人民共和国の中国の革命家・政治家。中華人民共和国成立後は国務院総理（首相）を務めた。幼名大鸞、字翔宇、筆名少山・伍豪。江蘇省淮安の名門の家に生まれ、叔父の養子となる。天津の南開中学に学んだ。1917年（大正6）から2年近く、来日して東京・神田の高等予備学校などの聴講生となったが、1919年には帰国して南開大学の学生となり、五・四運動に参加した。翌1920年、勤工倹学運動でフランスへ留学、1921年中国共産主義青年団の創立に加わり、翌1922年中国共産党に入党した。パリからロンドン、ベルリン、モスクワ経由で1924年に帰国。1925年、理想的な夫婦像として語られる鄧穎超と結婚。後、黄埔軍官学校政治部主任、党中央軍事部長、第一方面軍政治委員を務め、軍事面での指導者になった。

1949年の新中国成立以来、国務院総理（首相）、中央軍事委員会副主席、人民政治協商会議全国委員会主席等を務めた。1972年には、日本国首相の田中角栄と日中共同声明に調印したことでも知られている。

▶国家総理の周恩来

一、日本への留学

周恩来は幼年期を、社会の動乱と家庭の不幸の中で過ごした。九歳の時に母親が亡くなり、二人の弟と共にあとに残された。十年間を、奉天（現在の瀋陽）の叔父の家に身を寄せて生活していた。そのような苦難の生活の中で、周恩来の強い意志は築かれたのである。１９１３年、周恩来は天津の南開中学校（現、南開大学）に入学、革命の息吹に触れ、１９１７年７月、卒業後、十九歳の若さで日本への留学を決意した。その時、南開中学校の理事長、厳修からの援助も与えられた。

同年９月出発の前夕、彼は祖国を救い、学問に発奮しようという志を託して七言絶句「大江歌罷掉頭東」を作った。この詩は、後の１９１９年３月、日本からの帰国を前にして、友人の張鴻誥に送ったものである。

「大江歌罷掉頭東」

大江歌罷掉頭東　　大江　歌罷めて　頭を東に掉け
邃密群科濟世窮　　邃密なる群科　窮れる世を済わん
面壁十年圖破壁　　面壁十年　壁を破らんと図り
難酬蹈海亦英雄　　酬われ難くして海に投ずるも　また英雄なり

二十世紀初頭の中国は、軍閥が権力と領地を争うための内戦を繰り返していた。周恩来は

▶南開中学校のとき

◀詩「大江歌罷掉頭東」１９１７年、周恩来の自筆

そのような国を憂い、救国の道を探すため、1917年9月から1919年5月まで日本に留学した。

明治維新後、近代化に励む日本に学ぼうと東渡した中国の知識人・政治家・留学生などは少なくなかった。日本への中国人留学生が急速に増加したのは、二十世紀初頭からである。その原因はさまざまであるが、直接の原因は日清戦争後の1905年に、一千五百年にわたって続いてきた「登龍門」、いわゆる出世するための試験である科挙制度が廃止されたこともあるが、中国国内における近代的な学校の成立が大きく立ち遅れたという状況もあった。また、中国より三十年も早く近代化に踏み出した日本は、中国に近いため旅費が安く済むこと、日本語は漢字が多く勉強しやすいことが挙げられよう。特に日本には、西洋文化の主たるエッセンスが移入されており、同じ「儒学圏」にある日本的な西洋文化は中国人にとって理解しやすいこともあった。

周恩来が最初留学したのは、東京の東亜高等予備学校であった。この学校は、神田区猿楽町七番地にあった中国人のための有数な予備校である。創立者は教育家松本亀次郎。1914年に中国人留学生のために府立一中の教師を辞め、優秀な教員を集めて東亜高等予備学校を開設した。高い進学率で一気に有名になり、中国人留学生の三分の二はこの学校で勉強した。1919年、校舎を増設するため現在の神田神保町二丁目に移り、三階建て、五百三十余坪の校舎を造った。

1917年に留学のため来日した周恩来は、日本語の習得不足により第一高等学校と東京

▶東亜高等予備学校

◀松本亀次郎

高等師範学校の受験に失敗し、東亜高等予備学校（日華同人共立東亜高等予備学校）、東京神田区高等予備校（法政大学付属学校）、明治大学政治経済科（旧政治学部、現政治経済学部）に通学。

１９１８年、東亜高等予備学校の留学生人数は２０８５名にのぼった。その出身地と人数は以下の通りである。

表1　東亜高等予備学校における中国人留学生の出身別一覧

地名	学生数
浙江	247
湖南	200
奉天（現瀋陽）	178
広東	175
江蘇	142
江西	113
湖北	111
河南	23
四川	102
直隷（現河北）	82
甘粛	6
福建	81
山東	78
吉林	69
貴州	46
山西	45
陝西	44
広西	40
安徽	38
雲南	24
黒龍江	8
朝鮮	9
台湾	2
所属省不詳	2
合計	2,085名

表中、浙江省からの人数は２４７名で一番多かった。次いで湖南・奉天・広東・江蘇などの順となっている。奉天（現瀋陽）以外で上位を占めるのは、殆んど長江の南部、いわゆる江南である。中国の歴代王朝において、文化・政治・経済の中心を占めるのは都のほかでは、文人などはほとんど江南地域の出身である。肥沃な土地環境と伝統的に文化の発祥地であるため、傑出した人物が輩出したのである。

周恩来は東亜高等予備学校で日本語を学びながら、早稲田大学でも聴講していた。下宿したのは東京都新宿区（当時は牛込区）山吹町の家具屋の二階であった。その時の学習生活について周恩来は、「……毎日四時間の授業があり、午前・午後それぞれ二時間ずつ勉強する。授業に出る時間が早いので、朝は起きてすぐ学校に行かなければならない。朝食をとる時間もないから、毎日、食事を二回にするつもりである。これで朝食をやめられるのは実にいいことだ」と書いている。当時の留学生はほとんどが私費で留学しているが、周恩来もその一人であった。学習と生活両面の費用は非常に重い負担であった。それについて彼は、1月26日の日記の中で次のように述べている。「先月の高先生の手紙によれば、私の手紙を受け取って、私の生活費が不足がちなことが分かったので、教育界で兼職を見つけ、毎月、なにがしかの援助をするつもりだと述べると共に、なぜ詳しい情況を知らせなかったのかと咎めている。この言葉に接し、感激もし、驚きもした」と。周恩来の進学目標は一高と東京師範などの指定校であった。合格すれば官費留学生として、学費が中国政府から支給されるからである。彼はこのように強い信念を持って、数多の日本語予備学校から東亜高等予備学校を選んだのであった。

一方、東亜高等予備学校の授業は非常に厳しかった。使用した教科書は、

1．日本語に関する：尋常小学読本　巻1～6　文部省編

高等小学読本　巻1～2　〃

日本語会話教科書　松本亀次郎著

日本語教科書1・2・3　〃

言文対照漢訳日本文典　〃

漢訳日本口語文典　松下大三郎著
明治読本　巻1・2・3　芳賀矢一著
世界読本　巻上・下　池辺義象著
帰雁之蘆　新渡戸稲造著
小説「不如帰」　徳富健次郎著
講評「ナポレオン」　松村伯知講演

2. 数学・理科・英語に関する：

算術教科書　菊地大鹿著
幾何三角法教科書　三守　守著
化学教科書
中学物理学教科書　本多光太郎・田中三四郎共著
分類訳解英文解釈　横地夏吉著
The Word's English Readers NO.4
The Word's English Lessons NO.4
Standard Choice Readers (New Edition)
NO.1・2・3・4・5.
By J.C.Neafield Book 1・2・3.
Tales From Shakespeare

一流の大学・高等学校・専門学校を目指している東亜高等予備学校は教材の選択にも厳しく、必要な科目の教材は校長ら自らが編纂していた。

東亜高等予備学校に留学した留学生は殆ど、有名な大学あるいは高等学校・専門学校に進学した。一部の留学生は欧米の大学に入学したり、中国に帰国して一流大学に合格したりしている。

▲松本亀次郎著「日本語教科書」

▲東亜高等予備学校

表2)　中国留学生の進学先一覧表

総　：その学校の中国留学生の合格総人数
東亜：東亜高等予備学校出身の人数

学校	1915年 総 東亜	1916年 総 東亜	1917年 総 東亜	1918年 総 東亜	1919年 総 東亜	1920年 総 東亜
東京高等師範学校 (現筑波大学)	25 14	30 16	20 13	43 34	45 36	–
東京高等工業大学 (現東京工業大学)	49 30	56 34	57 36	54 41	43 38	37 32
第一高等学校 (現東京大学)	50 35	50 30	50 38	49 26	0 0	–
東京高等商業学校 (現一橋大学)	5 5	9 4	0 0	7 7	5 4	–
千葉医学専門学校 (現千葉大学医学部)	10 3	8 7	8 5	11 8	11 10	–
東京帝大農大実科 (現東京大学農学部)	8 8	0 0	6 0	0 0	0 0	–
東京帝大医大 (現東京大学医学部)	0 0	0 0	0 0	1 1	0 0	–
明治法律学校 (現明治大学)	0 0	0 0	7 6	9 9	9 8	7 6
京都法科大学 (現京都大学法学部)	0 0	0 0	1 1	0 0	0 0	–
その他学校	18 13	23 11	1 1	11 11	6 6	–
合計	165 108	176 102	144 100	185 137	119 102	44 38

王鏡如『周恩来同志青少年時代』河南人民出版社　1980年
王永祥・高橋強『周恩来と日本』　白帝社　2002年により作成

表2から見れば、東亜出身者の合格率は極めて高かった。1915年（大正4年）は総合格者数の65%、以下1916年58%、1917年69%、1918年74%、1919年86%、1920年は86%を東亜出身者が占めている。注目されるのは1920年の合格者数である。東京高等工業学校（現東京工業大学）と明治法律学校（めいじほうりつがっこう）（現在の明治大学の前身校）に、少数の合格者が出た他はゼロだったことである。1919年までの進学先は公費留学できる東京高等師範学校や東京高等工業学校及び第一高等学校などであったが、1920年になると進学者が激減している。その原因は主に、日本による対華二十一ヵ条要求をめぐって在日留学生たちの排日運動が昂揚し、日本語学校で勉強中の学生たちが授業をボイコット、帰国する者が続出したからである。また中国国内では軍閥の内戦が激化の一途を辿り、留学公費が不足したことも重要な一因となっている。

周恩来が留学した時は、ちょうど第一次世界大戦の最中であった。世界的な激動、及び日本を含む欧米列強による屈辱的な大陸進出政策が推し進められた時期でもあった。在日中国人の各階層の中でも広範な抗議運動が活発化していた。周恩来もまた、この革命の嵐に身を投じたのである

筆者は周恩来の石碑を探すため、東亜高等予備学校の跡地を訪れた。現在は町の憩いの場所として「愛全公園」となっている。公園の中心に「周恩来ここに学ぶ・東亜高等予備学校跡地」という石碑があり、石碑の左側に「揮毫　汪向栄　中国社会科学院、東亜高等予備学校」、右側には「千代田区日中友好協会　一九九八年七月建立」と刻まれている。

石碑には、「日中両国の人々が敬愛する周恩来元総理は、1898年3月5日に江蘇省淮安に生まれました。周総理は1917年（大正6年）に十九歳で日本に留学、この地（当時は神田区中猿楽町）にあった東亜高等予備学校（創立者・初代校長松本亀次郎）で日本語を学び、大学進学の指導を受けました。そのころ、日本政府の対中国政策に反対した松本亀次郎校長の心情にも影響を受け、1919年（大正8年）には帰国して天津の南開大学に学び、新中国の建設に身を投じました。周総理生誕百年・日中平和友好条約締結二十周年にあたり東亜高等予備学校の跡地であるこの場所に、周恩来が学んだことを示す記念碑を、千代田区の歴史の一コマとして建立します。日中友好の気持ちをこめて……」と記載されていた。

周恩来は東京で勉強しながら、祖国の前途を憂えていた。周恩来『十九歳の東京日記』1月23日の日記によれば、「今朝、『朝日新聞』に載っている日本の昨日の国会の事情、各党派の質問の様子、寺田内閣の各大臣の演説を見て、大きな感慨を催した。わが国は現在まだ国会がなく、臨時参議院は問題にならないので、結局、絶対に解散するべきである。将来の政局は、新国会であれ、旧国会であれ、いずれにせよ能無しである。人民の水準、常識がこんな調子で、どうして優秀な国会などもつことができよう。仕官する者で、真に国家のためを思っている者が何人いるだろう。考えれば実に恐ろしいことだ」と祖国の政局の弊害を批判し、国の将来を心配する心情を吐露している。

この時周恩来は、7ヵ月近く東亜高等予備学校で勉強していた訳だが、革命運動のため学業も乱れ、勉強の時間もあまりなくなり、これは周恩来自身を非常に焦慮させた。

▶東亜高等予備学校旧跡記念碑
旧　神田区猿楽町七番地
現　神田区神保町二丁目愛全公園にて

學校日記
周
中華民國七年陰曆歲次戊午
日曆依中央觀象臺曆書
上海商務印書館製

◀学校日記

「日本に来てからすでに四ヵ月あまり経つが、日本文も、日本語も少しも上達していないと思う。高師の試験が始まるのを目の前にして、一層力を入れて勉強しなければ」と1月29日の日記に次のように書き綴っている。「引っ越すことを今日決めた。今後は郊外に住むことになるので、おそらく今よりも勉強することができるようになるだろう。さらに、あそこに住めば訪ねて来る人もいないだろう。私一人で、勉強の他に何をすることがあるだろうか？　勉強だ、勉強だ、時間はもはや私を待ってくれはしないのだ」。１９１８年3月４〜6日、周恩来は東京高等師範の試験を受けた。試験の科目は日本語・英語・数学・歴史・地理・物理・化学・博物等八つの他に面接があった。結果は、残念ながら不合格だった。次の挑戦は一高である。

「今後は勉強に没頭する。友人との付き合い、手紙のやりとりは一律に簡単にしなければならず、重要なことを除いて、決して勉強を犠牲にして別のことをやってはならない。俗に『鉄棒も磨けば刺繍針になる』という通り、私の決意さえ堅固であれば、希望が実現しないことはない」と、勉強一筋に進むことを決めている。その学習スケジュールは、「一日は睡眠七時間、勉強十三時間半、休憩その他が三時間半である」と3月11日の日記にある。

周恩来は入試のため、日本語と格闘しつつ官立学校入学を目指して勉学に励んでいたが、１９１８年5月には、シベリア出兵に伴う「日華共同防敵協定」という協議が成立しようとしていた。これに対し在日中国人留学生たちは、ただちに救国団を組織、抗議運動に立ち上がった。その抗議行動で授業放棄や一斉帰国を決議する。これらの行動は周恩来に大きな影響を与えた。「一高同窓会が今日行動を起こし、帰国の主張を宣布したが……一高が反乱を起こすなか、指を切って血書するものがいた」。5月16日、軍事協定が締結されると学生運動はさらに激化し、周恩来も連日、集会に参加した。また船から海に身を投じたジャーナリスト彭翼仲（ほうよくちゅう）の死に衝撃を受け、「霹靂（へきれき）一声、『日華共同防敵協定』の軍事協定、亡国奴何ぞ必ず更に生を貪らん」と悲憤の調子で述べている。抗議や帰国の嵐の中で、周恩来の一高入学の願いは叶わなかった。「今日は非常に憂鬱だった。夕飯の後、独りで神田劇場へ歩いていって芝居を見たのは、気晴らしのためだった。しかし現在、家も国も艱難に見舞われ、友人が辛苦をなめているときに、どうして芝居を楽しむことができよう。酒を思う存分飲んで放歌高吟して、胸中の煩悩を追い出すようなものに過ぎない」とは、当時、周恩来の苦悩の心情であった。「試験は失敗した。心が痛み……」と、受験の失敗で、自虐的な気分に陥ってしまう。日本を含む列強の露骨な大陸侵略に対して、日本で勉強するか、革命か、または帰国して勉学を続けて革命か？　二十一歳の周恩来は苦渋の選択を迫られていた。実際その時周恩来は、京都帝国大学経済学部の受験申請書も提出していたが、革命の気運の高まる中での受験を諦めた。彼は民主主義を唱え、政党内閣制などを主張した大正デモクラシーの理論的指導者である吉野作造を訪問、そこで陳独秀らの『新青年』を読み、「救国」の志を実現させようと思った。

　1919年3月、苦悩の中で、ついに帰国し南開大学で学びながら祖国の復興を図ることを決断した。帰国直前の4月5日、ようやく春めいてきた京都嵐山を散策し、「雨中嵐山」

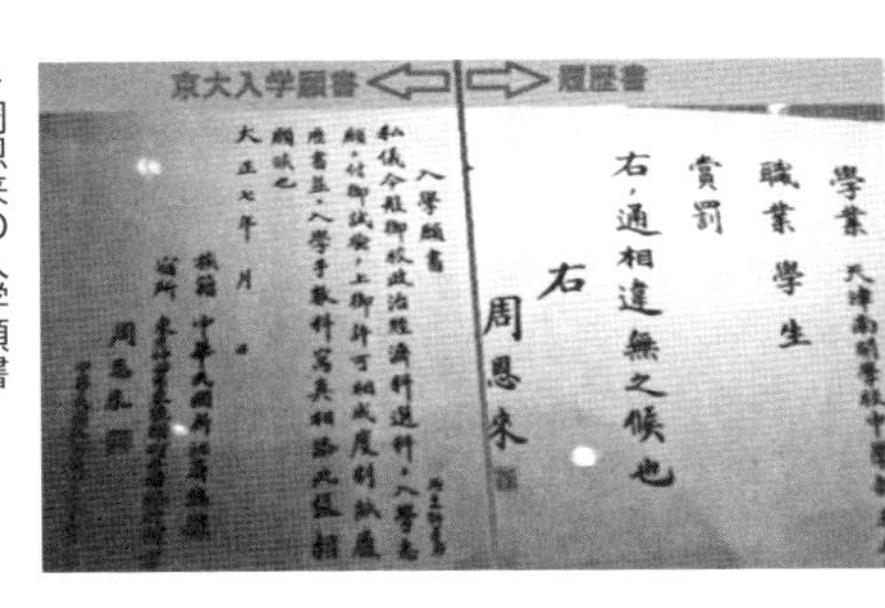

▶周恩来の入学願書

という自由詩を作った。

周恩来の「雨中嵐山」詩

雨中兩次遊嵐山
兩岸蒼松　夾着幾株櫻
到尽処突見一山高
流出泉水綠如許
繞石照人
瀟瀟雨　霧濛濃
一線陽光穿雲出
愈見姣妍
人間的万象真理
愈求愈模糊
――模糊中偶然見着一点光明
真愈覚姣妍

訳文

雨の中　再び嵐山（らんざん）に遊べば、

▶「雨中嵐山」詩碑（京都　嵐山内亀山公園にて）

▶詩碑の裏側

両岸の蒼松　幾株かの桜まじえつ。
到り尽くる処　突かに見る高き山一つ、
流れ出ずる泉の水は緑したたりて、
石を繞りて人を照す。
瀟瀟たる雨　霧濛濃たるに
一線の陽光　雲を穿き出ずれば
愈 姣妍なり。
人間の万象の真理は
愈求むるに愈模糊たり。
模糊たる中に偶然一点の光明を見れば
真に愈 姣妍なるを覚ゆ。

この雨中嵐山詩の中の「模糊たる中に偶然一点の光明を見れば」は、一体、「光明」が何を指しているのか。おそらく、帰国を決意した周恩来は迷ったあげく、ついに新たな人生の道を見出したことを示しているのかも知れない。

日本での留学体験は周恩来にとって、視野を広げ、意志を鍛え、愛国・救国の信念を一層強くさせたに違いない。帰国後、周恩来は革命運動に身を捧げた。

周恩来は帰国して南開大学に入学後、学生蜂起に加わる。その後、更にフランス・イギリ

▶戻った南開大学で　1919年
◀帰国前（中央が周恩来）

◀革命時期の周恩来

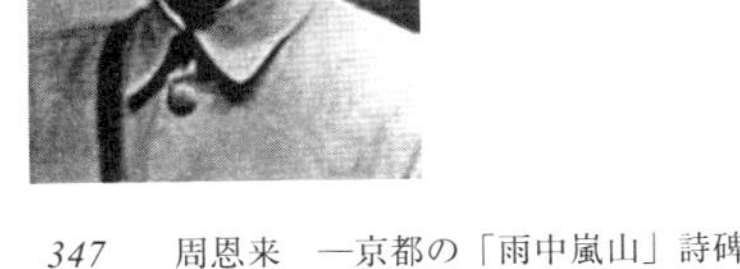

ス・ドイツに留学して24年に帰国、複雑な中国の政治情勢の中で、一途に革命の指導者として、「光明」に向って歩を進めた。

周恩来は中日国交正常化交渉において、大きな役割を果たした。冷戦下の厳しい状況のもと、対日関係を処理し、中日を国交正常化に導いた。1972年9月、田中角栄首相を招聘し、中日交流の再開に努め、共同声明の調印を成功させた。その過程において、日本人の国民性や風俗習慣を熟知した周恩来の見識が十分に発揮されたのである。中日国交正常化を受け、1978年には日中平和友好条約が締結された。

中日関係正常化において、最も懸案になっていた6000億ドルといわれる経済的損失の賠償金を放棄することについては、「日本の国民は日本軍国主義者の犠牲者である。もし賠償金を求めれば、彼らは再び苦しい目に会う」と周恩来総理は語っている。

1974年には大平正芳外相が訪中し、中日貿易協定に調印している。周恩来総理は在任中、中日国交正常化に大きな役割を果たしたのである。

1979年春、日本国際貿易促進協議会京都総局や京都府日中友好協会などが建立委員となり、中日友好のシンボルとして、京都嵐山の亀山公園に周恩来の「雨中嵐山詩碑」が建てられた。京都の嵐山は、もともと観光名勝地として有名である。嵐山は一般に大堰川に架かる渡月橋を中心とした地域。この橋を中心に中ノ島公園があり、橋の東北の臨川寺一帯を総称したのが嵐山公園である。渡月橋の赤い橋柱はわれわれ中国人にとって、たいへん親しみを感じるものであった。渡月橋周辺の景色は、四季それぞれに趣のある美しさをつくる。周

▶中日共同声明調印（1972年）周恩来と田中角栄の乾杯

恩来の嵐山詩碑が建てられてから嵐山は一層中国人にとって名高くなっており、以来、この地は来日した中国要人や一般の旅行者の代表的な訪問地となっている。

筆者が訪ねたのは初秋で、ちょうど小雨の日であった。橋の川上に沿って行くと、右側に亀山公園がある。そこに「周恩来の詩碑」という案内板があり、そこを登ると閑静な平坦地に『雨中嵐山』という巨大な石碑が建っている。濛々とした小雨の中で周恩来の雨中嵐山の詩を読み、当時の周恩来の苦悩が分かるような気がした。まさに雨濛々として霧深い嵐山であった。周恩来は留学を打ち切って帰国後、度々日本のことを思い、機会があれば一度、母校や京都に行ってみたいと思っていたようだ。しかし公務があまりにも激しく、実現することはなかった。そこで彼は鄧穎超（とうえいちょう）夫人に、自分の代わりに日本の旧跡に行ってみてほしいと頼んだという。１９７９年、77才の鄧穎超は京都嵐山にできた周恩来詩碑の除幕式に出席した。「周総理は生前ずっと、日本に来て、留学した学校の校長先生や先生たちに感謝の言葉を伝えたがっていました……」と、松本亀次郎の遺族に語っている。また、１９９３年３月には、中日国交正常化二十周年を記念する「周恩来展・京都展」が、京都府総合見本市会館「パルスプラザ」で開催された。

周恩来の一生は、中華の興隆のための留学、中国の解放のための献身であった。人民に総理として仕え、精力と才能、知恵を以て中国外交事業のために不滅の功績を打ちたて、国際的な経済文化交流と各国人民間の友情の発展に、傑出した貢献をなした。周恩来は十年一日の如く、常に勤倹節約、己を厳しく律し、他人に対しては寛大であった。その情操は高尚で、

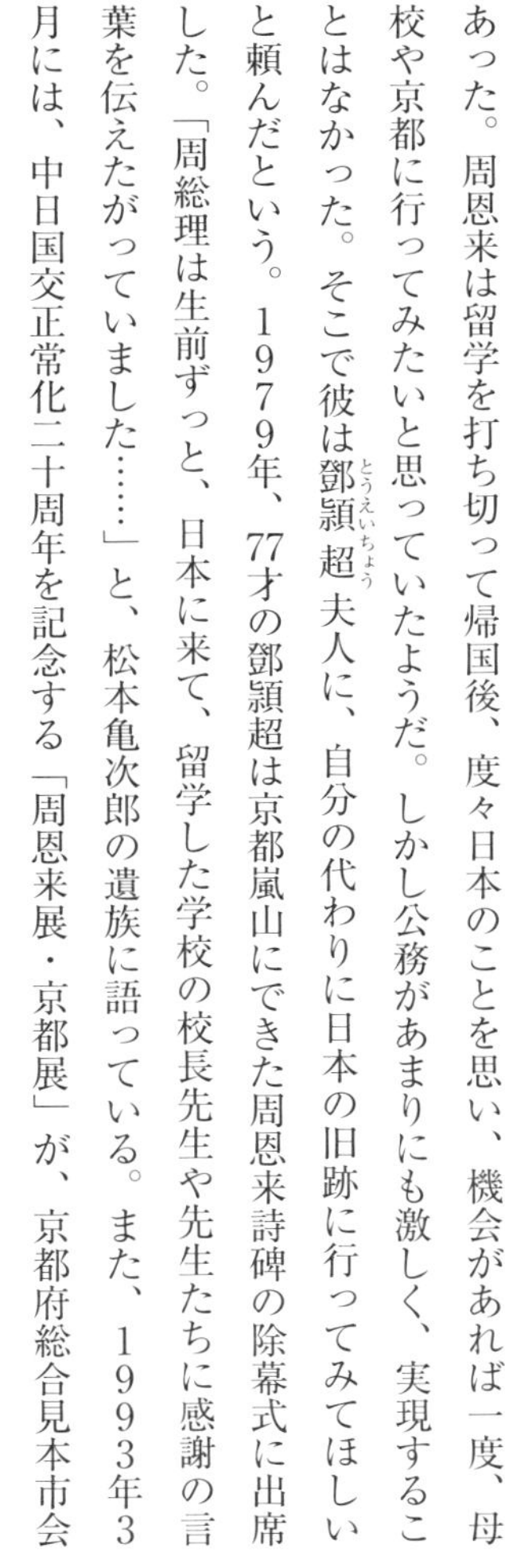

▲「周恩来総理視察記念碑」（新疆ウイグル自治区石河子農場）

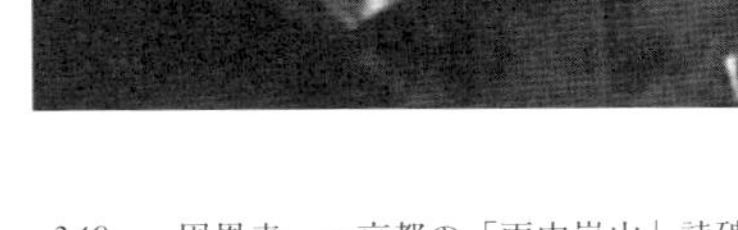

▲周恩来と鄧穎超夫人

人格は立派であった。日月の如く輝き、江河の如く果てしなく、中国国民と世界の友人たちの心にいつまでも生き続けている。

中国における「周恩来記念碑」は新疆ウイグル自治区石河子農場にもある。それは、1965年7月に彼が農場を視察したことをきっかけとして、1977年7月、石河子農場が記念のために敷地内に建立したものである。高さ12・8メートルで、周囲を松柏と花々が取り囲む。記念碑の正面には「敬愛する周恩来総理、永く不朽の名を残す」と刻まれている。これも中国国民の心の声である。

1972年、膀胱癌が発見され、1976年1月8日、周恩来総理はガンのため北京の305病院で死去した。享年78。彼の死後、民衆は周恩来を追悼する行動を起こし、また、その遺骸は本人の希望により火葬され、遺骨は飛行機で中国の大地に散布された。これらは生前に妻の鄧穎超と互いに約束していたことであった。

1978年に、周恩来が青年時代に学んでいた南開学校を記念館（青年時代館）に指定、その後1998年2月28日に、周恩来誕生100周年記念日の前に周恩来鄧穎超記念館として開放され、天津、日本、ヨーロッパでの勉学、革命活動に関する文献や写真、さらに彼が使用していた物等が展示されている。

▶周恩来、鄧穎超記念館（天津南開区水上公園にて）

〈参考資料・文献〉

（1）『周恩来選集』上・下　外交出版社　１９８１年
（2）『周恩来語録』秋元書房　１９７２年
（3）『周恩来日本を語る』実業之日本社　１９７２年
（4）『十九歳の東京日記』小学館　１９９９年
（5）『周恩来早期文集』上・下　中央文献南開大学出版社　１９９８年
（6）王鏡如『周恩来同志青少年時代』河南人民出版社　１９８０年
（7）李海文『周恩来家世』党建読物出版社・中国青年出版社　１９９８年
（8）許芥顕『周恩来』刀江書院　１９７２年
（9）『中外学者再論周恩来』南開大学周恩来研究中心編
（10）武田勝彦『松本亀次郎の生涯』早稲田大学出版部
（11）『王希天研究文集』長春出版社　１９９６年
（12）王永祥・高橋強『周恩来と日本』白帝社　２００２年
（13）金沖ほか『周恩来伝』中央文献出版社　１９８９年

聶耳　—中国国歌の作曲者と藤沢の記念碑

聶耳（じょうじ）（ニエ・アル）、（1912年2月14日～1935年7月17日）。中国雲南省昆明に生まれ、本名は守信。字は紫芸・子義、筆名黒天使。中華人民共和国の作曲家、中国国歌「義勇軍進行曲」の作曲者としてよく知られる。

聶耳は漢方医の末っ子として生まれ、四歳の時に父親が亡くなり、貧困な生活の中で、兄弟六人の生活の面倒は母親一人でみた。母親は少数民族のタイ族の出身で、子供の教育に非常に厳しかった。聶耳は六歳で小学校に入る前、すでに五百字ほどの漢字を覚えていた。

聶耳は幼少の頃から楽器に親しみ、劇作家、俳優である欧陽予倩（おうようよせん）先生に師事し、故郷の民間音楽や地方曲の影響を受け、小学校の頃から、早くも音楽的才能の閃きをみせ、簫や笛を吹くに限らず、月琴・胡弓・ピアノ・バイオリンも立派に弾きこなした。1930年，家庭教師をしながら、省立昆明師範学校での勉学中、革命活動に目覚める。卒業後、広東にゆき、演劇学校、続いて音楽学校に学んだ。しかし、彼の音楽家としての道は平坦ではなかった。当時、国内は多事多戦、混乱の時代であった。熱血青年である聶耳は、国の運命を心配し、自ら国のために戦おうと思い、滇軍第十六軍団に入る。だが、「国民革命」の旗を高く揚げ

▶聶耳

た軍閥に属する第十六軍団は、実際はまったく国民のことを考えていず、ただ軍閥の地盤確保や利益紛争だけに明け暮れていた。それを見て聶耳は、軍閥の「国民革命」に失望、敢然と第十六軍団から離れた。１９３０年、十九歳の聶耳は自分の音楽を磨くため、また真の「国民革命」を求めるため、上海に行く。この中国における革命運動の中心の地で、聶耳の人生は大きく変わる。

30年代の中国の音楽界においては、昔ながらの古い伝統音楽か、頽廃的な流行歌や低俗な歌などの音楽がはやっていた。一方、中国の全土には戦争が広がり、国民は生活の拠り所を失い、毎日苦しみを舐めている。国民を鼓舞し、救国のため、敵と戦う勇気を与えようと考えていた聶耳は、新しい独自の音楽理論を身につけ、「黒天使」のペンネームでいくつかの文章を『批評雑論』や『中国歌舞短論』などに発表した。

彼は左翼芸術運動に参加し、31年「明月歌舞劇社」に入り、楽士としてバイオリンを弾く。音楽サークル「蘇聯之友社」に加わり映画主題歌の作曲を始め、中国新興音楽研究会を組織した。また、映画会社の「聯華」やレコード会社の「上海百代公司」で、進歩的左翼の映画や現代劇、舞台劇のための作曲をした。32年に聯華映画会社の音楽主任となり、１９３３年、中国共産党に入党する。33〜35年の2年間に、民族楽器の特色を生かした力強い歌曲を数多く作曲。主な作品には「漁光曲」「波止場労働者の歌」「開路先鋒」「卒業の歌」「大路歌」「新女性」など、30余りの歌曲がある。

１９３５年、聶耳は田漢（でんかん）の歌詞による映画、『風雲児女』の主題歌として「義勇軍進行曲」

◀「明月歌舞団」時の聶耳（右端）

を作った。勇壮なそのメロディーは広く人々の心をとらえ、抗日戦争に立ち上がる闘志を燃え上がらせたことで、この曲は代表的な革命歌曲となり、その雄渾な響きはすぐに中華の大地に広がった。

「義勇軍進行曲」　曲：聶耳、詞：田漢
起来！不願做奴隷的人們！
把我們的血肉、築成我們新的長城！
中華民族到了最危険的時候、
毎個人被迫着発出最後的吼声。
起来！起来！起来！
我們万衆一心、
冒着敵人的炮火、前進！
冒着敵人的炮火、前進！
前進！前進！前進！

訳すと、
立ち上がれ！奴隷となることを望まぬ人々よ！
我らの血肉で新たな長城を築かん！

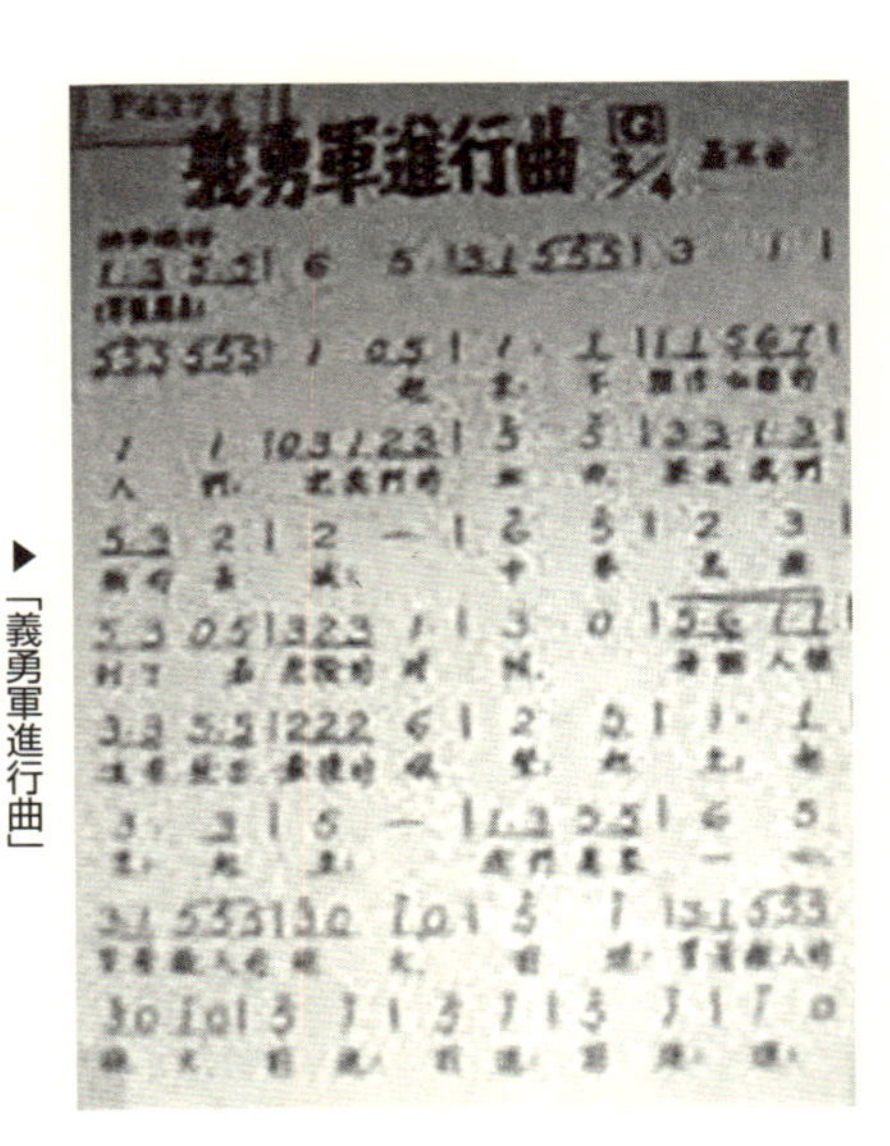

▶「義勇軍進行曲」

中華民族に迫り来る最大の危機を立ち迎えた
皆で最後の雄叫びをなさん
起て！起て！起て！
我々すべてが心を一つにし、
敵の砲火に立ち向い進め！
敵の砲火に立ち向い進め！
進め！進め！進め！

この曲は、新中国成立とともに国歌に指定された。現在でも中国の国歌として愛唱されている。

ところで、聶耳が日本に来たのは、国内の政治が一層悪化したためである。周囲の左翼文化人たちが国民党当局に次々と拘束され獄死する中、盟友の劇作家・詩人の田漢も逮捕された。35年に、聶耳にも抗日運動弾圧の手が伸びたため、ソ連留学を思い立ち、兄が滞在する神奈川県藤沢市の鵠沼（くげぬま）を訪れ、東京―パリ―モスクワ行きの計画を立てる。

同年4月15日、聶耳は「長崎丸」に乗って上海を出帆。17日に神戸に着き、翌日東京に到着した。日本で一年間滞在し、演劇活動に参加する予定であった。その間、彼は東京中華青年会館で「中国の新音楽」について演説、みんなの拍手のなかで、「大路歌」と「労働者の歌」などの歌を高唱した。6月16日、彼は中国人留学生詩歌大会に出席し、「詩歌と音楽の関係」という演説をした。

▶国歌の楽譜

◀来日時の聶耳

聶耳は子供の時から泳ぎが好きで、昆明湖は彼の楽しみの場所であった。東京にいる時、湘南藤沢の鵠沼海岸の濱田実弘氏宅に寄寓し、毎日、海岸へ大好きな海水浴にでかけた。7月17日午後2時、かなり波の高い日であったが、彼は沖へと泳いでゆき、溺れて不帰の客となった。遺体は翌18日、今の小田急プールガーデンから辻堂寄り500メートル附近で発見された。一代の音楽家が二十四歳の若さで海の波に呑まれてしまったのである。

時あたかも聶耳が作曲した「義勇軍行進曲」が中国の全土に広がり始めた時であった。

聶耳が日本で亡くなったことが中国に伝わり、人々は悲しみの中で、上海で盛大な追悼大会を開き、田漢・郭沫若などが哀悼の辞を述べた。同時に、東京や千葉でも聶耳の追悼大会が行われている。

彼の死を悼み、日中友好を願って1954年、藤沢市民有志と藤沢市により、江ノ島の見える鵠沼海岸に、聶耳記念広場、記念碑が建てられた。

当時はまだ中日両国は国交を正常化していなかったが、双方の努力によって、11月、訪日中の中国紅十字会の李徳全会長が箱根へ行く途中、鵠沼海岸を通過する際に記念碑の除幕式に出席した。その後、郭沫若、廖承志ら多数の中国の要人たちが、ここに来て故人を偲んでいる。

毎年、聶耳命日の7月17日、地元の人々は、ニエ・アル（聶耳）の慰霊祭を行っている。

聶耳記念碑の由来が、記念公園内にある石碑に刻まれている。

「1935年7月17日、この地に来遊され、この海に不帰の客となった聶耳（ニエ・アル）

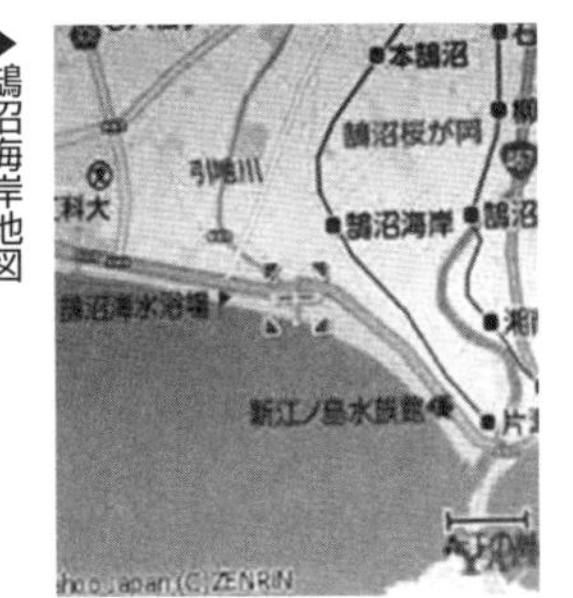

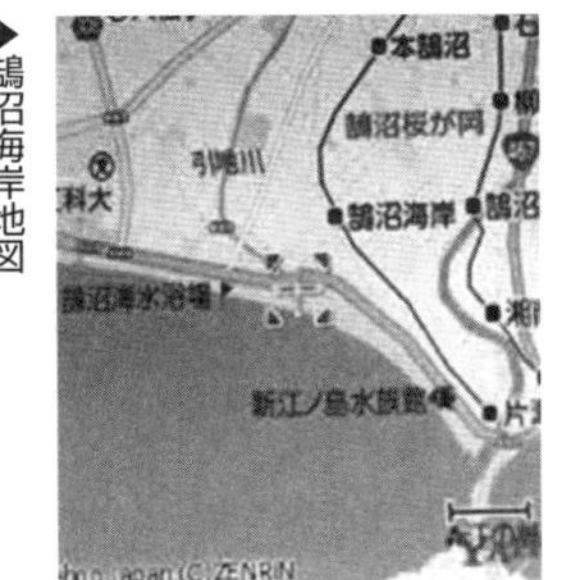

▶鵠沼海岸地図

◀藤沢の鵠沼海岸（於　藤沢市鵠沼）

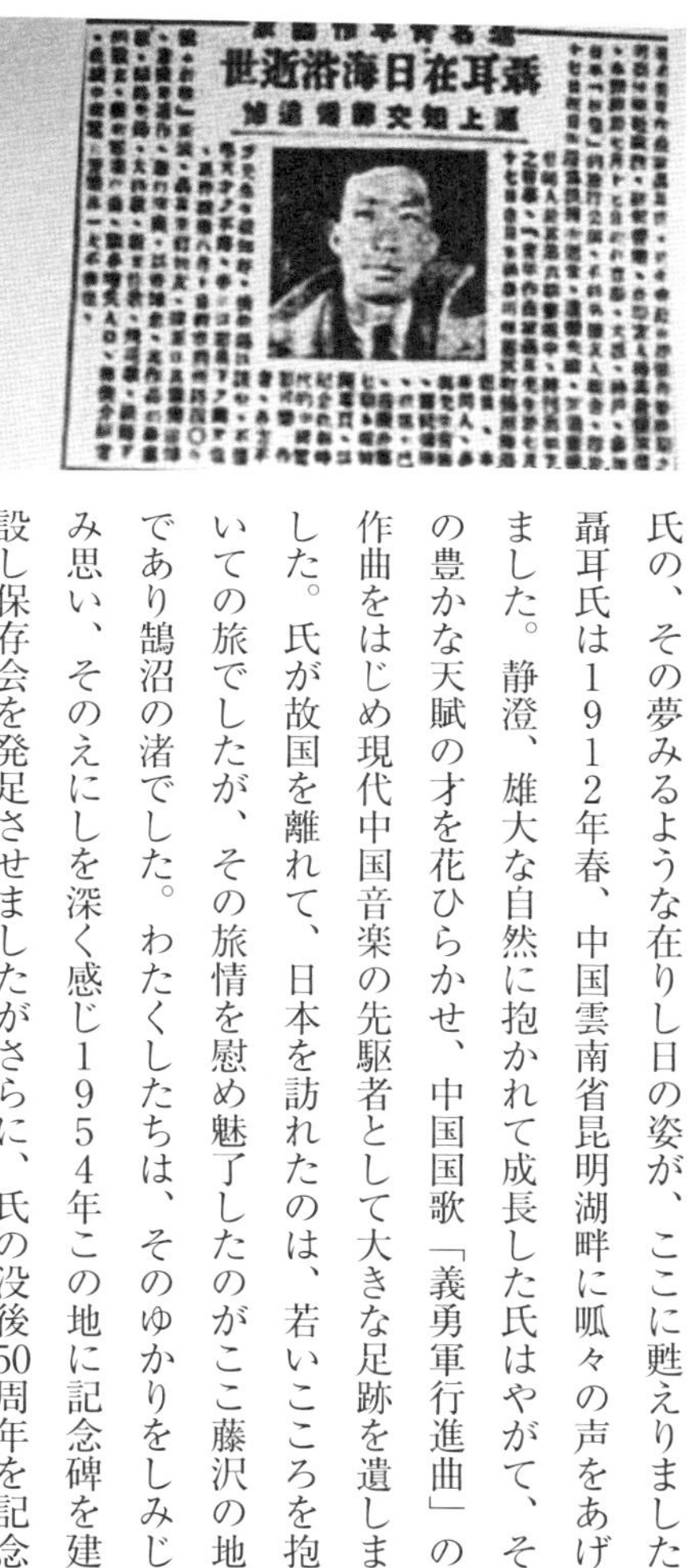

聶耳在日海浴逝世

▲中国新聞の聶耳記事

氏の、その夢みるような在りし日の姿が、ここに甦えりました。聶耳氏は1912年春、中国雲南省昆明湖畔に呱々の声をあげました。静澄、雄大な自然に抱かれて成長した氏はやがて、その豊かな天賦の才を花ひらかせ、中国国歌「義勇軍行進曲」の作曲をはじめ現代中国音楽の先駆者として大きな足跡を遺しました。氏が故国を離れて、日本を訪れたのは、若いこころを抱いての旅でしたが、その旅情を慰め魅了したのがここ藤沢の地であり鵠沼の渚でした。わたくしたちは、そのゆかりをしみじみ思い、そのえにしを深く感じ1954年この地に記念碑を建設し保存会を発足させましたがさらに、氏の没後50周年を記念し思いも新たにこの胸像を建立しました。永遠に時を刻みつづける波のひびきの中、平和を奏でる在りし日の聶耳氏の像は、いつまでもここに微笑を湛え、日中友好の礎となることを確信します。

1986年3月
聶耳記念碑保存会会長
藤沢市長　葉山峻」

しかし、1958年、狩野川台風による高潮のため、記念碑が流失してしまった。

◀1954年に建てられた聶耳記念碑

記念碑の残骸はずっと海岸の松林の中に放置されたが、１９６５年になって藤沢市議会が、記念碑の再建を正式に提起し、「聶耳記念碑保存会」に募金を委託、市民からの積極的な反響があり、横浜華僑総会も全力で応援した。わずか数ヵ月で、募金額は４００万円を超え、９月に、「耳」という字の形を象徴する花崗岩の記念碑は再建された。記念碑の設計は建築家山口文象により完成した。保存会事務局長である葉山峻は郭沫若に「聶耳終焉之地」、豊道春海に碑文のそれぞれの揮毫を依頼した。９月、記念碑が再建され、廖承志弁事所駐東京首席代表の孫平化を迎え、多くの藤沢市民たちも列席して、盛大な除幕式が行われた。その後、中国から大勢の政府や民間の団体、個人が聶耳記念碑を訪問している。

藤沢市は聶耳の故郷である昆明市と、この絆が縁となり友好都市となる。１９８１年11月５日、正式に「日本国藤沢市・中華人民共和国昆明市友好都市締結議定書」を交換した。「議定書」には次の一節があった。

「両市は、中華人民共和国国歌の作曲家聶耳の縁をなかだちとして生まれた歴史的な友好間係、及び現在両市間に存在する友好間係に鑑み、かつ、日中平和友好条約の基本精神に基づき、両国の友好協力間係及び両市の友好往来を更に発展させるため、ここに正式に友好姉妹都市として締結することを決定する」。

また、当時の昆明市市長の朱奎（しゅけい）は「この都市提携のなかだちとなったのが聶耳であります。聶耳の死という不幸なできごとにはじまった両市民の四十年余にわたる友情が実を結んだものといえます」と述べている。旧跡を筆者が訪れたのは遥かに前のことで、聶耳の死からす

▼「聶耳終焉之地」

▶藤沢市聶耳記念碑

でに六十年余経っていたが、筆者の胸は感無量であった。

花崗岩の聶耳記念碑と「聶耳終焉之地」の二石碑以外に、1986年3月に聶耳歿後五十周年事業として、市民の浄財でつくられた聶耳の胸像（レリーフ）がある。

除幕式には、当時の廖承志東京弁事処の孫平化首席代表や藤沢市の多数の市民が参加した。また1986年（昭和61年）に没後50周年を記念して胸像レリーフが建てられ、記念広場として整備された。レリーフは、いたずらを防ぐためか、いつもビニールのシートで覆われている。

再整備された聶耳記念広場は緑に囲まれ、両側に郭沫若の「聶耳終焉之地」と豊道春海の「碑文」、正面の大理石でつくられた台座に接しているのが聶耳の記念碑である。その記念碑は高さ2・5メートル、幅もほぼ同じである。胸像レリーフでは、事前に連絡してあった藤沢市役所文化財課の職員三名がその覆いを取り払って下さったので、写真に納めた。

藤沢市と姉妹都市になっている遥か彼方の中国昆明市西山公園太華寺附近には聶耳の墓と石碑がある。墓園は月琴の形で、墓前にある七つの花壇は七つの音符を示している。また二十四段の階段は、聶耳二十四年の人生を物語っている。碑文の「人民音楽家聶耳之墓」九字は、筆勢は枯れているが力がある。郭沫若が題したものであり、墓誌銘も郭沫若が書いた文

▲ビニールシートで覆われている聶耳記念碑

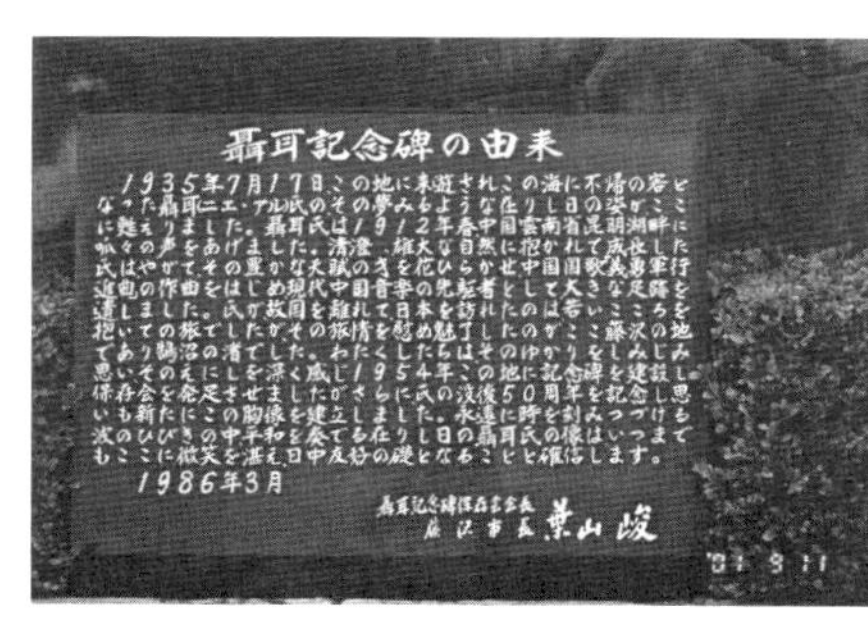

◀聶耳記念碑の由来（藤沢市鵠沼海岸にて）

章である。そのはじめは「聶耳は中国革命の先駆者である。彼が作曲した『義勇軍行進曲』は国歌として選ばれた」と書かれており、今では、北京放送のコールサインとして毎日放送されている。

▶聶耳の大理石像（雲南省昆明にて）

〈参考資料・文献〉

（1）中国近現代音楽史資料叢刊『聶耳専輯』（三）
中国音楽学院中国音楽研究所　１９６４年８月

（2）王永均等『中国現代史人物伝』四川人民出版社　１９８６年

（3）『聶耳詳伝』人民音楽出版社　１９８７年

（4）聶耳、冼星海記念文集『永生的海燕』人民音楽出版社　１９８７年
中国社会科学院近代史研究所編集

（5）『雲南文芸叢刊』第二期　聶叙倫『聶耳生平』
雲南省文史研究舘　１９８５年

（6）中華民国史資料叢稿『民国人物伝』第９巻　中華書局出版１９９７年３月

（7）『中共党史人物伝』14巻　中共党史人物研究会編集
陝西人民出版社　１９８４年

華僑　—函館他の在日華人社会

「華僑」という概念は、郷土を離れて他国に住む中国人のことである。「華」の説は三つある。一つは、古代中国における中原地域の人々の服装が華やかだったこと、『左伝疏』では「……服装の美、華という」とある。もう一つは、華は赤という意味であり、紀元前十一世紀の周王朝の人々は赤色が吉祥で、ゆえに「華」と自称した、というもの。また「華」は、中国の古代の中国人が「華夏」と自称したことから来たというものである。いずれにしても「華」は、中国の自称として永い歴史を持っている。ある解釈では、華僑は外国に居る中国の商人であるという。この解釈は、一方的な見方であるかもしれないが、外国に住まいする中国人は商業に従事する人が多かったということを表している。華僑という言葉は、1880年から始まった。清政府は、棄民政策から、華僑を保護するという政策に転じたのであった。

在日華僑の現状を調査するために、筆者は長崎・神戸・横浜・函館の四ヵ所を訪れた。

在日華僑は、ほとんどが列島の南部、中部に集中している。その移入の歴史は古い。日本の史書によると、三世紀の応神天皇時代において、華人が楽浪（らくろう）・帯方（たいほう）の二郡より大量に日本

▶唐人屋敷跡（長崎にて）

◀福建会館

に入った。同じ時期に百済（くだら）の阿直岐（あちき）の推薦により博士王仁は『論語』・『千字文』等を持って来日したが、これが儒学の日本に伝わった最初である。それと共に、華人が日本にやって来た時に漢字も同時に伝来した。また、道教思想の伝来も早かった。道教の根本である讖緯（しんい）・陰陽思想は二千年に亘って、終始中国の精神思想を支配する重要な思想の一つであった。日本の民間で流行している卜占（ぼくせん）・堪輿（かんよ）はすべてこの影響を受けている。隋唐間に、渡日した中国人は、主に仏教関係の僧侶が多かった。明末、満族が次第に南侵し、それに対し多くの漢人は清朝の統治を甘受することを拒んで、海を越えて長崎に寄居した。『長崎志』には「万暦、崇禎ニ至テ明朝ト清朝ノ兵乱大ニ起テ人民甚タ困厄ニ逼リ、其難ヲ遁レン為商売ヲ営ム者長崎ニ住居ヲ願ノ者多カリシト也」と記載している。それにより、長崎の華僑社会の形成を促した。

彼らは祖国を思い、中華の伝統文化を守り、異国の風俗に従い、それを吸収し、独特な「華僑文化」をつくりだした。訪れた四ヵ所ではそれぞれ「中華会館」をつくっている。1859年、下田・長崎の開港とともに、函館（当時は箱館）も対外通商港となった。最初に来た中国人は広東の人陳玉松で、昆布の買い付けに来たのである。昭和初期までの函館港の貿易は、中国への海産物輸出がほとんどであった。祖国を離れた華僑は、1877年「三江

▲函館の関帝廟
◀函館華僑総会

公所」を設立し、「同徳堂」と称した。いわゆる同心同徳、また中華の「商徳」を守りながら、お互いに助け合うことを主旨としたのである。１９０７年、函館は三国志中の人物の関羽を祭祀する関帝廟と中華会館を造り始めた。施工には中国人大工八人のほか、上海から彫刻士二人と漆工五人を招聘して、三年を費やして立派な会館を建てた。祭具・テーブル・椅子、また壷や掛軸などは大部分を中国から運んで来た。建物は釘を一本も使っていない。会館に入ると朱色、金色が目立ち、非常に懐かしい伝統的な中国建物である。素晴らしい彫刻があり、関帝の周辺にはさまざまな掛軸がある。

華僑の集中地にはほとんど関帝廟が建っている。横浜の関帝廟は１８５９年に建てられた。横浜開港後、一人の福建出身の華人が、一尊の木製の関帝像を故郷から持って来て、建物を造って関帝像を供えた。１９２３年の関東大震災、１９４５年の大空襲で、二度関帝廟は廃墟になってしまったが、華僑たちはその都度、金を寄付して再建したのである。

神戸の関帝廟は１８８８年現在の神戸市中央区中山手通一丁目五十三に建てられ、横浜の関帝廟と同様、１９４５年の大空襲により全焼した。二年後再建したが、１９９５年の阪神大震災で本堂は半壊、礼堂や龍門なども被害を受けたため二年をかけて修復工事を完成した。中国亭閣型になっている関帝廟は、細工が精巧で、屋根には巧みな二匹龍が見事にくりぬかれて極めて美しい。柱の赤と屋根の黄色は互いに照り映え、まるで芸術作品のようである。入口の「龍門」二字は筆勢があり、関帝廟に荘厳な雰囲気を添えている。

関帝は三国時代の英雄関羽である。彼の持っている義と侠の精神は人々に敬重されており、

▶横浜関帝廟（横浜中区下山町）

▶神戸の関帝廟（神戸市中央区中山手通にて）

商人にとっては一番大切な信義・信用を植え付ける。民間では親しみをこめて関老爺、財神爺と呼び、庶民の願い事を叶えてくれる商売の神様である。関帝廟は華僑と祖国を結び付ける存在なのである。

中国で伝統的な考え方は、人はどんなに遠方に行っても、最後の帰宿は自分の故郷である。いわゆる「葉落帰根」、すなわち他郷にさすらう者の行き着く先は、結局その故郷であるということである。しかし、長年に亘って異国で生活をし、子孫らも当地に慣れ、あるいは異文化に同化されて、多くの華僑は「葉落帰根」から、種のように「落地生根」になってしまっているのが実情であろう。

長崎の地は、徳川幕府の鎖国時代にもいろいろな国の船が来航した。その後1882年の統計でも、長崎在留外国人は八百二十九人であるが、その中で中国人は六百人を超えていた。現在の興福寺境内には、重要文化財として旧唐人屋敷門が保存されている。唐船海上往来安全の常夜灯記念碑・唐通事会所記念碑がある。もともとこの地は、唐貿易に関する通事つまり通訳その他が勤めた場所である。また、唐船維纜石記念碑、そし孔子廟・長崎新地中華街など至るところに中日往来の足跡が残っている。

長崎を見た途端に、長崎民衆の容姿・体型・情操及びその町に溢れている文化の潜流より、中日両国の民族と文化の共通性を直

▶函館の中華会館
▲函館華僑の先祖達

感した。長崎の崇福寺には唐人墓地があり、これは福建地方の人たちが創建したと伝えられている。墓碑数が二百七十基、祀られている人数は二百八十四人である。出身地を調べてみると、福建省の人が二百三十二人、他には江蘇省・浙江省・安徽省などである。

横浜中華街には、広東省出身の華僑で組織する親睦同郷会と広東会館がある。広東省は孫文の故郷である。自由・民主・文化・革命の嵐が広がった地である。第二次世界大戦中、在日華僑の中の約40％は広東籍であり、彼らが百年以上日本に住んでいたことが歴史に記載されている。一方神戸の場合、中華義荘をつくったが、これは華僑の使用する共同墓地である。中華山荘、中華霊園とも呼ばれ、１８７０年に創建された。最初、客死した中国人の棺を故郷に返すことができなかったために、一時期仮埋葬するという目的でつくった。現在の中華義荘の敷地面積は2万8，８３１平方メートルである。このうち、墓地が２万6，５８６平方メートル、納骨堂として使用する功徳堂と崇祖堂がそれぞれ90平方メートル、２６０平方メートルである。おそらく在日中国人の墓地の中では最大規模のものであろう。

函館の場合、最初やって来たのも広東出身の張という姓の者である。故に函館の華僑は「広東様」という。その後、浙江の商人もやって来て、主に海産物の貿易に従事した。亡くなった人を埋葬するために、１８８５年、華商の潘延初が申請を出し、日本政府から山背泊町を得て、墓地として中華山荘を作った。また、三江公所を組織し、「同徳堂」とも言う。１９１３年には中華会館が建てられた。墓地については、函館華僑総会会長陳上梅氏の話に

▶函館華僑総会会長陳上梅氏

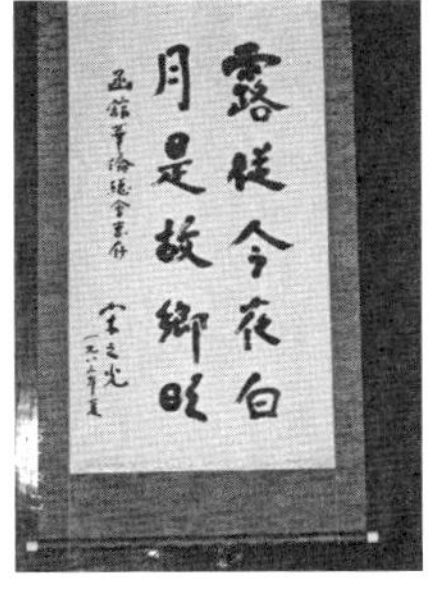

◀「月是故郷明」掛け軸

よると、外国人が土地所有権を享有することができなかったから、函館商工会は中華会館側と協議し、永遠に無償使用という「地所」契約を締結したのである。

今、外国人墓地と中国人墓地とに分けられ、函館山の西側に位置している。中国人墓地は海に面し、遠い祖国への郷愁を誘う風景が見られる。墓地は鉄扉、煉瓦に囲まれて、入口の右側には一軒の家屋があり、三人の家族が住んでおり、墓地の清掃などを行なっている。それを見てちょっと驚き、「怖くありませんか?」とご主人に聞いてみると、「少しも。亡くなった方々のために、綺麗な環境を保ってあげたい」と、にこにこしながら語ってくれた。中に入ると、石碑と墓の数は、横浜・神戸および長崎と比べると、それほど多くはないが、綺麗に整備されている。石碑を見ると、陳系がほとんどである。

もともと華僑の出身地は主に中国の東南、南部沿海の福建・広東省である。彼らの祖先は漁業や海外貿易などの仕事に従事、国内の戦乱や不作の年などには、ただちに船を利用して海外に移民することに慣れている。

華僑はそのような長い歴史を持っている。函館の華僑も例外ではない。墓地の一角には祭祀用の部屋があり、中庭には「中華義塚」の記念碑が建っていた。案内の方のお話によると、毎年一度、函館の華僑はここに集まり、「中華義塚」石碑の前でお祭をするという。

▶中国人墓地

▲「陳氏門中歴代之霊墓」

◀「中華義塚」碑

石碑の四字、また広々とした海に面している墓地を見て、筆者は感無量となり、彼らは故郷を離れて、異国で全てを一から始め、辛酸をつぶさに舐め、なお精神的な支えはやはり祖国であったことを思った。彼らが学校・中華会館・中華街中国人墓地などをつくったのも、中華の子孫であることを常に心にかけていた証であると思った。

▶華僑ゆかりの函館（函館山から）

〈参考資料・文献〉

（1）何炯棣『中国会館史編』学制書局　1966年
（2）中華会館「墓地改葬公告」『朝日新聞』1979年11月10日
（3）竹内光美・城田征義『長崎墓所一覧悟真寺稲佐国際墓地篇』長崎文献社　1980年
（4）内田直作『日本華僑社会の研究』同文館　1949年
（5）神戸華僑華人研究所『神戸華僑（華人）研究会通迅』1988年
（6）荘国士『中国封建政府の華僑政策』厦門工学出版社　1989年
（7）祖運輝「葬式から観光事業まで—日本における中国寺廟」『民博通信』第42号
（8）陳昌福『日本華僑研究』上海社会科学院出版社　1989年
（9）李盈慧『華僑政策と海外民新主義』国史館　1997年

あとがき

日中交流の軌跡についての調査は一段階を終えたが、まだ、心の隅には何がしかの懸念が残っているような気がする。

中国と日本。古くから交流のあった両国間には、華やかな交流史もあれば暗い時代もあった。金印や遣隋使・遣唐使のような輝く黄金時代もあったが、不幸な対立時代もあった。第二次世界大戦の終りから既に半世紀以上が過ぎ、やっと平和な時代に入ったのだが、戦争で残った傷跡の痛みが時に噴き出し、人々に悪夢のような記憶を喚起させてしまう。両国の国民は共に戦争の残酷さや苦難、家族との別れの辛さを経験して来た。このような歴史を二度と繰り返さないように、歴史を鑑とし、過去をつぶさに見て、今後の戒めとすることは我々の使命であるだろう。今日、この二千年に及ぶ中日間の交流の成果は、沢山の有志が命をかけた努力の結晶である。

かつて、中国にいた日本の著名人達、また、日本にやって来た沢山の中国人史跡の中から、代表的な人物を取り上げ、日本との絆を考察しながら、中日交流の歴史のもう一つの側面を探究し、さらに諸領域にわたる今後の中日交流の広々とした、新たな前途を展望したいと切に思う。できるだけ多くの文献資料や重要な歴史遺跡、遺物の資料と現地写真資料を収集しようと努力してきたが、１９２３年の関東大地震と１９４５年の第二次世界大戦末期の空襲で、二度に亘り焼き尽くされたため、当時の面影は殆んど残っていない。幸いに、地方の市・区役所や教育委員会及び民間研究団体・個人が熱心にご協力を下さった。

中国と日本は地理的にも近く歴史的にも関係が深い。両国間の関係が重要であることは言うまでもない。それ故に、中・日両国往来の歴史を理解する上で欠くことのできない重要な遺跡について、適切な保護をはかることは急務となっている。

日本と関わった中日交流の軌跡の筆を擱くに当って、いま中・日間において、さまざまな懸案の生じていることが心残りとなっている。この解消には理解と共感が必要であり、その段階に達するためには、いっそうの調査と研究が必要であろうと思う。

２０１６年10月

著　者

著者略歴

崔　淑芬（さい・しゅくふん）

昭和33年，中国北京生まれ。

中国上海華東師範大学歴史学部卒業。

1996年，国立九州大学大学院文学研究科東洋史学専攻博士後期課程修了，

文学博士学位取得。

現在，筑紫女学園大学・大学院教授。

【著書】

『近代中国における師範教育の展開―清末から1948年までを中心として』

アジア文化総合研究所出版会，　1997年

『児玉花外詩存―日本人詩人筆下における辛亥革命著名人の実記』（漢詩訳）

中国重慶出版社，2003年

『来日中国著名人の足跡探訪―徐福・楊貴妃から蒋介石・周恩来・汪兆銘まで』

中国書店，2004年

『中国女子教育史―古代から1948年まで』中国書店，2007年

『中国少数民族の文化と教育』中国書店，2012年

『アジアのなかのジェンダー』（共著）ミネルヴァ書房　2012年

日中交流の軌跡

発　行　二〇一七年一月三十一日

著　者　崔　淑　芬

発行者　川端幸夫

発　行　中国書店

福岡市博多区中呉服町五―二三

TEL　〇九二（二七一）三七六七

FAX　〇九二（二七二）二九四六

http://www.cbshop.net

book@cbshop.net

印　刷　株式会社チューエツ